성공의 핵심 Key

강사 바이블

김순복 고유미 김홍구 박도희 손예주 신혜섭 양혜숙
염선임 이이슬 이채영 조문주 최선미 최유미 하재춘

한국강사
교육진흥원
KOREA INSTRUCTOR TRAINING AGENCY

강사 바이블

1판 1쇄 인쇄 2025년 2월 20일
1판 1쇄 발행 2025년 2월 28일

발행인 김순복
기획 김순복
펴낸 곳 (주)한국강사교육진흥원
등록번호 제2024-000061호
주소 경기도 성남시 분당구 야탑로 81번길 10, 511-1호
전화 1661-9636 / 010-9242-1701
홈페이지 https://trainingservice.modoo.at
e-mail kangsaedu1@naver.com
보급 및 유통 대경북스(02-485-1988)

ISBN 979-11-988738-4-2 03320

프|롤|로|그

교육의 새로운 패러다임을 향하여

현대 사회에서 교육의 역할은 그 어느 때보다 중요해지고 있습니다. 교육은 학습자의 삶에 실질적이고 긍정적인 변화를 이끄는 강사의 존재는 교육의 핵심으로 자리 잡고 있습니다. 성공의 핵심 Key《강사 바이블》은 이러한 변화를 이끌 수 있는 강사로서 자질과 역량을 심도 있게 탐구하는 길잡이가 되고자 합니다.

이 책은 14명의 저자가 각자의 전문성과 경험을 바탕으로 강사라는 직업의 다양한 측면을 조명합니다. 1장에서는 강사로서의 자기 이해와 가치관 설정을 통해 개인의 정체성을 확립하고, 강사로서의 강점과 약점을 분석하여 목표와 비전을 개발하는 과정을 다룹니다. 이는 강사가 자신의 교육 철학을 명확히 하고, 스트레스 관리와 자기 돌봄의 중요성을 인식하는 데 필수적입니다. 2장에서는 교육 콘텐츠 개발의 중요성을 강조하며, 효과적인 커리큘럼 설계와 학습 목표 설정을 통해 학습자가 실제로 필요한 지식과 기술을 습득할 수 있도록 돕습니다. 디지털 콘텐츠의 활용 또한 현대 교육에서 빼놓을 수 없는 요소로, 강사가 학습자의 흥미를 유도하는 데 도움을 줍니다. 3장에서는 학습자 중심의 접근을 통해 다양한 학습자 유형을 이해하고, 맞춤형 학습 경험을 제공하는 데 중점을 두었습니다. 이를 통해 강사는 학습자의 동기를 부여하고, 참여를 유도하며, 협업과 소통의 중요성을 강조합니다. 4장에서는 강의 운영의 실제를 다루어, 강의 준비와 리허설, 진행 시 유의 사항을 통해 강사가 직면할 수 있는 다양한 상황에 대한 대처 방안을 제시합니다. 위기관리와 문제 해결 능력은 강사에게 필수적인 역량으로, 학습자에게 안정감을 제공하는 기초가 됩니다. 마지막으로, 5장에서는 강사로서의 경영 전략을 통해 비즈니스 모델과 마케팅 전략, 고객 관리 및 네트워크 구축의 중요성을 살펴봅니다. 멘토십과 리더십의 역할은 강사가 학습자에게 긍정적인 영향을 미치고, 그들의 성장을 이끄는 데 필수입니다.

이 책은 강사라는 직업이 교육을 통해 세상을 변화시키는 사명임을 일깨우고자 하였습니다. 여러분이 이 책을 통해 강사로서의 길을 더욱 확고히 하고, 학습자에게 긍정적인 영향을 미치는 롤 모델이 되기를 진심으로 바랍니다. 교육의 힘을 믿고, 그 힘을 통해 많은 이에게 희망을 주는 존재가 되기를 소망합니다.

한국강사교육진흥원장 대표 **김 순 복**

《가치와 성장 나는 강사다》,《100억짜리 강의력》,
《명강사 시크릿》 기획 및 저자

차/례

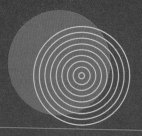

강사, 누군가의 롤 모델이 되어라

김순복

청중의 변화를 디자인하는 변화 디자이너

제1장 강사로서의 자기 이해

"나로 하여 누군가 변화된다는 것은 세상에서 가장 가치로운 일이다."
라는 가치관으로 강의에 임한다. 강사로서의 가치관 설정은 교육의 방향
성과 질을 결정짓는 중요한 요소다. 내 가치관은 나의 교육 철학을 형성하
고, 이를 바탕으로 학습자들에게 전달하고자 하는 메시지를 명확하게 다
질 수 있다.

'내가 진정으로 하고 싶은 것이 무엇인가?'
'왜, 그 일을 하려고 하는가?'
'그 하고 싶은 일이 학습자들에게 어떤 가치가 있는가?'
'그 일이 내 삶에 가치를 더하는 활력소인가?'
물음표가 느낌표로 와닿을 때까지 끊임없이 질문을 던지며, 진정한 나
를 찾아야만 한다. 그래야 내가 하고자 하는 일에 몰입하며 지속할 수 있

다. 일 속에서 활력을 찾아야 오래 그 일 할 수 있다.

"원장님은 언제 쉬세요?", "잠은 언제 주무세요?"라는 말을 많이 듣는다. 그럴 때마다 "저는 일 자체가 힐링이고 쉼입니다."라고 대답하곤 한다. 일 자체가 힐링이라니... 쉼이라니... '그건 억지다.'는 생각이 들 수도 있겠지만 사실이다. 일을 하면서 에너지가 더욱 샘솟는 듯한 느낌을 받을 때가 많다. 특히 강의는 더욱 그렇다. 강의를 통해 학습자들의 변화되는 모습을 보면서 뿌듯함과 함께 많은 에너지를 얻게 된다. 나로 하여 누군가 변화된다는 것은 세상에서 가장 가치로운 일로 여기고 있기 때문인 것 같다.

강사로서 진정성 있는 나의 가치관을 설정하고 발전시키기 위해서는 위의 네가지 질문 사항을 명확하게 정의 내릴 수 있어야 한다. 가치관 설정을 위해 다음 네 가지 사항을 강조하고 싶다.

첫째, 강사로서의 가치관은 개인의 경험과 신념에서 비롯된다. 각자의 교육적 배경, 학습 경험, 살아온 환경 등 각자가 살아온 사회적 맥락이 서로 다르기에, 나만의 독창적인 가치관을 정립하는 과정이 필수로 선행되어야 한다. 이를 위해서는 자신이 어떤 교육을 받고 어떤 가치들을 중요하게 여겼는지를 돌아보면 보다 정하기가 쉽다. 이러한 자기 이해는 강사로서의 정체성을 확립하는 데 중요한 역할을 한다.

둘째, 강사로서의 가치관은 교육생 중심의 교육을 지향하고 주체적인 학습자로서의 역할을 해야 한다는 인식을 갖춰야 한다. 이를 위해 강사가 학습자들의 눈높이에 맞춰 수업을 설계하고, 그들의 참여를 유도하는 노력이 필요하다. 학습자 스스로 문제를 해결하고, 사고할 수 있는 학습자가 주체인 환경을 조성하는 것이 바로 강사의 책임이기 때문이다. 강사는 학습자들이 주체적으로 학습할 수 있도록 돕는 조력자 역할을 해야 한다.

셋째, 강사로서의 가치관은 지속적인 발전과 성장을 위한 토대가 되어야 한다. 교육은 끊임없이 변화하므로, 강사는 이에 발맞추어 자신의 가치관과 교육 방식을 지속해서 점검하고 개선해야 한다. 이를 위해 다양한 트렌드를 반영한 새로운 시각이 필요하다. 강사로서의 가치관은 고정된 것이 아니라, 경험과 학습을 통해 발전하고 변화할 수 있는 것이다.

넷째, 강사로서의 가치관은 학습자들에게 긍정적인 영향을 미치는 데 초점을 맞춰야 한다. 강사의 가치관이 수업에 반영될 때, 학습자들은 그 가치를 체감하고 내재화하게 된다. 따라서 강사는 자신의 가치관이 학습자들에게 어떻게 전달되고 있는지를 항상 점검해야 한다. 이를 통해 학습자들이 올바른 가치관을 형성할 수 있도록 이끌어 주는 것 또한, 강사의 역할이다.

강사로서의 성공은 철저한 자기 분석에서 출발한다. 특히 자신의 강점과 약점을 명확히 이해하는 것은 교육자로서의 성장에 필수 요소다. 강점은 내가 잘할 수 있는 영역으로, 이를 최대한 활용하는 것이 중요하다. 하지만 강점만으로는 충분하지 않다. 자신의 약점을 인식하고 이를 개선하려는 노력 또한 중요하다. 강점은 나의 자산이지만, 약점은 나의 발전을 저해할 수 있는 요소이기 때문이다. 약점을 분석하는 과정은 나를 더욱 깊이 이해하게 하며, 동시에 새로운 성장의 기회를 제공한다.

강사로서의 나의 강점은 내가 일하는 분야에 경험이 풍부하고 기획력, 추진력, 실행력이 갖춰있다는 것이다. 그래서 무엇이든 겁 없이 척척 진행하는 스타일이다. 대기업인 삼성에서 사무 행정 업무를 했을 때도 공무원이었을 때도 내가 맡은 분야에서 1인 자가 되어야 직성이 풀리는 성격이었다. 강사가 되어서도 마찬가지다. 나 스스로 떳떳하게 존재감을 드러내기 위해 정말 열심히 할 수 있는 최선을 다했었다. 그러한 경험들이 오늘의 나로 성장할 수 있었다. 나의 약점은 건강이 항상 문제다. 너무 열심히만 살아오느라 몸을 돌보지 않은 탓이 가장 크다.

항상 일중독으로 사느라 나 자신만을 위해서 투자한 시간은 없었다. 그래서 몇 개월 전부터 처음으로 나를 위한 시간으로 필라테스를 등록해 주 2회는 운동을 하며 근력을 키워가는 중이다. 피부관리를 위해 한 달에 한두 번 정도는 관리받으러 다니기도 한다. 이제는 조금씩 여유를 가지고 자기 돌봄 시간의 필요성을 느낀다. 내가 건강해야 강의를 통해 내가 좋아하는 학습자들을 만날 수 있으니 말이다. 건강한 몸과 마음으로 학습자들에게 더 나은 교육 경험을 제공하기 위해 오늘도 나는 최선을 다해 나의 비전과 목표를 향해 달린다.

비전과 목표는 단순한 다짐이 아니다. 그것은 내 삶의 방향을 제시하는 나침반과도 같다. 나는 죽는 순간까지 열정적으로 강의하며, 학습자들과 함께 성장하는 삶을 살고자 한다. 강의를 통해 지식과 경험을 나누고, 학습자들의 눈빛에서 희망과 열정을 발견하고 그들의 성장을 보는 것이 나의 가장 큰 기쁨이다.

강의를 사랑하고, 학습자를 아끼는 마음은 내가 공무원직을 사직하고 선택한 길의 본질이다. 이 길을 걸으며 학습자들을 만나는 모든 순간은 나에게 소중한 교훈이 된다. 비전은 나를 더욱 깊이 있는 강사로 성장하게 하고, 목표는 그 과정에서 나를 끊임없이 도전하게 만든다.

나는 앞으로도 강사로서의 아름다운 삶을 지속하며, 나의 열정을 통해 더 많은 사람에게 긍정적인 영향이 미칠 수 있도록 할 것이다. 학습자들에게 교육을 통해 얻은 긍정적인 영향이 행동으로 유발될 수 있도록 돕고자 한다. 강의는 나에게 인생의 큰 의미를 부여하는 소중한 사명이고 내가 살아가는 원동력이다. 앞으로도 나의 비전과 목표를 잊지 않고 더 많은 사랑과 열정을 담아 강의를 이어 나갈 것을 다짐한다.

제2장 **교육 콘텐츠 개발**

아리스토텔레스는 "교육의 목적은 지식을 주는 것이 아니라, 지혜를 주는 것이다."라는 말을 남겼다. 이 명언은 교육의 본질을 깊이 있게 설명해 준다. 강사가 교육 콘텐츠를 개발할 때, 학습자에게 실제로 적용할 수 있는 지혜를 제공해야 한다는 점을 강조한다. 강의의 성공은 바로 잘 설계된 커리큘럼에서 시작된다. 커리큘럼을 설계할 때 가장 중요한 것은 학습자의 필요와 수준을 고려해야 한다. 이를 위해 사전 조사와 분석이 필수다. 최대한 상세하게 교육담당자를 통해서 교육 정보를 얻어내 교육대상자 파악이 되면 비슷한 집단 사람들에게 인터뷰 등을 추천한다. 그들이 진정으로 필요로 하는 것이 무엇인지 자료를 수집하는 것이 필요하다. 학습자의 배경과 경험, 수준을 고려해 목표를 이해함으로써 그에 맞는 내용을 구성할 수 있기 때문이다. 특히, 강사 양성 과정에서는 강사로서의 기본 역량을 키우기 위해 효과적인 교수법과 학습 이론을 접목해야 한다. 학습자에게

필요한 이론을 어떻게 효과적으로 전달해 그들이 활용할 수 있도록 하는
방법론적 요소가 중요하다.

효과적인 교육 콘텐츠 개발은 학습자가 교육을 통해 얻은 지식을 어떻
게 활용할지를 고민하게 만든다. 즉, 강사는 학습자가 새로운 정보를 본인
의 경험과 연결하고 실제 상황에 적용할 수 있도록 돕는 역할을 해야 한다.
예를 들어, 내가 진행하고 있는 가천대 명강사 최고위과정이나 한국강사
교육진흥원의 강사 양성 과정에서는 강사들이 다양한 교수법과 학습 이론
을 배우는 것뿐만 아니라, 이론을 실제 강의에 어떻게 적용할지를 고민하
게 한다. 이 과정에서 학습자는 본인의 강의에 어떻게 활동하면 좋을지 지
혜를 얻을 수 있도록 해야 한다. 그 지혜를 바로 활용해서 내 것으로 활용
할 수 있도록 돕는다. 그러기 위해서는 사례 위주 수업으로 학습자들이 체
험해 볼 수 있도록 교육 콘텐츠를 개발하는 것이 좋다.

가천대 명강사 최고위과정 콘텐츠 설계에서는 내가 무대 공포증과 발
표 울렁증 등을 개선해 보려고 교육받으러 갔다가 강사가 된 계기가 되었
던 경험을 적용했다. 매주 한 번이라도 대중 앞에 서서 발표하는 기회를 주
며, 제한된 시간 안에 스토리텔링을 풀어내는 연습을 한다. 그 과정을 체험
하며 학습자들의 놀라운 발전상을 볼 수 있다. 변화되지 않은 사람은 단,
한 명도 없었다. 열 번 듣는 것보다 한번 해보는 것이 훨씬 더 효과적이다.

학습 목표 설정은 이러한 지혜를 키우는 데 중요한 요소다. 교육 콘텐
츠 개발에서 매우 중요한 단계다. 목표는 구체적이고 측정할 수 있어야 하

며, 학습자가 무엇을 배울지 명확히 이해할 수 있도록 해야 한다. 예를 들어, "학습자가 주제를 이해한다."라는 목표보다 좀 더 구체적으로 "학습자가 효과적인 강의 계획서를 작성할 수 있다."라는 목표가 더 효과적이다. 이러한 목표는 학습자가 성취감을 느끼고 지속해서 동기부여를 받을 수 있도록 도와야 한다. 또한 학습자가 자신의 지식을 실제 상황에서 어떻게 활용할지를 고민하게 만들며, 더 깊은 이해와 적용 능력을 제공한다.

자료 제작 및 활용 역시 중요하다. 강사는 다양한 자료를 통해 학습자의 흥미를 유도하고, 지식보다는 지혜를 전달할 수 있도록 만들어야 한다. 예를 들어, 공문서 및 보고서 작성법을 가르칠 때는 실제 경험이 많다 보니 실사례를 사용하여 학습자가 직면할 수 있는 핵심 문제를 해결하는 방법을 족집게 강의식으로 제시한다. 이를 통해 학습자는 상황에 맞는 판단과 선택을 할 수 있는 능력을 기르게 된다. 공문서나 보고서 교육은 학습자들이 업무의 일환으로 볼 수 있는 강의 분야여서 이론을 게임식으로 만들어 자연스럽게 받아들이고 재미있는 수업 분위기가 조성될 수 있도록 신경을 써서 교안을 만든다.

PPT 강의 교안은 무엇보다 설득력이 있어야 한다. 내가 전하고자 하는 스토리를 뒷받침해 줄 수 있어야 한다. 그러기 위해 시각적인 요소를 가미해 화면 전환의 모핑 효과와 닦아내기 에니메이션 등을 이용해 청중의 시선을 리드할 수 있는 자연스러운 흐름을 적용하는 것이 중요하다. 요즘 인공지능(AI)의 발달로 강사들이 인공지능이 뚝딱 만들어 주는 강의 교안을 가지고 강의하는 경우가 더러 있지만 정성이 느껴지지 않아 추천하지 않는다. 강의 교안에도 정성이 묻어나야 설득력이 있다.

디지털 콘텐츠의 활용은 현대 교육에서 빼놓을 수 없는 요소다. 디지털 도구를 통해 학습자는 언제 어디서나 접근할 수 있는 자료로 자신의 속도에 맞춰 학습할 수 있다. 이 과정에서 강사는 학습자가 지혜를 습득하기 위해 지식을 어떻게 활용할지를 고민해야 한다. 예를 들어, 디지털 도구를 사용하여 프로젝트 관리 및 팀워크를 강화하는 방법을 가르치고, 이를 통해 학습자는 실제 업무에 적용할 수 있는 능력을 기르게 된다. 자리를 이동할 수 없는 대규모 인원의 강의에서도 QR코드를 적용해 스마트폰으로 접속해서 참여식 강의로 학습자들을 얼마든지 참여시킬 수 있다. 디지털 콘텐츠 활용으로 안 되는 게 없을 정도로 우리 생활에 이미 깊숙하게 들어와 있다. 디지털 활용을 못 한다면 대화가 안 되고 뒤처지는 꼰대 소리를 들을지도 모른다.

한국강사교육진흥원에서 매주 2회 비대면 줌으로 진행되는 정규 교육의 특징은 기한 한정을 두지 않고 녹화본 영상을 제공하고, 강의 교안 PPT를 제공하고 있다는 점이다.

이는 학습자와 강사, 모두의 발전을 위해서다. 학습자는 알 때까지 녹화본으로 지속해서 학습할 수 있고, 강사의 교안을 내 교안으로 수정해 시간 낭비 없이 강의에 전념할 수 있도록 하기 위함이다. 강사는 내 수업을 수강한 다른 강사들에게 이미 제공한 교안이고 내 스킬을 면밀하게 학습해 따라 할 수 있도록 녹화본을 공유한 것이므로 차별화된 새로운 콘텐츠를 개발하라는 차원이다.

아리스토텔레스의 "교육의 목적은 지식을 주는 것이 아니라, 지혜를 주는 것이다."라는 이 말은 강사가 교육 콘텐츠를 개발하는 데 있어 핵심적인 지침이 된다. 강사는 학습자가 지식을 활용하여 지혜를 얻을 수 있도록 돕는 역할을 해야 한다. 이러한 접근은 다양한 교육 분야에서 실질적인 효과를 가져오며, 강의의 질을 높이는 데 효과가 높다. 나의 목표는 이러한 원칙을 바탕으로 발전해 나가며, 학습자에게 최상의 교육 경험을 제공하는 것이다. 효과적인 교육 콘텐츠 개발은 커리큘럼 설계, 학습 목표 설정, 자료 제작 및 활용, 디지털 콘텐츠의 통합을 통해 이루어진다. 내가 기획하는 강사 양성 과정에서는 이러한 원칙을 바탕으로 강사로서의 역량을 키우고, 다양한 주제를 통해 실질적인 스킬을 배양하는 데 중점을 두고 있다. 이 모든 과정은 학습자의 경험을 풍부하게 하고, 강의의 효과성을 극대화한다. 나의 목표는 이러한 원칙을 지속해서 발전시켜 나가며, 학습자에게 최상의 교육 경험을 제공하는 것이다.

제3장 **학습자 중심의 접근**

"학생이 자신을 이해하고 자신의 잠재력을 발견할 수 있도록 돕는 것이 교육의 핵심이다."라고 한 칼 로저스의 명언은 학습자 중심의 접근이 무엇인지 명확하게 설명해 준다. 강사는 학습자들이 자신의 가능성을 최대한 발휘할 수 있도록 지원하는 역할을 해야 하며, 이를 위해 다양한 방법을 활용해야 한다. 학습자 중심의 접근은 먼저 학습자의 유형을 이해하는 것에서 시작된다.

학습자 유형을 이해하는 것은 효과적인 교육의 첫걸음이다. 각 학습자는 서로 다른 배경, 경험, 선호도가 다르다. 이러한 차이를 반영한 맞춤형 교육이 필요하다. 예를 들어, 시각적 학습자에게는 그래픽과 비주얼 자료를 활용하고, 청각적 학습자에게는 음성 강의나 토론을 통해 정보를 전달하는 것이 효과적이다. 하버드 대학교의 교육학 교수인 하워드 가드너는

"인간의 지능은 단일한 것이 아니라, 여러 가지 형태로 존재한다."라고 말했다. 이는 학습자들이 각기 다른 방식으로 학습한다는 점을 강조한다. 따라서 강사는 다양한 학습 스타일을 반영하여 콘텐츠를 개발하고, 학습자가 최상의 결과를 얻을 수 있도록 돕는 것이 중요하다.

학습자 스스로 학습할 수 있는 환경을 조성하는 것이 중요하며, 강사는 학습자가 자신만의 학습 목표를 설정하고, 이를 달성하기 위한 계획을 세우도록 유도해야 한다. 맞춤형 학습 경험은 학습자의 참여와 동기를 높이는 핵심 요소다. 강사는 학습자의 필요와 목표에 맞춰 교육 내용을 조정해야 한다. 예를 들어, 기업 교육에서는 직원의 역할에 따라 각기 다른 트레이닝 프로그램을 제공할 수 있다. 마케팅 부서의 직원이 고객 분석에 관한 교육을 받는다면, 이론적 지식뿐만 아니라 실제 사례를 통해 실무에서 어떻게 적용할 수 있는지를 중점적으로 다루어야 한다.

마하트마 간디는 "당신이 세상을 변화시키고 싶다면, 먼저 자신이 변화해야 한다."라고 말했다. 이는 강사가 자신의 교육 방식을 학습자의 필요에 맞춰 변화시켜야 한다는 것을 의미한다. 강사는 학습자의 피드백을 적극적으로 반영하고, 그에 따라 교육 콘텐츠를 지속해서 개선해야 한다. 2일 과정이었던 사내 강사 양성 심화 과정을 강의할 때, 준비해 간 자료를 완전히 바꿔서 현장에서 다른 콘텐츠로 대체해 강의한 적이 있었다. 현장에서 학습자들의 요구를 조사한 결과, 교육을 요청한 담당자에게 들었던 학습자의 요구와는 달랐기 때문이다. 충분히 사전에 학습자 분석을 했어도 그들을 직접 만나서 물어본 것이 아니라면 다를 수 있다. 내 교육을 받을 대상자가 내게 무엇을 원하는지 그들의 욕구를 풀어줄 수 있는 강사가 진정한 강사다. 미리 준비해 간 강의안으로 강의만 하고 오는 것보다는 학습자와 소통하며 그들이 가장 원하는 것이 무엇인지 그들이 물을 마시고 싶을 때 물 한 병을 내미는 센스있는 강사가 되어야 한다. 학습자의 변화를 디자인하는 '변화 디자이너'의 닉네임으로 활동하는 나로서는 더욱 그렇다. 학습자 분석이 사전에 끝나고 강의안이 확정되었어도 항상 교육 현장에서 알고 싶은 것이 무엇인지 묻고 그 욕구를 최대한 채워준다. 그랬을 때 학습자의 만족도는 높을 수밖에 없다.

학습자에게 동기를 부여하고 참여를 유도하는 것은 교육의 효과성을 높이는 중요한 요소다. 학습자가 스스로 목표를 설정하고, 이를 달성하기 위한 계획을 세울 수 있도록 돕는 것이 필요하다. 예를 들어, 목표 설정 워크숍을 통해 학습자가 개인의 학습 목표를 구체화하도록 유도할 수 있다. 이 과정에서 학습자는 자신의 목표에 대한 책임감을 느끼게 되고, 자연스럽게 참여도가 높아진다. 또한 교육 과정에서 성공적인 사례를 공유하는 것도 좋은 방법이다. 유명한 기업가나 리더의 성공 이야기를 통해 학습자는 자신의 가능성을 인식하고, 도전을 두려워하지 않게 된다. "성공은 최종 목표가 아니라, 여정의 일부분이다."라는 오프라 윈프리의 말처럼, 학습 과정에서의 성장과 경험이 중요하다. 이 말은 학습자가 목표를 향해 나아가는 과정에서 얻는 교훈과 발전이 진정한 성공임을 일깨워 준다.

협업과 소통은 학습자 중심의 접근에서 빼놓을 수 없는 요소다. 팀 프로젝트나 그룹 활동을 통해 학습자는 서로의 생각과 경험을 나누며, 공동의 목표를 향해 나아가는 과정을 경험하게 된다. 이때, 강사는 학습자들 간의 원활한 소통을 촉진하고, 협업의 중요성을 강조해야 한다.

"혼자 가면 빠르게 갈 수 있지만, 함께 가면 멀리 갈 수 있다."라는 아프리카 속담은 협업의 가치를 잘 표현하고 있다. 이 속담은 개인의 힘으로는 제한된 결과를 얻을 수 있지만, 팀워크와 협력을 통해 더 큰 목표를 이룰 수 있다는 깊은 의미를 내포하고 있다. 특히 교육 분야에서 협업은 학습자들에게 필수적인 경험이 된다. 강사는 학습자들이 서로의 강점을 인식하고, 이를 바탕으로 팀워크를 발전시킬 수 있도록 지원해야 한다. 강사는 효과적인 팀 활동을 설계하고, 각 팀원이 자신의 역할을 이해하도록 돕는 것이 중요하다. 예를 들어, 프로젝트 기반 학습에서는 학습자들이 다양한 역할을 맡아 서로 협력하여 문제를 해결하도록 유도할 수 있다. 이런 과정에서 학습자들은 자신의 강점과 약점을 파악하게 되고, 이를 통해 서로의 능력을 보완하며 더 나은 결과를 도출해 낼 수 있다.

이러한 협업 과정은 학습자들에게 협력의 중요성을 깨닫게 하며, 다양한 관점을 수용하는 열린 마음을 기르는 데 효과적이다. 서로 다른 배경과 경험을 가진 학습자들이 함께 작업할 때, 그들은 각자의 아이디어와 접근 방식을 공유하게 되고, 이는 보다 창의적인 해결책을 제공한다. 예를 들어, 한 팀에서 마케팅 전략을 개발하는 과정에서 각 팀원이 제시하는 다양한 아이디어는 최종 결과물의 질을 높일 수 있다. 또한 협업은 사회적 기술을 개발하는 데도 중요한 역할을 한다.

팀 프로젝트를 통해 학습자들은 의사소통, 갈등 해결, 협상 등의 기술을 배울 수 있다. 이러한 기술들은 학습자들이 직장에서 효과적으로 협력하고 소통할 수 있는 기반이 된다. 강사는 이러한 경험을 통해 학습자들이 서로 존중하고, 상호 신뢰를 쌓는 방법을 배우도록 해야 한다. 협업은 학습자들이 성장하고 발전할 수 있는 중요한 과정이다. 강사가 학습자들이 협력의 가치를 이해하고, 서로의 강점을 인식하여 팀워크를 발전시킬 수 있도록 지원함으로써, 학습자들은 더 넓은 시각을 갖게 된다. 다양한 관점을 수용하는 열린 마음을 기르게 되며, 이러한 경험은 학습자가 본인의 잠재력을 발견하고, 자신감을 키우는 데 도움이 된다.

학습자 중심의 접근은 교육의 질을 높이고, 학습자의 경험을 풍부하게 만드는 데 효과적이다. 강사는 학습자의 유형을 이해하고, 맞춤형 학습 경험을 제공하며, 동기를 부여하고 참여를 유도하는 동시에 협업과 소통의 중요성을 강조해야 한다. 이러한 노력은 강사가 학습자의 성장과 변화로 이어지도록 하는데, 도움이 될 것이다. 나의 목표는 이러한 원칙을 바탕으로 지속해서 발전해 나가며, 학습자에게 최상의 교육 경험을 제공하는 것이다.

제4장 **강의 운영의 실제**

"준비가 없이는 성공이 없다."라는 말은 강의 운영에서 더욱더 깊은 의미를 지닌다. 강의는 학습자와의 소통을 통해 이루어지는 과정이다. 따라서 강의 준비와 리허설은 그 성공 여부를 결정짓는 중요한 요소로 자리 잡았다.

강의 준비 단계는 성공적인 강의 운영의 기초가 된다. 이 단계에서 강사는 학습자의 배경과 요구를 면밀히 분석하여 강의 목표를 명확히 설정해야 한다. 학습자의 수준과 관심사를 이해하는 것은 강의의 효과성을 높이는 데 필수다. 예를 들어, 특정 주제에 대한 사전 지식이 부족한 학습자에게는 기초 내용을 포함하고, 이미 잘 알고 있는 학습자에게는 심화된 내용을 제공함으로써 흥미를 유도할 수 있다. 강사는 강의 내용을 구성할 때, 학습자가 쉽게 이해할 수 있도록 자료를 체계적으로 정리해야 한다.

복잡한 이론을 설명할 때는 단계별로 접근하여 학습자가 차근차근 이해하도록 돕는 것이 중요하다. 시각 자료와 실제 사례를 활용하여 이론을 실제로 어떻게 적용할 수 있는지를 명확히 보여줘야 한다. 이러한 자료들은 강의 흐름을 매끄럽게 만들어 주고, 학습자가 내용을 쉽게 소화할 수 있도록 돕는다.

강의 리허설은 이러한 준비 과정을 더욱 완성도 높게 만드는 중요한 단계다. 강사는 실제 강의와 유사한 환경에서 리허설을 진행하여 시간 관리와 내용 전달 방식을 점검할 수 있다. 리허설을 통해 예상되는 질문이나 상황에 대비함으로써 긴장감을 줄이고 자신감을 높이는 것이 가능하다. "실패는 준비하지 않은 사람에게 다가온다."라는 벤자민 프랭클린의 말처럼, 충분한 리허설은 강사의 역량을 극대화한다. 리허설 과정에서 동료나 멘토에게 피드백을 요청하는 것도 좋은 방법이다. 그들의 의견을 통해 강의 내용이나 전달 방식에 대한 객관적인 시각을 얻고, 이를 개선하는 기회를 얻게 된다. 강의 준비와 리허설은 강사와 학습자 모두에게 긍정적인 영향을 미치며, 최상의 교육 경험을 제공하는 데 필수다. 이러한 과정은 학습자의 성장과 발전을 이끄는 중요한 밑거름이 된다.

강의를 진행할 때는 몇 가지 중요한 유의 사항이 있다. 강의의 질을 높이고 학습자의 참여를 극대화하기 위해 강사는 여러 가지 요소를 고려해야 한다. 첫 번째로, 강사는 강의 중 학습자와의 상호작용을 적극적으로 유도해야 한다. 학습자는 능동적으로 참여함으로써 더욱 깊이 있는 이해를 할 수 있다. 이를 위해 강사는 질문을 통해 학습자의 이해도를 체크하고, 그들의 의견을 반영함으로써 강의의 질을 높일 수 있다. 예를 들어, 강의 중간에 질문을 던져 학습자들이 생각할 시간을 주고, 그들의 답변을 바탕으로 추가적인 설명을 제공하는 것이 효과적이다. 이러한 상호작용은 학습자가 강의 내용을 더욱 잘 기억하고 이해할 수 있다. 여기서 중요한 것은 질문에 대한 답변에 보상이 따라야 한다. 보상은 선물을 주는 것만이 아니다. 박수를 유도하고 강사가 답변에 반응해 주는 것도 보상의 일환이다.

두 번째로, 강사는 자신의 목소리와 몸짓을 통해 강의 내용을 효과적으로 전달해야 한다. 목소리는 강의의 분위기를 결정짓는 중요한 요소이며, 강사의 감정과 열정을 전달하는 매개체가 된다. 따라서 강사는 적절한 음성 톤과 속도를 유지하며, 학습자의 관심을 끌 수 있는 다양한 표현 기법을 활용해야 한다. 또한, 몸짓과 표정은 강의 내용을 보완하는 중요한 요소로 작용한다. 강사가 적절한 제스처를 사용하고 시선을 학습자에게 맞추는 것은 그들의 집중력을 높이는 데 큰 도움이 된다. 이러한 비언어적 커뮤니케이션은 학습자가 강의에 더욱 몰입하게 만들고, 강사의 메시지를 보다 효과적으로 전달하는 역할을 한다.

"가르치는 것은 배우는 것이기도 하다."라는 말처럼, 강사는 학습자의 반응을 통해 자신의 강의 방식을 조정할 필요가 있다. 학습자가 질문을 하거나 반응을 보이는 것은, 그들이 강의에 관심이 있다는 신호이므로, 이를 적극적으로 활용해야 한다. 예를 들어, 특정 주제에 대해 학습자가 어려움을 겪고 있다면, 강사는 해당 주제를 더 깊이 있게 설명하거나 다른 접근 방식을 시도할 수 있다. 강의 중 학습자의 반응을 체크하는 것은 강사가 자신의 강의 내용을 지속해서 개선하는 기회다.

마지막으로, 강사는 강의가 끝난 후 학습자들에게 피드백을 요청하는 것도 중요하다. 수업 후 진행되는 설문조사나 간단한 대화는 강사가 강의의 강점과 약점을 파악하는 데 큰 도움이 된다. 이러한 피드백은 강사가 다음 강의를 준비하는 데 필요한 정보를 제공하며, 발전하는 강사가 되도록 돕는다.

위기 관리와 문제 해결은 강의 운영에서 매우 중요한 요소다. 강의 중에는 예기치 못한 상황이 발생할 가능성이 항상 존재하므로, 강사는 이러한 상황에 대한 대처 방안을 미리 마련해 두어야 한다. 이를 통해 강의의 흐름을 원활하게 유지하고, 학습자의 불안감을 최소화할 수 있다. 강사가 위기 상황에 효과적으로 대응하기 위해서는 사전 준비와 예측력이 필요하다.

첫 번째로, 강사는 기술적인 문제에 대한 대비책을 마련해야 한다. 강의 중 컴퓨터나 프로젝터와 같은 장비의 고장이 발생할 수 있으며, 이러한 상황에서 강사가 즉각적으로 대처할 수 있는 능력을 갖추는 것이 중요하다. 예를 들어, 강의 자료를 USB 드라이브에 저장해 두거나, 클라우드 서비스를 활용하여 언제든지 필요한 자료에 접근할 수 있도록 준비하는 것이 좋다. 또한, 강의 중 대체 자료를 활용할 수 있는 방법을 미리 고려해 두는 것도 유용하다. 만약 특정 영상이나 슬라이드가 작동하지 않을 경우, 해당 내용을 구두로 설명하거나, 다른 형식의 자료를 통해 보완할 수 있다. 이러한 준비는 기술적인 문제로 인한 강의의 흐름을 방해하지 않고, 학습자가 집중할 수 있는 환경을 조성해야 한다.

두 번째로, 학습자의 질문이나 의견에 대한 즉각적인 대응 능력도 중요하다. 강의 중에는 학습자들이 다양한 질문을 던질 수 있으며, 이때 강사는 그들의 질문에 대해 성실하게 답변하고, 필요한 경우 추가적인 설명을 제공해야 한다. 이러한 상호작용은 학습자의 참여도를 높이고, 그들이 강의 내용을 더욱 깊이 이해하는 데 도움을 준다. 강사는 질문에 대한 답변을 통해 학습자가 관심을 가지는 주제를 파악하고, 이를 바탕으로 강의 내용을 조정하는 것이 필요하다.

"문제가 발생했을 때 해결책을 찾는 것이 진정한 리더의 역할이다."라는 말처럼, 강사는 위기 상황에서도 침착함을 유지하고 문제를 해결하는 능력을 발휘해야 한다. 위기 상황에서는 긴장이 높아질 수 있지만, 강사가 차분하게 상황을 정리하고 대처 방안을 제시하는 것은 학습자에게 안정감을 줄 수 있다. 예를 들어, 강의 도중 기술적인 문제가 발생했을 때, 강사는 학습자들에게 상황을 솔직하게 설명하고, 문제 해결을 위한 시간을 요청함으로써 신뢰를 구축할 수 있다. 또한 강사는 문제가 해결된 후 학습자들에게 상황에 대한 피드백을 제공하는 것이 중요하다. 문제가 발생한 후 어떤 조치가 있었는지, 그 결과는 어땠는지를 공유함으로써 학습자는 강사가 문제 해결을 위해 어떤 노력을 기울였는지를 이해하게 된다. 이는 강사와 학습자 간의 신뢰를 더욱 강화하는 데 도움이 된다.

강의 후 평가와 개선은 교육 과정에서 매우 중요한 과정이다. 강의가 끝난 후에는 학습자들에게 피드백을 요청하여 강의 내용과 진행 방식에 대한 평가를 받아야 한다. 이러한 피드백은 강사가 자신의 강의 방식을 점검하고, 향후 강의에 반영할 수 있는 개선점을 찾는 데 중요한 역할을 한다. 학습자의 의견은 강의의 질을 높이는 데 필수적인 자원으로 작용하며, 강사는 이를 통해 자신의 교육 방식을 지속적으로 발전시킬 수 있다. 예를 들어, 강의가 끝난 후 간단한 설문조사를 실시하거나, 구두로 학습자들에게 직접 질문함으로써 피드백을 받을 수 있다. 학습자들이 특정 주제에 대한 이해도가 낮았다는 피드백을 받았다면, 다음 강의에서는 해당 주제를 더욱 심도 있게 다루거나, 다양한 자료를 통해 이해를 돕는 방안을 고려해야 한다.

이처럼 강사는 학습자의 피드백을 바탕으로 강의 내용을 조정하고, 필요한 경우 추가적인 학습 자료를 제공함으로써 학습자들의 이해를 돕는 노력을 기울여야 한다. "성공은 끊임없는 개선에서 온다."라는 말처럼, 강사는 학습자의 피드백을 바탕으로 발전해 나가야 한다. 이는 강의 후 평가와 개선의 과정을 통해 강사는 자신의 강의 스타일을 다듬고, 학습자들에게 더 나은 교육 경험을 제공하는 방법을 모색할 수 있다.

강의 운영은 철저한 준비와 리허설, 효과적인 진행, 위기관리, 그리고 사후 평가와 개선이라는 여러 요소로 구성된다. 강사는 이러한 요소들을 잘 통합하여 학습자에게 최상의 교육 경험을 제공해야 하며, 이를 통해 학습자는 본인의 잠재력을 발견하고 성장하는 기회를 얻게 된다. 강의는 학습자와의 소통과 성장의 과정임을 잊지 말고 강의에 꼭 적용하자.

제5장 **강사로서의 경영 전략**

강사로서의 경영 전략은 지속 가능한 교육 사업 모델을 구축하는 데 필수다. "성공은 준비된 자에게 기회를 준다."라는 말처럼, 강사는 자신의 비즈니스 모델을 명확히 하고, 효과적인 마케팅 전략을 수립하며, 고객 관리와 네트워크 구축을 통해 지속 가능한 성장을 이끌어야 한다. 이러한 전략적 접근은 강사가 학습자에게 제공하는 교육의 가치를 극대화하고, 그들의 신뢰를 얻는 데 중요한 역할을 한다.

우선, 강사로서의 비즈니스 모델은 강의의 형태와 내용, 대상 고객을 포함한 전반적인 구조를 의미한다. 강사는 자신이 제공하는 교육의 가치를 명확히 정의하고, 이를 통해 수익을 창출하는 방법을 모색해야 한다. 예를 들어, 오프라인 강의 외에도 온라인 강의, 맞춤형 교육 프로그램, 워크숍과 같은 다양한 형태의 교육을 제공함으로써, 더 많은 학습자에게 접근할 수 있다.

한국강사교육진흥원에서도 매주 2회 비대면 줌 강의가 진행되고, 매월 셋째 주 일요일에는 미래를 꿈꾸는 시간 미꿈시 프로그램이 진행된다. 또한, 대면 교육으로 자격 과정과 강사 역량 강화 과정, 강사 양성 과정 등이 진행된다. 지속해서 진행되는 나도 작가 되기 챌린지와 상위노출 블로그 챌린지, 감성 시 쓰기 챌린지 등이 진행되고 있다. 또한 매년 연말에는 당년 예를 들어, 2025년을 빛낸 강사들 페스티벌 행사를 통해 많은 강사와 교류한다. 연말에 회원들의 뜻을 모아 '장애인 복지 후원금 전달'도 진행된다. 그리고 매년 회원들의 후원금으로 '전국 장애인 감성 시 공모전'을 진행하고 있다. 이러한 다각적인 비즈니스 모델은 강사가 다양한 고객층을 확보하는 기회가 되며, 교육의 범위를 확장하는 데 효과가 크다.

마케팅 전략과 브랜딩은 강사가 자신의 교육 서비스를 효과적으로 홍보하고, 학습자에게 신뢰를 구축하는 데 중요한 역할을 한다. 강사는 자신만의 브랜드를 확립하고, 이를 통해 학습자들에게 가치를 전달해야 한다. 강사의 브랜드는 강사가 제공하는 교육의 품질과 신뢰성을 포함한 모든 이미지를 의미한다. 따라서 강사는 자신의 브랜드가 무엇을 대표하는지를 명확히 정의하고, 이를 계속해서 유지하고 발전시켜 나가야 한다. 예를 들어, 강의 주제에 대한 전문성을 강조하는 콘텐츠 마케팅을 활용하여 블로그나 소셜 미디어에 유용한 정보를 제공함으로써 잠재 고객의 관심을 끌 수 있다. 강사는 특정 주제에 대한 깊이 있는 기사나 동영상 강의를 제작하여 자신의 전문성을 보여주고, 학습자들이 그 정보를 통해 유익함을 느낄 수 있도록 해야 한다. 이러한 접근은 강사로서의 신뢰도를 높이고, 학습자들이 자연스럽게 강사의 강의를 듣고 싶도록 유도한다.

"브랜드는 당신이 말하는 것이 아니라, 사람들이 당신에 대해 말하는 것이다."라는 말처럼, 강사는 자신의 브랜드 이미지를 긍정적으로 구축하기 위해 학습자와의 소통을 강화해야 한다. 강사는 강의 후 학습자들에게 피드백을 요청하고, 그들의 의견을 반영하여 강의 내용을 개선함으로써 학습자와의 관계를 더욱 깊게 할 수 있다. 이를 통해 강사는 학습자에게 신뢰를 주고, 그들이 강사에 대해 긍정적으로 이야기하도록 만드는 환경을 조성해야 한다.

"강사의 지속성은 브랜드 이미지가 생명이다."라고 해도 과언이 아니다. 강사는 자신의 이미지 관리에도 신경을 써야 하며, 이는 지속 가능한 경영 전략의 핵심 요소로 작용한다. 강사는 강의의 내용뿐만 아니라, 자신의 태도와 행동에도 주의해야 한다. 항상 프로페셔널한 모습으로 학습자와 소통하고, 긍정적인 에너지를 전달함으로써 강사의 이미지를 강화할 수 있다.

워런 버핏은 "평판을 쌓는 데는 20년이 걸리지만, 당신의 평판을 무너뜨리는 데는 5분이면 충분하다."라는 말로 평판 관리의 중요성을 강조한다. 이는 강사에게도 적용되며 강사는 항상 본인의 행동과 발언에 책임을 져야 한다. 강의 도중 발생할 수 있는 작은 실수나 부주의한 발언이 학습자에게 부정적인 인상을 남길 수 있기 때문이다. 따라서 강사는 항상 신중하게 행동하고, 자신의 브랜드 이미지를 지키기 위해 노력해야 한다.

고객 관리와 네트워크 구축은 강사로서의 성공을 위한 또 다른 중요한 요소다. 강사에게 학습자와의 관계에 깊은 신뢰를 쌓아가는 과정이기도 하다. 강사는 학습자와의 관계를 유지하고, 그들의 피드백을 반영하여 강의 내용을 개선해야 한다. 이는 강사가 제공하는 교육의 질을 높이고, 학습자들의 만족도를 극대화하는 데 필수다. 예를 들어, 강의가 끝난 후 학습자들에게 감사 메시지를 보내고, 정기적으로 소통하는 것은 신뢰를 구축하는 데 큰 도움이 된다. 이러한 소통은 인사말이나 감사의 표현에 그치지 않고, 학습자들이 느낀 점이나 개선할 사항에 대한 의견을 직접 묻는 것이 포함된다. 이를 통해 강사는 학습자들이 소중한 의견을 가지고 있음을 인식하고, 그들의 목소리를 반영하여 강의 내용을 조정할 수 있다. 또한, 학습자들이 자신의 의견이 존중받고 있다는 느낌을 받으면, 강사에 대한 신뢰가 더욱 깊어질 것이다.

또한 다른 교육자 및 전문가들과의 네트워크를 형성하는 것은 강사에게 새로운 기회를 창출하는 중요한 방법이다. 강사는 다양한 분야의 교육자들과 관계를 맺음으로써 서로의 경험과 지식을 교환할 수 있으며, 강사가 자신의 전문성을 더욱 확장하는 데 도움이 된다. 예를 들어, 강사가 다른 교육자와 협력하여 공동 워크숍을 개최하거나, 서로의 강의를 추천하는 등의 방식으로 시너지 효과를 높일 수 있다. 강사는 협력의 중요성을 인식하고, 다양한 사람들과의 관계를 통해 함께 성장하는 기회를 찾아야 한다. 이러한 네트워크는 강사가 새로운 강의 기회를 찾거나, 교육 트렌드를 파악하는 데도 큰 도움이 된다. 강사가 다양한 교육자들과 교류함으로써 최신 교육 방법론이나 자원을 공유하고, 이를 자신의 강의에 적용하는 기회를 마련할 수 있다. 또한, 동료 강사들과의 관계를 통해 서로의 강의에서 배울 점을 발견하고, 이를 바탕으로 자신의 교육 방식을 개선하는 데 도움이 된다.

마지막으로, 멘토십과 리더십은 강사가 학습자에게 긍정적인 영향을 미치는 데 중요한 역할을 한다. 강사는 학습자의 성장과 발전을 도울 수 있는 멘토가 되어야 한다. 이를 위해 강사는 본인의 경험과 지식을 바탕으로 학습자에게 조언을 제공하며, 그들이 목표를 달성할 수 있도록 지원해야 한다. "진정한 리더는 다른 사람을 성공으로 이끄는 사람이다."라는 말처럼, 강사는 본인의 리더십을 발휘하여 학습자들이 본인의 잠재력을 최대한 발휘하도록 이끌어야 한다. 강사의 성공은 학습자와의 관계 구축과 지속적인 발전을 통해 이루어진다는 것을 명심하자. 이러한 전략을 통해 자신의 교육 서비스를 더욱 강화하고, 학습자의 성장과 발전에 도움이 되는 진정한 교육자가 되어야 한다.

오늘도 나의 발전과 학습자의 발전을 위해 변화를 추구하며, 누군가의 롤 모델이 되기 위해 노력 중이다. 이 책을 읽고 있는 독자 여러분이 강사로서의 길을 걸어가며 만나는 이들에게 긍정적인 신념과 변화를 가져다줄 수 있는 누군가의 롤 모델이 되기를 희망한다.

자기 돌봄 코칭으로 건강한 세상 만들기

고유미
사람을 건강하게, 세상을 건강하게 메디컬코치

제1장 상처는 별이 되고
눈물은 비전이 된다

나는 '사람을 건강하게, 세상을 건강하게' 만드는 메디컬 코치다. 18
년간 암 환자를 돌보는 간호사로 근무했다. 1분 1초를 다투며 삶과 죽음을
가르는 현장에서 나는 사람을 살리는 기술을 익혔다. 이제 병원 밖에서의
나는 '말로 사람을 살리는 강사'다. 나는 왜 '말로 사람 살리는 기술'을 연
구하게 되었을까?

나에게는 젊은 날에 하늘의 별이 된 친구가 있다. 의대생이었던 그는 4
년간 동아리 친구로, 남자 사람 친구로 지냈다. 숫기 없고 내성적이지만 성
실하던 친구였다. 세월이 흘러, 그는 37살이 되었고 인턴, 레지던트, 임상
강사의 수련을 거쳐 그해 2월, 드디어 교수가 되었다. 교수가 된 걸 축하한
다고 말하고 싶었지만 그럴 틈도 없이 코로나가 대한민국을 삼켰다. 수련
을 마친 그가 고향에 있는 병원으로 돌아가서 많은 사람을 살려내길 기대

했다. 그런데 갑자기 부고 문자를 받았다. 믿을 수 없었지만, 부고 문자에는 친구의 이름 세 글자가 적혀있었다. 단란한 가정을 꾸리고 예쁜 아기와 지혜로운 아내를 두었던 그가, 그해에 교수가 되었던 그가 그렇게 하늘의 별이 되었다.

이유를 알 수 없었다. 그러나 분명한 것은 살아내는 방법이 있었을 텐데, 힘들면 다른 일을 해도 되었을 텐데, 그 방법을 찾지 못한 것일까? 장례식장에서 그의 부모님을 뵈었다. 자식 잃은 슬픔과 고통을 다 알 수는 없었지만, 나는 눈빛으로 짐작할 수 있었다. '의대 교수가 아니어도 좋으니, 바보에 백수 아들이어도 좋으니, 살아있는 아들이 있으면 좋겠다.'라는 눈빛이었다.

하루 세 끼 밥을 안 먹고, 밤새워 일하고 극한의 스트레스 상황에서 몸과 마음이 어떻게 되는지 분명히 알았을 텐데, 그렇게 살면 안 된다는 것을 알았을 텐데, 아마도 '타인 돌봄'의 기술을 오랫동안 수련했던 그에게 '자기 돌봄'의 기술이 없었나보다. 그는 '번 아웃'으로 온몸이 타서 재가 될 때까지 일하고 많은 사람을 살려냈다. 끝내 자신은 살려내지 못한 그가 한없이 가여웠다.

사실 나도 그의 모습과 다르지 않다. 간호사로서 엄마로서 타인을 돌보는 것에 익숙한 삶을 살았다. 삶과 죽음의 사이에서 고군분투하던 암 환자를 두고 끼니를 챙겨 먹고 화장실을 가는 것이 송구스럽게 느껴졌다. 그래서 화장실 가는 것도 참고, 슬픔도 아픔도 배고픔도 참아가며 그렇게 13

년쯤 일했을 때 나는 몸과 마음이 고장 났다. 더 이상 일을 할 수 없었다. 기름도 넣지 않고 전력 질주하던 자동차가 멈춰 선 것처럼 멈춰버렸다.

자기 돌봄이 없는 삶은 결국 파멸에 이른다는 것을 알게 되었다. 브레이크가 고장 난 자동차처럼 전력 질주하는 사람들을 보면 반드시 '자기 돌봄'을 하도록 강조했다. 본인의 생존을 위해서다. 올해까지만 일하고 내년에 죽을 것이 아니라면, 올해까지 직장에 다니고 그만둘 것이 아니라면 자기 돌봄을 해야 한다. 속도를 늦추고 잘해야 한다는 압박감을 버리고 자기만의 속도에 맞춰 살라고 했다. 그렇게 그가 남긴 메시지를 곱씹으며, 너무 열심히 살아서 죽을 뻔했던 과거의 나를 위로하며, '자기 돌봄 코칭' 강의가 탄생했다.

돌보는 자를 누가 돌볼 것인가?

무한대의 돌봄 제공자인 엄마에게도 엄마가 필요하다. 간호사에게도 간호사가 필요하다. 그러나 누군가가 나에게 엄마가 되어주고 간호사가 되어줄 수 없다면, 내가 나의 엄마가 되어 나를 돌보고, 내가 나를 돌보는 간호사가 되어야 한다. 공기와 물이 없으면 죽는 것처럼 자기 돌봄이 없는 사람은 결국 죽는다. 공기처럼 물처럼 자기 돌봄이 필요하다. 이것이 바로 무한경쟁시대를 살아가는 우리가 갖춰야 할 생존 전략이다. 영어 공부보다 AI 기술을 배우는 것보다 10배 중요한 생존 전략이다.

몸과 마음이 멈춰선 나는 휴직을 하고 현대인의 정신건강과 번 아웃, 자살 예방을 공부하게 되었다. 한국자살예방센터에서 생명 존중 강사과정을 이수하고 청소년 자살 예방 지도자 자격을 취득했다. 정신건강보건센터에서 하는 '보고, 듣고, 말하기' 생명 존중 교육을 들었다. 2024년에는 한국정신종양학회에 참석하여 현대인의 정신건강문제에 대한 최신 동향을 파악했다. 암 환자의 정신건강을 공부하는 국립암센터 정신종양학전문 과정을 이수했다. 현재 강의 현장에서 마음 건강을 돌보고 번 아웃을 예방하는 '자기 돌봄 코칭'을 하고 있다. 나는 어리석게도 벼랑 끝까지 가서야 자기 돌봄을 공부하기 시작했다.

노벨문학상을 받은 작가 한강은 이렇게 말했다. '죽은 자가 산 자를 살릴 수 있는가?'라고. 나의 대답은 그렇다. 나에게 큰 아픔이었던 그는 하늘의 별이 되었고, 내가 서럽게 흘린 눈물은 나의 비전이 되었다. 나는 다짐했다. 현재를 살아가는 모든 이에게 번 아웃 예방 교육을 하고 자기 돌봄 코칭을 전파하겠노라고, 내가 그다음의 희생을 막아보겠노라고 다짐했다.

지금은 임상경험에서 얻은 의료지식을 바탕으로 고객의 변화와 성장을 돕는 메디컬 코칭을 하고 있다. 메디컬 코칭은 의료지식과 코칭의 철학을 기반으로 신체적, 정신적, 사회적 건강 문제에 대한 해답을 찾고 해결하도록 돕는 것이다. 고객의 건강 문제를 해결하기 위해 목표를 정하고 실천 계획을 세우고 지속 가능한 관리가 가능해지도록 돕는다. 기업에서 직장인 번 아웃 예방 교육, 직무스트레스 예방 교육, 직장인의 멘탈 관리 등의 강의를 진행하고 있다. 직장인, 의료진, 발달장애인 양육자, 사회복지사 등 다양한 대상자들을 만난다.

나의 눈물에서 시작된 자기 돌봄 코칭이 사람들을 돌볼 것이고 그들은 사회 곳곳에서 빛과 소금 같은 존재로 대상자들을 돌볼 것이다. 사회가 지속 가능한 돌봄을 제공하려면 돌봄 종사자들의 몸과 마음이 건강해야 한다. 내가 꿈꾸는 세상은 내가 나를 돌보고 서로 돌보는 그런 세상이다.

프로 강사를 위한 자기 돌봄 코칭

강사는 매일 다른 곳에서 매일 다른 청중을 만나서 강의한다. 그리고 늘 시간이 부족하고 할 일은 많은 상황에 놓이게 된다. 이런 상황에서 스트레스 관리가 잘되지 않으면 번 아웃을 겪는다. 2025년 1월 한국강사교육진흥원에서 〈건강과 성공을 동시에 잡는 강사를 위한 자기 돌봄 코칭〉 강의를 진행했다. 이 강의에서는 자기 돌봄 전략을 3가지 영역으로 구분한다.

첫째, 신체적 자기 돌봄 영역에서는 올바른 식습관, 규칙적인 운동, 체중 관리가 필요하다. 나는 계단 오르기와 벽 스쿼트로 유산소운동과 하체 근력 강화 운동을 하며 체력 관리를 한다.

둘째, 정서적 자기 돌봄 영역에서는 습관 코칭 참여자들과 함께 매일 아침 습관 코칭 모임을 운영한다. 매일 아침 6시 30분 줌(zoom) 화면을 켜고 글쓰기와 독서, 명상을 한다. 하루를 시작하는 마음을 차분하게 새겨보고 일정을 계획할 수 있는 시간이다.

셋째, 인지적 자기 돌봄 전략으로는 목표설정, 우선순위 관리, 시간 관리를 한다. '선택과 집중'이다. 모두 다 잘하려고 하면 한 가지도 제대로 못하는 상황이 발생한다. 우선순위에 따라 하루를 경영해야 강사 활동을 할 수 있다. 지속 가능한 강사 생활을 위해 스트레스 관리와 자기 돌봄 전략을 잘 세우고 실천해야 한다.

제2장 **참여자가 주인공이 되는 코칭형 강의**

나의 강점은 첫 번째, '참여자가 주인공이 되는 강의'를 구현하는 것이다. 청중은 강사가 1시간 내내 말하는 강의에 집중하지 못한다. 적절하게 마이크를 청중에게 넘기고 질문과 대답 형식으로 강의를 이끌어간다. 처음에 마이크를 받은 사람은 다소 당황하는 눈빛을 보이지만 이내 적응한다. 두 번째 마이크를 받은 사람은 '아, 이 강사님은 원래 참여자에게 마이크를 주는 사람이구나.' 하고 인지한다. 마이크를 잡는 순간 주인공은 강사가 아닌 참여자가 된다.

두 번째, 코칭 형식 강의로 질문하고 문제해결 능력을 향상한다. 이런 과정을 통해 강사가 알지 못했던 새로운 사실을 참여자가 알려주는 경우가 있다. 참여자가 말하면서 생각을 정리하고 스스로 해답을 찾고 긍정적 변화를 맞이한다. 문제해결에 대한 자원은 그 사람 내면에 이미 가지고 있다고 믿는 것, 그것이 바로 코칭 형식 강의의 매력이다.

세 번째, 개인과 조직이 가진 건강 문제를 분석하고 '대상자 맞춤 강의'를 제공한다. 건강한 개인이 건강한 조직을 만들고 업무 성과를 높인다. 결국 대상자를 날카롭게 분석하고 대상자 맞춤 강의를 제공하는 과정을 통해 건강한 조직을 만들 수 있을 것이다.

자기 돌봄 코칭 강의에서 커리큘럼 설계는 '강사 중심'이 아니라 '청중 중심'의 강의를 설계한다. 강의 의뢰가 들어오면, 하얀 도화지 위에 나를 지우고 '청중'을 그려 넣는다. 내가 중심에 서서 나를 위한 강의가 되지 않도록 주의한다. 그리고 청중을 중심으로 가장 필요한 것이 무엇인지, 이해하기 쉬운 방법이 무엇인지, 기관에서 요청한 의도가 무엇인지 파악하여 방사형으로 뻗어가면서 그림을 그려본다.

학습 목표를 설정할 때는 여러 개의 목표를 나열하기보다는 한 가지라도 제대로 이해하고 실천할 방법을 구현한다. 그래서 나의 강의계획서에서 학습 목표를 보면 '직무스트레스 요인을 이해한다. 직장인 번 아웃의 증상과 징후를 이해한다.'에서 끝나는 것이 아니라, '자기 돌봄 코칭의 계획을 세우고 실천한다.'로 끝난다. 강의의 목표는 계획한 내용을 '실천한다.'가 되는 것이다.

강의 자료를 제작할 때 나는 아래의 세 가지 사항을 고려한다.
첫 번째, '청중의 이슈'에서 시작한다. 예를 들면, 직장인 번 아웃 예방 교육을 진행할 때, 현재 그 부서의 이슈가 무엇인지, 기관에서 이 교육을 통해 얻고자 하는 바가 무엇인지 긴밀하게 분석한다. 그래야 목적에 부합하는 교육을 진행할 수 있기 때문이다.

두 번째, '이해하기 쉽고 가독성 높은 자료'다.

요즘은 디지털 사용 시간이 증가하면서 시력이 좋지 않은 청중을 만날 때가 많다. PPT에 큰 글씨로 여덟 줄밖에 적지 않았지만, "한번 읽어줄 수 있나요?"라고, 질문하면 "강사님, 잘 안 보여요."라고 말하는 경우가 많다. 그래서 나는 청중이 보는 자료가 대형 빔프로젝터로 구현되는지, 아니면 교실 안에 작은 TV를 통해 보게 되는지, 모니터 크기가 대략 몇 인치 정도인지 미리 알아본다. 200~300명 단위의 강의장인 경우, 어느 위치에서 보아도 사각지대가 없이 잘 보일 수 있게 강의 자료를 구성한다.

세 번째, '학습자 맞춤 자료'다.

소그룹 강의를 할 때는 코칭 질문 카드, 이미지 카드, 활동지를 적절하게 활용한다. 계속 PPT 슬라이드만 보고 강사의 말을 듣는 것은 지루할 수 있다. 각자 자신을 표현하는 카드를 고르고 자기 돌봄 테스트, 번 아웃 테스트를 해보고 점수를 측정하고 발표하는 시간을 갖는다. 나는 학습자와 소통하고 읽어보고 토론하는 형식의 강의를 선호하기 때문에, 강의 중에 학습자에게 마이크를 건네주고 발표하는 시간이 많다. 그들이 이 강의에 '들러리'가 아니라 '주인공'이 되기를 바라는 마음이다.

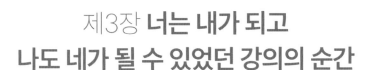

제3장 너는 내가 되고
나도 네가 될 수 있었던 강의의 순간

신성우의 '서시'라는 노래에 이런 구절이 나온다.

"너는 내가 되고 나도 네가 될 수 있었던 수많은 기억
내가 항상 여기 서 있을게. 걷다가 지친 네가 나를 볼 수 있게
저기 저 별 위에 그릴 거야. 내가 널 사랑하는 마음 볼 수 있게"

세상은 너무 커 보였고 나는 너무 작아 보였던 10대 시절, 이 노래의 가사가 마음에 들어서 여러 번 불렀다. 왠지 노래를 부르는 것만으로도 '너는 내가 되고 나도 네가 될 수 있었던 수많은 기억'이 떠올라, 위로가 되고 마음이 따뜻해졌다. 그리고 수십 년이 지나 강의를 준비하는 나의 마음도 그랬다.

한 가지 예로, 2024년 12월에 진행한 '직무스트레스 예방을 위한 자기 돌봄 코칭'을 들 수 있다. 직무스트레스란 근로자의 능력, 자원, 욕구 등과 업무상 요구사항이 부합하지 않음으로 인해 발생하는 유해한 신체적 및 정신적 반응을 말한다. 직무스트레스를 적절하게 관리하지 않을 경우, 직업 만족도 저하, 생산성 저하 등으로 이어질 수 있다.

교육대상자는 고객 응대 전화를 받는 고객센터 직원이었다. 이 부서의 특징은 '감정노동 근로자'라는 점이다. 강의를 준비하면서 나는 다시 '너는 내가 되고 나도 네가 될 수 있었던 수많은 기억'을 떠올렸다. 병원에서 암 환자와 보호자의 전화를 받았던 기억이다. 퇴원하자마자 문제가 생겼는데 어떻게 해야 하냐는 전화, 약을 먹자마자 토했는데 어떻게 해야 하냐는 전화, 다시 병원으로 갈 테니 외래 예약 좀 해달라는 전화 등이었다. 한 번 받으면 끊을 수가 없는 전화도 있었고, 그런 전화에 휘말리면 모든 업무가 중단되는 상황도 있었다. 그리고 전화로 해결할 수 없는 문제와 질병에 대한 분노와 투사의 감정을 오롯이 들어주면서 감정의 쓰레기통이 된 것 같았다.

병원을 퇴사한 후 헬스케어 회사에서 암 환자 상담 업무를 한 적이 있는데, 이런 경우 하루에 전화 상담해야 하는 건수가 정해져 있었고 통상 10분 내외로 전화상담을 진행하게 되었다. 가끔 자신의 암 치료 과정이 지연되어 불만을 표시하는 고객을 만나거나, 자신이 살아온 60년의 인생을 하소연하듯이 토해내는 고객을 만나면 그 분노와 설움, 고통과 슬픔을 다 들어주다가 1시간이 훌쩍 넘기도 했다. 만약 60분을 넘기는 상담이 있다면 이날은 할 일을 다 마무리하지 못하고 다음 날로 넘어가기도 했다. 어렵고 힘든 고객에 대한 응대 전화를 했던 지난날의 경험을 살려서 전화상담을 진행하는 그들의 정서에 최대한 맞춰가기 시작했다.

고객 응대 전화를 받는 부서에서 겪는 신체적, 정서적, 사회적 스트레스 요인이 무엇인지 분석했다. 철저하게 "나는 네가 되고 너는 내가 될 수 있는 순간"을 경험하지 못하면 나는 또 아주 보편적이고 일반적인 이야기들을 하게 될 것이다. "스트레스 관리를 위해 명상하고 운동하세요."라고 뜬구름 잡는 소리를 하는 강사가 되고 싶지 않았다. 그들이 겪는 건강 문제가 무엇인지 분석하고 강의를 들은 순간부터 스트레스 관리에 바로 적용할 수 있는 실천적인 대안을 제공했다.

강의 내용과 일정을 확정했을 때, 난 한 가지 당부를 드렸다. 대상자 중심의 강의를 설계하겠으니, 사전에 최대한 많은 정보를 나에게 주었으면 좋겠다고 했다. 기관 담당자는 적극적으로 협조하면서 직원들이 근무하는 부서의 사무실을 소개해 주겠다고 했다. 부서 내의 이슈는 부서장이 가장 잘 알고 있을 테니, 부서장과 전화 인터뷰를 할 수 있게 해주겠다고 했다. 이렇게 기관 담당자와 소통과 협업이 잘되면, 강의를 준비하는 강사도 덩달아 신이 난다. 사전정보가 많을수록 그 '강사 중심'이 아니라, '학습자 중심'에 가까워지기 때문이다.

사전정보를 많이 수집했던 터라, 강의 현장에서 학습자와 예전에 알던 사이처럼 빠르게 라포를 형성했다. 번 아웃은 너무나 헌신적이고 열심히 일한 사람들이 겪는 소진 증상이다. 건강하고 행복한 직장 생활을 위해 번 아웃을 예방하고 스트레스 관리를 위한 자기 돌봄 전략을 세워야 한다는 것에 모두 공감했다.

감정적 소진과 근골격계 통증을 겪었던 실제 사례들을 소개하자, 학습자들도 "나도 그랬다."라며 격하게 공감했다. 그리고 유아기 어린 자녀를 키우면서 워킹맘으로 일하는 직원들도 통하는 부분이 많았다. 나는 첫째 아이 생후 3개월, 둘째 아이 생후 13개월에 복직하여 일을 했는데, 회사로 출근하고 퇴근하면 다시 집으로 출근하는 과정이 반복되었다. 24시간 중에 내가 쉬는 시간은 1초도 없는 것 같았다. 그 과정에서 워킹맘이 겪는 일과 삶의 불균형, 신체적, 감정적 소진, 일하는 엄마로서의 미안함과 죄책감 등이 얼마나 힘들게 하는지, 업무 효율을 저하하는지 너무나 잘 알고 있다.

내가 원했던 직장이고 내가 원했던 결혼이고 내가 원했던 아이였다. 이 모든 게 내가 바라던 꿈이었고 모두 이루어졌는데, 나는 그 안에서 자꾸 존재가 소멸하고 수명이 단축되는 것 같은 번 아웃을 경험했다. 직장에서도 가정에서도 철저하게 '타인 돌봄' 위주로 설계된 시스템에서 나를 구하는 '자기 돌봄'이 없었던 탓이었다. 나의 경험을 공유하면서 강한 유대감이 형성되었고, 참여자들은 솔직한 이야기들을 털어놓기 시작했다. 그리고 그들이 처한 환경에서 자기 돌봄에 대한 '나만의 해답'을 찾아내기 시작했다.

코칭형 강의, 학습자 중심 강의의 매력은 바로 이것이다. 코칭의 철학은 '인간은 무한한 가능성이 있고 창의적인 존재이며 스스로 해답을 찾아

나갈 수 있다.' 이 과정에서 코치는 문제에 대한 해결책을 찾아주는 사람이 아니라, 그들이 솔직히 말할 수 있게 멍석을 깔아주고 스스로 해답을 찾을 수 있게 돕는 사람이다. 어떤 말도 수용이 가능하다는 안전하고 신뢰감 있는 환경을 제공하는 사람이다.

강의가 끝난 후 학습자들은 "나를 칭찬하고 토닥이는 힐링 시간이었습니다.", "타인에게 관대하고 자신에게 소홀했던 나를 반성했습니다.", "나를 돌보는 것이 이기적인 것이 아니라, 가족과 직장을 지키는 길이네요."라고 말했다.

매일 출근하는 직장에서 스트레스를 사라지게 하는 마법은 없다. 그러나 스트레스에 대한 대처 방식을 연습하면 스트레스 환경에 대처하는 마음 근력을 향상할 수 있다. 오늘의 강의가 학습자의 몸과 마음에 흡수되어 삶에서 저절로 나오는 그런 교육이 되기를 바란다. 우리의 삶에 최적화된 자기 돌봄 코칭의 기술이 나와 가족을 지켜낼 것이다. 내가 속한 조직을 건강하게 지켜낼 것이다.

'소아암 환아 돌봄 파트너를 위한 자기 돌봄 코칭'을 진행하게 되었다. 소아암 환아를 돌보는 돌봄 파트너 선생님은 면역력이 약한 환아를 돌보며 신체적, 정신적 스트레스를 겪는다. 돌보던 환아가 질병이 재발하거나 세상을 떠나는 경우 애도와 상실에 대한 아픔을 겪었다. 아이를 돌본다는 것은 나의 모습에서 많은 것을 깎아내고 철저하게 아이의 요구에 맞추어 주는 과정이다. 그러나 면역력이 약하고 병원을 자주 다니며 언제든 재발의 위험이 있는 소아암 환아 라면 그 돌봄에 대한 무게는 상당할 것이다.

 강의를 준비하면서 나는 병원에서의 기억을 다시 떠올려 본다. 소아암 병동에서의 기억, 조혈모세포이식을 받고 무균실에서 사투를 벌이던 아이들, 그 고통과 그 아픔에 함께 숨도 못 쉬게 아팠던 시간을 다시 떠올렸다. 그들의 아픔을 이해하지 못하면 그들에게 '자기 돌봄 코칭' 강의할 수가 없다. 그렇게 내 마음이 과거의 무균실로 들어가 슬픔을 적시고 그들의 마음과 하나가 되어 소아암 환아를 돌보는 돌봄 선생님들을 만나러 갔다.

 그리고 그들과 한마음이 되어서 울고 웃으며 강의를 진행했다. 어려운 시간을 보내고 있는 그들에게 '자기 돌봄 코칭'이라는 강력한 무기를 심어주었다. 그것이 돌봄 제공자인 그들을 지켜낼 것이다. 그리고 그들은 소아암 환아를 돌볼 것이고 소아암 환아 양육자의 번 아웃을 막아낼 것이다.

제4장 중2도 춤추게 하는 청소년 자기 돌봄 코칭

    강의 요청을 받은 순간부터 강의는 시작된다. 나는 강의 의뢰가 들어오면, 우선 기관 홈페이지부터 접속한다. 회사의 미션, 핵심 가치를 모두 살펴본다. 그리고 유튜브 채널이 있으면 구독해서 본다. 기관에 따라서 스토리텔링과 예시를 다르게 진행해야 하기 때문이다. 그리고 교육 담당자와 자주 통화하면서 회사 특성에 대한 사전정보를 최대한 많이 얻는다.

    중학교 전교생 대상으로 〈청소년 번 아웃 예방을 위한 자기 돌봄 코칭〉 강의하게 되었다. 270여 명 대강당 강의였는데, 청중 중에서도 가장 어려운 중학생을 90분간 집중시키려면 전략이 필요했다. 중학교 1, 2, 3학년 전교생을 쉬는 시간 없이 90분 강의를 진행한다는 것은 결코 쉬운 일이 아니다. 게다가 2025년 1월 초, 종업식과 졸업식을 3일 앞둔 학생들이었다.

    말년 병장처럼 앉아 있던 학생들의 모습에 아무리 재미있는 강의도 그 어떤 말도 통하지 않을 것만 같았다. 나는 그런 학생들을 집중시키기 위해 음악을 준비했다. 강의 10분 전부터 음악을 틀면 강의장에 온 학습자의 태도를 갖추게 된다. 자기 돌봄 코칭 계획서 등 활동지를 작성하는 시간에도 그 순간에 몰입할 수 있도록 음악을 준비한다.

그런데 음향 지원이 되지 않았다. 음악을 준비한 강의에서 음향시스템이 되지 않으면 마치 1940년대에 무성영화(소리가 들리지 않는 영화)를 보던 것처럼 감흥이 적어진다. 이때 기지를 발휘하여 음악을 교육 담당자 핸드폰으로 전송했다. 그리고 교육 담당자는 내가 신호를 주면, 핸드폰을 마이크에 대서 소리를 크게 확장하는 방식으로 진행했다. 임시방편이었지만 음향시스템이 되지 않는 상황에서 준비한 음악을 모두 사용하여 강의를 진행할 수 있었다.

오늘 나의 미션, 중2를 춤추게 하라~!
'내 마음의 구급상자, 자기 돌봄 코칭'에서 시각, 청각, 후각, 미각, 촉각 등 오감을 이용하여 자기 돌봄의 기술을 익히는 시간이 있다. 특히 청각적 자기 돌봄 기술에서는 '내게 힘이 되는 노래 맞추기'를 퀴즈 형식으로 진행했다. 퀴즈를 맞힌 학생이 마이크를 잡고 노래를 부르도록 했다. 청소년이 좋아하는 아이돌 그룹 노래를 선곡하여 전교생이 함께 노래를 부르고 무대로 올라오는 등 열광적인 반응으로 축제 분위기를 자아냈다.
270여 명 전교생은 마치 콘서트장에 온 관객처럼 떼창을 하기 시작했다. 곳곳에 배치되어 있던 교사들은 예상외로 열광적인 학생들의 모습에 놀라며 신이 나서 손뼉을 쳤다. "강사님, 지금까지 들은 특강 중에 학생들이렇게 즐기는 모습은 처음이네요. 감사합니다."

가장 어려운 청중을 만났을 때, 그들의 심장을 파고드는 촌철살인(寸鐵殺人)의 강의가 필요하다. 학생들은 강의를 콘서트처럼 즐겼고 기분 좋은 상태에서 강의 내용은 온전히 그들의 뇌에 흡수되었다. 강의를 듣고 난 학생들은 "내가 겪는 증상이 청소년 번 아웃인지 몰랐는데, 자기 돌봄을 잘해야겠다.", "자기 돌봄 계획을 일상에서 실천하겠다.", "힘들 때 듣는 노래를 함께 부를 수 있어서 너무 즐거웠다.", "오늘 특강이 소중한 추억이 될 것 같다.", "지친 일상에 힐링이 되는 수업이었다."라고 말했다.

학생들이 무대 위를 신나게 뛰어다니며 불렀던 그 노래처럼, 자기 돌봄 코칭이 학생들 인생에서 "한 페이지가 될 수 있게" 난 최선을 다했다. 질풍노도의 시기를 겪고 있는 그들에게 청소년 번 아웃으로부터 자신을 지켜내는 기술이 되기를 바란다.

나를 보는 또 다른 나, 경험 자아와 관찰 자아

무대에 있는 동안 내가 나를 보지 못한다. 그래서 항상 보조강사나 다른 사람에게 피드백을 받았다. 오늘 강의에서 좋았던 점 3가지, 보완하면 좋을 점 세 가지를 말해달라고 했다. 그다음 강의에서는 좋았던 점은 더욱 살리고, 보완할 점은 수정해 갔다. 그렇게 나는 강의를 깎고 또 깎아 뾰족한 연필처럼 만들었다. 최대한 짧은 시간 안에 간결하게 핵심을 전달하고 학습자의 삶에서 변화를 일으킬 수 있도록 했다.

다음 강의에서는 셀프 피드백한 내용들을 수정 보완하여 진행한다. 이렇게 하면 매일 성장하는 강사가 될 수 있다. 그래서 같은 주제이지만, 2024년 1월에 했던 강의와 2025년 1월에 진행한 강의는 깊이가 다르다. 1 년간의 시행착오와 위기 대처, 피드백이 피가 되고 살이 되어 더욱 성숙한 강의가 탄생했기 때문이다.

나는 셀프 피드백을 위해 강의 장면을 촬영했다. 그리고 화면 밖의 내가 화면 속의 나를 본다. 현재의 내가 과거의 나를 본다. 화면 속의 나를 보면서 직면하는 시간을 보냈다. 어떤 발음이 부정확했는지, 말이 빨라졌는지, 어떤 부분에서 청중에게 뒷모습을 보여줬는지 그동안 몰랐던 모습들을 새롭게 발견했다. 타인에게 받던 피드백이 세 가지였다면, 나 스스로 관찰 자아가 되어 무대에 선 경험 자아를 바라보면서 스스로 100가지의 피드백을 해주었다. 미간에 주름이 생기며 과하게 표정을 찡그리거나, 머리카락을 자주 넘긴 것까지 다 눈에 들어왔다.

인간은 성찰하는 존재이다. 스스로가 가만히 나를 들여다보고 못나고 실수하는 나를 마주할 때, 밑바닥까지 한없이 내려가서 부끄러운 나를 직면했을 때, 그 순간 바로 성찰이 일어난다. 직면과 성찰, 내가 한동안 마음에 담았던 단어이다. 직면과 성찰의 시간을 거친 후 무대에서 강의하는 '경험 자아' 한 명 이외에 강의하는 나를 바라보는 '관찰 자아' 한 명이 탄생했다. 이를 다른 말로 '메타 아이(Meta I)'라고 한다. 나를 바라보는 나, 강사는 항상 또 다른 내가 필요하다. 강의하는 나를 바라보는 나, '경험 자아'와 '관찰 자아'가 서로 피드백을 주고받으며 동반 성장할 때 비로소 강사의 진정한 성장이 이루어지는 것이다.

촬영 모니터링은 강사들이 추천하는 방식이지만, 이를 실행하는 사람은 드물다. 마치 매일 30분 운동이 건강에 이롭다는 것을 알지만, 대부분 하지 않는 것처럼 말이다. 그러나 10명 중 1명 정도 매일 30분의 운동을 하는 사람이 있다. 이러한 습관이 사람을 만든다. 이러한 습관이 프로 강사를 만든다. 매일 30분 '관찰 자아'가 되어 나를 바라볼 수 있다면 미래에 더 많은 가치를 창출할 수 있는 프로 강사가 될 것이다. 자만하지 않고 겸손한 마음으로, 나의 관찰 자아가 되고 '메타 아이(Meta I)'가 되어서 강의하는 나를 바라볼 것이다. 나의 시선이 아니라 청중의 시선에서 나를 볼 것이다.

제5장 적자생존, 강사의 모든 순간은 기록되어야 한다.

　내가 국내 다섯 손가락 안에 드는 빅5 병원 간호사로 근무할 때 "○○ 병원 18년 차 간호사입니다."라고 나를 소개했다. 사람들은 "우와~ 정말 훌륭한 일 하시네요."라고 감탄했다. 회사명, 연차, 직업 세 가지만 밝히면 내가 얼마나 신뢰감 있고 전문성 있는 사람인지 인정해 주었다. 이제 내게는 회사명, 브랜드가 주는 후광효과가 없다. 강사는 1인 기업 프리랜서이다. 메디컬코칭센터라는 이름으로 명함을 만들고 그 명함을 건넸지만, 받아 든 사람들은 내가 누구인지 잘 모른다.

　그래서 산업안전보건교육 강사, 한국강사교육진흥원 교육사업국장, 한국코치협회 전문 코치(KPC) 등으로 나를 증명할 만한 문구를 새겨 넣었다. 그리고 명함 뒷면에는 산업안전보건교육, 코칭, 성교육, 기업 강의 등의 강의 분야별로 어떤 강의가 가능한지 기재하였다. 나에 대한 정보를 좀 더 알고 싶어 하는 사람들을 위해 블로그 주소를 QR 코드로 넣었다. 요즘은 명함에 많은 내용을 적는 것보다 깔끔하게 QR 코드 하나로 대체 하는 경우도 많아서 명함을 처음 받으면 QR을 찍어보는 사람이 꽤 많았다.

강의가 끝나면 블로그에 기록한다. 메디컬 코치, 간호사 출신 메디컬 강사, 직무스트레스 예방 교육, 번 아웃 예방 교육, 자기 돌봄 코칭 등을 키워드로 사용한다. 나는 블로그를 스토리텔링으로 자세하게 쓰는 편이다. 내가 온라인 강의를 듣고 실시간으로 블로그 포스팅을 해 올리는 모습을 본 사람들은 나를 '속기사' 같다고 표현한다.

나는 간호사로 근무하면서 실시간으로 간호기록을 하던 사람이라 1분 1초 단위로 기록하는 것이 몸에 배어있다. 그 기록이 나중에 의무기록, 법적 기록으로 사용되기 때문이다. 인간은 태어난 직후부터 기록되는 존재이다. 출생부터 사망까지 모든 순간에 기록되는 존재이다.

강사의 모든 순간은 기록되어야 한다. 아무리 실력이 뛰어난 강사여도 기록되지 않으면 아무도 나를 알아주지 않는다. '기록한다.' 고로 '존재한다.' 홍보를 위한 기록보다 나의 강의 기록과 학습자가 듣고 적어준 강의 후기를 진솔하게 기록한다. 그래서 나의 블로그 포스팅은 실제 현장 사진도 많고 학습자들이 손 글씨로 적어준 눈물과 감동의 후기도 많다.

강의콘텐츠와 전개 방식도 상세하게 기록한다. 기관에서 교육 의뢰하는 담당자로서는 최대한 검증된 강사를 찾고 싶은 요구가 있고 그러려면 강의콘텐츠가 어떻게 구성되고 강의가 어떻게 전개되는지 알고 싶기 때문이다. 이런 기록을 보고 블로그 검색하여 강의 요청이 들어오는 경우가 많다. 그리고 이미 블로그에서 상세 내용을 보았기 때문에 더 묻지 않고, 강의 주제, 일정 확정, 강의계획서 전달의 원스톱 형식으로 진행된다.

강의 후 1주 이내 포스팅하고 공유하여 많은 사람이 볼 수 있도록 한다. 제주, 광주, 포항, 부산, 충남 등에서 블로그를 보고 "메디컬 코치님이신가요? 직장인 번 아웃 예방, 자기돌봄코칭을 요청하고자 연락드렸습니다."라고 전화가 온다.

요즘은 기관에서 강사 섭외 시, 강사 프로필이나 강의계획서만 보고 강의를 어떻게 진행하는지 그려볼 수 없기에 철저한 검증을 위해서 동영상자료를 요구하는 때도 있다. 이런 경우 강의 현장 동영상을 1~2분 정도로 편집하여 제공한다. 영상을 보면 훨씬 신뢰도와 전문성을 검증할 수 있어, 기존 강의뿐만 아니라, 다른 강의까지 의뢰하는 사례가 많다.

이렇게 하면, 실력 있는 강사, 전문성 있는 강사를 찾고자 하는 교육 담당자의 기대를 충족시킬 수 있다. 이때, 교육 담당자의 요구를 반영하여 다음 프로그램을 구상하고 기관 맞춤 프로그램을 선택할 수 있도록 제안서를 보낸다. 그러면, 교육 담당자는 다른 교육을 위해 다른 강사를 찾아야 하는 수고로움을 덜 수 있고, 이미 신뢰도와 전문성을 검증한 강사에게 2차 교육을 의뢰하는 상황이라 신뢰감이 있고 안정적인 교육을 진행할 수 있다.

강사로 활동하다 보면 가끔 보조강사와 협업이 필요하거나 강의 일정에 겹쳐서 다른 강사에게 부탁해야 하는 경우가 있다. 특히 2024년 연말에는 그런 경우가 많았는데, 대체할 강사가 없으면 아쉽게도 강의를 진행할 수 없을 때가 있다. 이런 상황을 대비하여 나는 기업 강의 시에 보조강사를 동반하여 강의 시에 필요한 지원을 받고 참관의 기회를 제공한다. 이렇게 미리 대비해 두면 같은 날, 동시에 두 군데의 기업에서 강의 요청이 들어올 때를 대비할 수 있다. 서로의 동반성장을 격려하고 더 좋은 콘텐츠를 개발하여 '같이'의 가치를 실현할 수 있다.

혼자 걷는 열 걸음보다, 함께 걷는 한 걸음이 더 귀하다. 초보 강사에게도 나의 노하우를 내어주고 무대에 설 기회를 제공한다. 그들이 성장하여 무대에 설 때 난 객석에 앉아 힘찬 박수를 보낸다. 나는 가장 크게 손뼉 치고 가장 크게 대답하는 청중이 된다. 혼자 승승장구하는 강사의 삶보다 새로운 인재를 발굴하고 키워내고 동반 성장할 수 있는 것이 강사로서의 큰 매력이다. '혼자 걷는 열 걸음보다 함께 걷는 한 걸음'의 힘으로 내가 나를 돌보고 서로를 돌보며 더 좋은 강의로 건강한 세상을 만들어 갈 것이다.

경영진을 위한 학습 설계: 강의의 전략과 실행

김홍구

성장 동반자

제1장 경험을 통한 문제 해결과 학습자 중심의 접근

글을 쓰려는 마음은 오래전부터 있었지만, 글재주가 없다는 생각에 망설였다. 남들에게 보여 줄 만한 글재주는 아니지만, 40여 년간 친구처럼 벗이 되어준 취미가 일기 쓰기였기에 홀로 쓰는 글은 나만의 방식으로 익숙하다. 물론 내용은 일상생활의 감정이나 느낌을 적어 유치하기는 하지만 가끔 읽다 보면 생각하지도 못한 시절로 돌아가기도 하면서 그리운 추억이 떠오르는 느낌을 받는 것을 보니 전혀 "글치"는 아니었나 보다. 사회생활을 하다 보니 생각지도 않았던 서점사업을 하였는데 글도 못 쓴다니 그것도 참 부끄럽기는 하다.

삶을 돌아보면 꽤 다양한 경험과 다사다난한 시간을 보내었는데, 이번 기회 작가로서 첫발을 내딛는 설렘과 긴장감으로 펜을 들었다. 순간순간 절박했던 시간과 몸으로는 겪었어도 글로 표현하기는 쉽지 않은 일들이 무수히 많았지만, 문제 해결의 경험으로 시작해 본다.

문제가 발생했을 때 문제의 원인과 본질을 분석하는 것은 어렵지 않다. 그러나 해결책을 찾는 과정은 항상 도전적이다. 나의 경우 유사한 경험을 떠올리거나, 때로는 기록해 둔 일기를 참고하여 해결책을 찾곤 했다. 이는 명의를 만나 치료받는 과정과도 비슷하다. 경험이 풍부한 의사는 환자의 상태를 보다 정확히 판단하고 적절한 처방을 내릴 수 있기 때문이다.

아내의 병 때문에 오랫동안 힘들어하던 한 친구의 사례가 생각난다. 그의 아내는 뇌종양 진단을 받고 여러 병원을 내방 헸으나 명확한 해결책을 찾지 못해 뇌수술을 눈앞에 두고 고통스러운 시간이었다. 마지막이라는 심정으로 방문한 병원의 의사는 큰일 아니라는 표정과 미소와 함께 적절한 약을 처방했고, 그 결과는 놀라웠다. 아내의 병은 뇌종양이 아니라 바이러스성 감염이었다. 벌써 10여 년 전의 일이고 지금도 건강하고 행복하게 지내는 친구 가족의 모습을 보면 의사의 경험이 곧 생명을 구한 것이다. 이처럼 문제 해결에는 풍부한 경험이 큰 자산이 된다.

문제를 해결하는 데에는 스스로 노력뿐만 아니라 주변의 도움이 중요하다. 기업의 문제를 해결할 때도, 당사자나 기업 내부의 인사이트가 가장 큰 힘이 된다. 또한, 주변에서 조언을 구하면 예상치 못한 해결책이 보일 때도 있다. 그럼에도 해결이 어려운 문제는 시간을 두고 기다리다 보면 때로는 그 선택이 옳았다는 것을 알 수 있다. 시간의 흐름은 문제를 새로운 시각으로 바라보게 하고, 자연스럽게 해결의 실마리를 제공하기도 한다.

최근 나는 자리이타⟨自利利他⟩라는 개념을 자주 떠올린다. 이는 "자신을 이롭게 한다는 자리⟨自利⟩와 남을 이롭게 한다는 이타⟨利他⟩를 합한 낱말로 자기도 이롭고 남도 이롭게 한다."라는 철학이다. 남을 돕는 행위는 곧 자신에게도 긍정적인 영향을 준다. 특히 신뢰와 배려의 가치를 바탕으로 관계를 맺는다면, 이는 개인과 공동체 모두에게 이로움을 가져다줄 것이다. 이 철학은 글을 통해 독자와 공감하며 나의 경험을 나누는 데에도 중요한 지침이 된다.

"남을 잘되게 도와줘라, 그것이 내가 잘되는 일이다." 공유 가치는 경쟁과 분열이 아니라 신뢰와 배려의 가치를 제공하는 것이다. 결코 주는 것 없이 받을 수 없으며 세상에 공짜가 없다.

일본에서 주재원으로 근무하며 스이도우바시⟨水道橋⟩라는 지역에서 생활한 적이 있다. 이곳은 다양한 문화와 상업, 학문의 중심지 역할을 하는 곳으로 도쿄대학교와 중앙대학교 인근으로, 특히 서점가로 유명한 진보초⟨神保町⟩와 가까운 곳이다. 시간이 날 때마다 서점을 둘러보며 다양한 책들을 접할 수 있었고, 일본에서의 출판 문화에 깊은 인상을 받았다. 전문 작가뿐 아니라 일반인들도 쉽게 책을 출간할 수 있는 환경은 나에게 큰 영감을 주었다. 일본에서는 특정 분야의 직업인⟨의사, 요리사, 기술자, 프리랜서 등⟩들이 자신의 직업적 경험과 노하우를 공유하는 책을 많이 출간한다.

일본에서의 경험을 통해 20년 이상 쌓아온 나의 지식을 체계적으로 정리하고자 결심하게 되었다. 약 37년간의 사회생활을 돌아보면, 1997년

IMF 외환 위기를 시작으로 일본의 버블 붕괴로 인한 해외 지점의 통폐합 정리, 리먼브라더스 파산 이후 한국경제에도 영향을 미친 글로벌 금융위기와 코로나19로 인한 팬데믹을 겪으면서 기업들의 위기와 구조조정 현장에서 함께 지내 왔다. 이 과정에서 얻은 통찰과 경험은 이론으로 배울 수 없는 소중한 자산이다.

기업 교육은 실질적인 경험과 통찰을 공유하는 것이 중요하다. 나는 기업들의 신용조사, 산업분석, M&A, 기업회생 등 다양한 업무를 통해 얻은 현장 경험을 바탕으로 기업 교육의 새로운 방향성을 제시하고자 한다. "금년도 어렵다, 내년은 더 어렵다."라는 말이 반복되지만, 이러한 도전 속에서 얻은 경험은 앞으로도 많은 이들에게 도움이 될 것이다. 이러한 경험을 글로 풀어내는 과정에서 더 많은 독자에게 공감과 가치를 전달하고자 한다.

제2장 **기업 교육콘텐츠 활용**

글쓰기도 쉽지 않은데 남에게 전달하는 건 더 어렵지 않을까? 기업들의 성공과 지속적 발전은 체계적인 교육과 적절한 콘텐츠를 활용해서 시작할 수 있기에 그동안의 경험과 지식을 전해보고자 한다.

모든 일이 잘될 때는 큰 문제도 작은 일이지만 안 될 때는 작은 문제도 큰일이 된다. 문제를 자세히 들여다보면 〈하인리히법칙〉처럼 징후와 조짐이 보인다. 기업을 담당하려면 기업들의 특성과 현황을 잘 살펴보아야 한다.

흔히 "나무만 보고 전체 숲을 보지 못한다."라는 말을 많이 한다. 우리가 여행을 떠날 때는 미리 지도를 펼쳐 보고 갈 길을 미리 알아보거나 내비게이션을 켜서 얼마나 걸리는지 어디쯤 가고 있는지를 보면서 길을 간다.

때로는 나침반을 이용해 어느 방향인지 방향감도 익히는 데 중요한 사업하는 분들이 비전이나 미션은 물론이고 누가 무엇을 담당하는지 목표 대비 얼마나 달성하고 있는지도 모른 채 무조건 열심히 일만 하고 있다.

문제가 없을 때는 지나치지만, 어려움이 닥치면 불평과 남 탓을 하기 쉽다. 운이 나빴거나 사회와 정부 및 금융기관을 비롯해 주위 사람들을 탓하기도 한다. 자신들이 그동안 얼마나 열심히 살았고 얼마나 노력했는지 알아주지도 않는다며 세상은 불공정하다고 불평하는 모습이 안쓰럽다.

기업의 발전과 성장을 위한 강의를 하려면 가장 먼저 현황판을 만들고 전문 컨설턴트와 같은 기업의 분석과 솔루션을 제공할 수 있는 몇 가지 tool과 시스템이 있어야 한다. 나는 기업을 분석할 때 먼저 인체의 오장육부 기능과 조직의 기능을 비교하여 분석한다. 인간이 인체의 생명 활동을 유지하는 주요 장기들은 음에 해당하는 오장과 양에 해당하는 육부가 있다. 이 장기들은 모두 중요하여 허약한 인간은 모든 기능이 약해져도 살 수 있지만 건강한 사람은 하나의 기능만 문제가 되어도 심각한 상황을 맞이하게 된다.

기업은 인체와 마찬가지로 모든 부서가 유기적으로 연결되어 있어야 효과적으로 작동한다. 예를 들어, 심장이 혈액을 순환시켜 생명을 유지하듯, 경영진은 기업의 전략과 의사결정을 통해 조직 전체에 방향성과 에너지를 공급한다.

표 1. 인간의 오장육부와 기업 주요 기능 비교

구분	인간		기업	
	장기	기능	대응 팀(부서)	기능
오장 (五臟)	심장(心)	혈액순환과 생명유지	경영진 및 기획팀	경영전략 및 의사결정
	간(肝)	해독작용 및 에너지 저장	재무팀 자금운용팀	재무 및 자원관리
	비(脾)	소화와 에너지 생성	생산팀 운용팀	제품 제조, 생산 및 운영
	폐(肺)	산소공급과 이산화탄소 배출	마케팅팀 홍보팀	브랜드 관리, 마케팅과 커뮤니케이션
	신장(腎)	체액조절 및 생식 기능	인사팀 조직문화팀	인재관리 및 조직역량강화
육부 (六腑)	위(胃)	음식물 소화	연구개발팀	혁신 기술 및 연구 개발 (R&D)
	소장(小腸)	영양분 흡수 및 전달	전략기획팀	시장분석, 사업확장, 신사업 기획
	대장(大腸)	노폐물 배출	품질관리팀 프로세스 혁신팀	프로세스개선 및 효율화
	방광(膀胱)	소변 저장 및 배출	IT팀 데이터관리팀	정보 보관, 데이터 분석 및 기록관리
	담낭(膽囊)	소화효소 분비와 신속한 에너지 변환	리스크 관리팀	위기관리 및 신속 판단
	삼초(三焦)	에너지 대사 및 순환조절	총무팀	부서 간 협업, 자원 배분, 업무 조정

현황판을 제대로 보지 못해서 발생한 사고사례를 보면, 2021년 1월 잘
나가던 임플란트 기업인 오스템이 직원 횡령 2,215억 원의 사고가 발생하
여 심각한 부실이 발생하였고 최근 2025년 1월에 흑자 부도를 낸 신동아
건설의 사례도 손익계산서상으로는 문제가 없는데 회사에 현금이 없어 부
도를 낸 사례가 있다.

위기 상황에서 경영진의 신속한 의사결정으로 자금을 조달해 생존 전략을 마련한 사례가 있는가 하면, 특정 부서의 기능이 약화 되거나 문제를 일으켜서 전체 기업의 생존을 위협할 수 있다. 이를 방지하기 위해서는 정기적인 프로세스 점검과 개선이 필수다.

기업들은 프로세스를 설계하고 목표를 설정하게 되는데 참고로 나는 씽크와이즈라는 프로그램을 이용하여 자주 마인드맵을 그리며 자료를 매우 유용하게 활용하고 있다.

기업 현황은 상장사를 비롯하여 외부감사를 받는 규모의 기업들은 금융감독원의 전자공시를 통하여 자료를 먼저 검토 분석하는데 기업의 규모가 작을 경우, 크레탑(cretop), KCS 한국신용평가, NICE 기업신용평가 등의 자료를 최대한 데이터화 한다.

생성형 AI는 기업 교육에서 강력한 도구로 자리 잡고 있다. 이를 통해 교육 콘텐츠를 자동 생성하거나 학습 데이터를 분석하여 개인화된 학습 환경을 제공할 수 있다. 적합한 교육콘텐츠는 조직 내 변화와 발전의 첫걸음이 된다.

생성형 AI를 비롯한 디지털 콘텐츠를 활용하는데 '2025년 AI 미래에 대한 주요 트렌드'를 정리한 자료를 보면 다음과 같다.

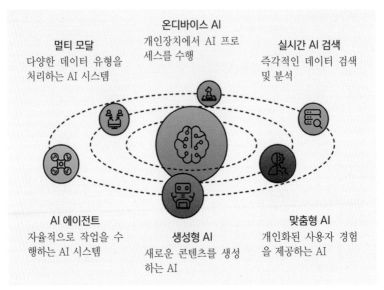

멀티 모달
다양한 데이터 유형을
처리하는 AI 시스템

온디바이스 AI
개인장치에서 AI 프로
세스를 수행

실시간 AI 검색
즉각적인 데이터 검색
및 분석

AI 에이전트
자율적으로 작업을 수
행하는 AI 시스템

생성형 AI
새로운 콘텐츠를 생성
하는 AI

맞춤형 AI
개인화된 사용자 경험
을 제공하는 AI

※ 출처: 스마트 컨설팅 공개 강의, 한국생성AI연구원장 강상목

제3장 경영자를 위한 맞춤형 교육

나는 금융기관과 일반 기업에서 전문경영인으로 활동하며 기업의 지속적인 성장과 발전을 위해 노력해 왔다. 하지만 회사가 순항할 때보다 위기 상황에 더 많은 시간과 노력을 투자했고 보람이 더 컸기에 기업 임원과 경영진들에게 기업 살리기라는 주제로 소통과 협업을 하고자 한다.

기업 임원과 경영진들은 자신의 입장에 큰 관심을 보인다. 예전에 홍릉의 KIST 산하 벤처재단에서 주관한 벤처재단 입주기업들과 스타트업 기업들의 경영진들을 대상으로 한 워크숍에 초대받아 기업의 성장과 발전을 위한 프로그램 중 자금조달 관련 특강을 의뢰받은 적이 있었다.

대강당에 10분 전에 도착하여 내 앞의 강의를 듣게 되었는데, 벤처투자회사에서 나온 강사가 기업인들에게 "여러분들은 알리바바의 마윈(당시 뉴욕상장으로 대박을 터뜨린 중국기업)과 손정의(孫正義, 알리바바에 200억 투자해 59조를 벌었음)처럼 될 수도 있다. 그런데 우리나라 금융기관들은 투자를 위해서는 지난 과거 자료인 재무제표만 요청하고 여러분들의 미래를 보지 않습니다."라며 꿈과 희망에 부풀게 하고는 강의를 마쳤다.

사회자가 마이크를 잡고 다음 강사는 금융기관 지점장이라고 소개하자마자 절반 정도가 자리에서 나가 버렸다. 강단에 서서 준비한 자료 일부만 설명하고 "조금 전 강사가 말한 금융기관에서 온 지점장입니다. 왜 여러분들에게 원하는 대출을 해줄 수 없는지 아십니까?"라는 질문과 함께 바로 질의응답 시간을 가졌다.

금융기관들이 자금 지원을 하지 않는 이유와 기업들이 지원받지 못하는 이유를 설명하고, 단계별로 자금조달 방법 및 서류작성 요령에 대한 설명이 끝나갈 무렵 강당 밖에서 내용을 듣고 있었는지 좌석이 대부분 채워졌고, 명함 교환을 위해 줄을 서서 대기하고 있었다. 그들에게 필요한 것은 미래의 장밋빛 전망보다는 현실적인 자금조달 방법과 문제 해결 방안으로 현재 직면한 문제에 대한 해결책을 더 원하고 있다.

오래전 사내 강의를 했을 때도 마찬가지이다. IMF 외환 위기 이후 엄청난 부실채권으로 기업들뿐 아니라 금융기관들도 퇴출당할 당시 기업구조조정과 자금조달 방법인 ABS(자산유동화) 방식의 금융기법이 있었다. 지금은 흔하게 기업들도 이용하는 기법과 용어이지만, 도입 초기에는 ABS, SPC 등의 용어나 구조와 내용을 이해하기 어렵다 보니 쉽게 설명하지 못했고 기업에 필요하고 유익한 금융기법인지를 전달하지 못했다. 오로지 경험은 적었어도 관련 부서 담당자라는 이유로 본부 직원들을 대상으로 특강을 하였는데, 지금 생각해 보면 아쉬움이 너무 크다. 당시에는 새로운 분야였기에 강의 콘셉트로 공부하였다면 요즘과 같은 AI와 디지털 전문 강사들처럼 꽤 인기가 있었을 텐데 말이다.

기업 교육은 강사의 관점에서 지식을 전달하는 데 그치지 않고, 학습자의 관점에서 출발해야 한다. 동일 내용을 전달하더라도 경영진을 대상으로 한 강의라면 전략적 사고와 의사결정 과정을 강조해야 하고, 실무자를 대상으로 한 강의라면 실질적인 도구와 실행 가능성이 있는 방안 제시가 중요하다. 학습자가 느끼는 문제와 그 문제의 맥락을 파악하는 것이 첫 단계다.

학습자 중심의 교육은 학습자의 적극적인 참여를 이끄는 것을 목표로 한다. 사례를 중심으로 설명하면 학습자도 본인의 경험을 반영하여 참여를 유도하고 문제 해결을 하게 된다. 실제 기업의 문제를 기반으로 사례 연구를 진행하여 학습자들이 해결 방안을 도출하도록 한다. 특히 상황별, 그룹별로 역할을 나누어 특정 문제를 논의하게 하고 결과를 발표하도록 유도하는 방법이 효과가 있다.

경영 방침 및 전략이 바뀌거나 신상품이 나올 때 시나리오를 작성하고 롤 플레이하는 것은 운동선수가 연습한 것과 안 한 것의 차이처럼 크다. 때로는 이를 통해 학습자 간의 협력과 아이디어 공유가 이루어지기도 한다.

강의 중 배운 이론과 도구를 실습으로 적용하도록 하고 강사가 피드백을 제공한다. 피드백은 학습자가 자신의 강점과 약점을 이해하고 개선하는 기회를 제공한다.

강의 후 설문조사나 토론을 통해 학습자들의 의견을 수렴하고 이를 다음 강의에 반영하는 것은 학습자 중심 교육의 핵심이다. 모든 학습자가 동일 배경과 목표를 가지고 있지는 않다. 따라서 학습자 중심의 접근은 맞춤형 콘텐츠 개발이 필요하다. 기업의 특성과 학습자의 요구를 반영하여 콘텐츠를 설계하면 교육의 효과를 극대화할 수 있다.

강사는 학습자의 관점을 이해하고 그들의 문제와 고민에 공감해야 한다. 강사가 학습자의 눈높이에서 문제를 바라보고 해결 방안을 함께 모색하면 학습자들은 더 큰 신뢰와 동기를 느끼게 된다.

나는 많은 사례들을 참고하여 설명하는 편이다. 이전에 기업실사를 위해 방문하여 임직원들과의 미팅 시간에 그들이 실제로 겪고 있는 문제를 직접 듣고 이를 해결하는 방안을 함께 설계한 경험이 있다. 이를 통해 그들은 강의를 문제 해결의 과정으로 받아들였다.

학습자 중심 교육의 효과는 여러 성공 사례를 통해 입증된다. 현재 진행 중인 사례를 소개하려 한다. OEM 방식으로 제작, 수입한 의류를 홈쇼핑 판매를 주로 하는 의류업체가 있는데, 제조업체의 생산비 인상과 거래처와의 자금 문제로 어려움을 겪고 있어 새로운 돌파구가 절실한 상황이었다. 상품개발과 위기 해소를 위하여 고민 중이었는데, 나는 그들에게 직접 생산 공정을 분석하고 개선안과 신상품을 위한 디자인을 설계하도록 하였다. 교육 후 3개월이 지나 신상품에 대한 전략과 마케팅을 위한 사전 시장 조사 반응이 예상외로 폭발적이라 2025년 주력 사업으로 준비 중이다.

사실 그 아이디어를 임원에게 듣고 그동안 배운 AI의 힘을 빌려 2~3일 정도 다양한 전략과 방법을 도출하였다. 도출된 내용을 챗GPT나 감마 등의 프로그램을 활용하여 PPT로 사업계획서를 만들어 주었는데, 그 자료가 그렇게 큰 도움이 되었다니 보람 있다.

디지털 도구와 AI는 기업 교육에서 실질적인 변화를 이끈다. 이를 통해 학습자들은 더 나은 문제 해결 능력과 자신감을 얻게 되고, 기업은 실질적인 성과를 기대할 수 있다.

강사는 학습자의 관점에서 문제를 바라보고, 그들이 스스로 문제를 해결하도록 돕는 촉진자가 되어야 한다. 학습자 중심 교육은 변화와 혁신을 이끄는 강력한 도구이며, 이를 통해 기업과 학습자 모두에게 긍정적인 영향을 미칠 수 있다.

제4장 **경영진을 위한 강의 운영 전략**

기업의 경영진들에게 기업 관련 교육을 진행하는 것은 마치 공자 앞에서 문자 쓰는 격과도 같다. 경영진은 이미 높은 수준의 경험과 지식을 갖춘 전문가들로서, 어설프게 알고 있는 내용이나 단순히 수집한 정보를 전달해서는 그들의 시간만 낭비할 뿐이다. 강사가 충분히 준비하지 않고 나선 강의는 오히려 부정적인 인상을 남기며 강의 자체의 신뢰도까지 떨어뜨릴 수 있다.

강사는 사명감과 책임감으로 철저히 준비해야 한다. 학습자들은 강의와 관련된 내용을 사전에 조사하거나 유사한 강의를 들은 경험이 있을 가능성이 높다. 따라서 일반적이고 보편적인 내용을 전달하는 것만으로는 그들의 기대를 충족시키기 어렵다. 강의는 새로운 관점이나 인사이트를 제공해야 하며, 실질적으로 활용할 수 있는 정보를 담아야만 의미가 있다.

기업 임직원들은 5대 법정의무교육(산업 안전 보건교육, 직장 내 성희롱 예방 교육, 개인정보보호 교육, 직장 내 장애인식 개선 교육, 퇴직 연금교육)과 같은 의무교육에 어쩔 수 없이 참석하지만, 선택적 강의에서는 차별화된 내용이 필요하다. 이러한 강의가 기억에 남으려면 실무에 적용할 가치 있는 정보를 제공하고, 새로운 아이디어를 제시하는 강의로 구성되어야 한다.

강의 중에 학습자들이 열심히 메모하거나 자료를 사진으로 찍는 모습을 종종 볼 수 있다. 이는 강의 내용이 실무적으로 유용하다고 판단한 결과다. 예를 들어, 경영진이 새로운 의사결정 모델이나 성공 사례를 학습하며 이를 회사에 적용하려고 준비하거나, 강의 내용을 조직 내에서 공유하거나 개인 학습 자료로 보관하려는 목적일 수 있다. 따라서 강사는 학습자가 기록하고 싶어 하는 정보를 명확하게 전달하고, 시각적으로 효과적인 자료를 제공하여 학습 효율을 높일 수 있어야 한다.

강의 중에는 다양한 형태의 위기 상황이 발생할 수 있다. 기술적 문제(마이크, 인터넷 등), 강의 자료의 미흡, 시간 배분의 실패, 혹은 학습자와의 의견 차이로 인한 긴장감 등이 그 예다. 이러한 상황에서 강사는 침착하게 대처하며 강의 흐름을 유지하는 것이 중요하다. 특히 예상치 못한 질문에 대한 대처가 강사의 역량을 보여 주는 중요한 순간이 된다. "모르는 것은 모른다."라고 솔직히 답변하고, 추가적인 정보를 제공하겠다고 약속하는 것이 신뢰를 얻는 가장 좋은 방법이다. 강사가 모든 질문에 완벽하게 답변하려고 아는 척하거나 억지로 답변을 만들어 내는 것은 오히려 부정적인 인상을 남길 수 있다.

최근 나는 농협대학교의 후배 교수로부터 실무 관련 특강 요청을 받아 강의를 진행한 경험이 있다. 강의를 준비하며 학교와 학생들에 대한 정보를 충분히 조사하지 않은 내 잘못도 있었지만, 단순히 실무 경험만 전달하면 된다는 조언에 큰 부담 없이 나섰고 젊은 학생들을 만난다는 설렘과 기대를 안고 강의에 임했다.

강의 준비 과정에서 관련 지침, 규정, 매뉴얼 등을 철저히 준비했지만, 실제 강의에서는 학생들의 높은 관심과 예리한 질문 덕분에 강의실은 긴장감과 열기로 가득 찼다. 강의는 준비한 자료를 설명하는 시간보다 질의응답이 주를 이루었다. 학생들은 학습 동기와 궁금증이 강했고, 다양한 질문을 통해 현장의 목소리를 듣고자 했다. 예를 들어, '실적 관리를 위해 개인 대상을 타깃으로 삼는 것과 기업 대상을 타깃으로 삼는 것 중 어떤 것이 효율적인지?', '앞으로 어떤 분야에서 공부하고 활동해야 유리한지?', '담보 없이 신뢰만으로 사업을 지원하는 방법은 무엇인지?'와 같은 현실적인 질문이 주를 이뤘다.

또한 세계 경제와 국내 경제 전망, 산업 트렌드, 금리 변동 예측, 부동산 시장 전망, IT와 게임업체의 성장 가능성 등 다양한 주제에 대해 다양한 질문이 이어졌다. 이러한 질문들은 학생들이 평소 고민하고 있었던 실질적인 문제들이었고, 나는 이에 대해 알고 있는 내용을 최대한 정확히 전달하며 솔직하게 대답했다. 모르는 질문에 대해서는 "정확한 답변을 위해 확인 후 알려 드리겠다."라며 진솔한 태도로 접근했다. 강의 후 감사의 메시지를 받으며, 학생들에게 긍정적인 영향을 미쳤음을 확인할 수 있었던 보람찬 경험이었다.

강의는 학습자와의 소통을 통해 새로운 가치를 창출하는 과정이다. 강사가 학습자의 기대와 필요를 충족시키기 위해 노력할 때, 강의는 단순한 시간이 아닌 배움과 성장의 기회로 자리 잡게 된다. 기업의 경영진이든, 학생이든, 학습자의 수준에 따라 맞춤형 강의를 준비하고 진정성 있는 태도로 임하는 것이 중요하다. 강의는 서로의 경험과 지식을 교환하며 함께 성장할 수 있는 귀중한 장이 되어야 한다.

강사가 강의 후에도 학습자들과의 관계를 유지하려는 노력은 중요하다. 강의가 끝났더라도 강의 중 제기된 질문이나 논의된 주제에 대해 추가 자료를 제공하거나, 더 나아가 실무 적용 사례를 공유하는 방식으로 학습자와의 연결을 지속할 수 있다. 이러한 노력은 강사의 신뢰도를 높이고, 학습자가 강의 내용을 지속해서 활용할 수 있는 환경을 조성해야 한다.

또한 강사는 강의의 품질을 평가하고 개선하기 위해 피드백을 적극적으로 활용해야 한다. 강의 후 설문조사나 피드백을 통해 학습자들이 느낀 강의의 장단점을 파악하고, 다음 강의를 위한 개선 사항을 도출할 수 있다. 피드백 과정에서 학습자들이 제시하는 요구 사항이나 의견은 강사가 더 나은 강의를 준비하는 데 큰 도움이 된다.

마지막으로, 강사는 자신의 전문성을 지속해서 향상될 수 있도록 노력해야 한다. 새로운 트렌드나 기술에 대한 학습을 멈추지 않고, 자신만의 독창적인 강의 스타일을 개발해야 한다. 강의는 학습자와의 상호작용을 통해 더욱 풍부한 가치를 창출하는 기회다. 따라서 강사는 항상 열린 자세로 배우고 변화하는 환경에 발맞추어 발전해야 한다.

강의 운영은 학습자의 관심과 참여를 끌어내는 데 초점을 맞추며, 학습자들이 능동적으로 참여하도록 진행한다. 이러한 강의는 그들에게 깊이 있는 이해와 함께 가치 있는 경험으로 기억될 것이다.

제5장 강사의 경영 전략 :
기업 문제 해결을 위한 통찰과 적용

모든 사업은 비즈니스 모델이 기본이다. 따라서 강사도 자신의 활동을 하나의 비즈니스로 운영해야 한다. 이를 위해 강의 주제를 최적화하고 수익 다각화를 통해 지속 가능한 모델을 구축하여야 한다.

강의 콘텐츠를 기반으로 수익원을 확보하여야 한다. 강사는 특정 주제에 대해 전문적인 지식이나 경험을 바탕으로 전달하고 가르치는 역할이다. 강사의 수익 창출에는 협업이 필요하며 가장 적합한 협업이라면 컨설팅 분야라고 본다. 기업 살리기를 담당하는 강사라면 경영 컨설팅, 기업구조조정, 인수합병(M&A) 전문가가 기업의 문제를 해결하고 가치를 창출하는 방식과 유사하다. 이에 강사와 관련하여 설명하고자 한다.

강의는 경영 컨설턴트가 기업의 문제를 진단하고 전략을 수립하는 과정과 같아야 한다. 경영 컨설턴트가 재무 분석과 시장 조사로 기업의 위기를 파악하듯, 강사는 학습자의 니즈와 산업적 맥락을 이해하고 맞춤형 콘텐츠를 제공해야 한다.

강의 후속 지원은 구조조정 전문가가 기업에 제시하는 실행 계획과 유사하다. 강사는 강의 내용을 기반으로 학습자가 실무에 적용할 수 있는 도구와 전략을 제공해야 한다. 이 과정은 경영 컨설턴트가 제안한 구조조정 계획이 실제로 실행되도록 지원하는 것과 같다.

강사는 M&A 전문가처럼 강의 주제를 통합적이고 전략적으로 다뤄야 한다. 인수합병 과정에서 기업 간 시너지효과를 창출하는 것처럼, 강의를 통해 학습자가 새로운 시각을 얻고 조직에 긍정적인 변화를 일으키도록 도와야 한다. 기회가 되면 경험한 사례들을 구체적으로 전해주고자 한다.

강사로서 성공하기 위해서는 명확한 브랜딩과 체계적인 마케팅 전략이 필요하다. 강사로서의 전문성을 명확히 정의해야 한다. 자신을 "구조조정 및 인수합병(M&A) 전문가"로 구축(브랜딩)해야 한다. 경영 컨설턴트가 특정 산업 분야에서의 전문성을 강조하듯, 강의 철학과 강점을 명확히 정의해야 한다. 또한 디지털 마케팅을 적극 활용해야 한다. 컨설팅 보고서를 통해 신뢰를 쌓듯, 강사는 강의 후 성공 사례와 학습자 피드백을 블로그, 유튜브, SNS를 통해 공유해야 한다. 예를 들어, "성공적인 기업 통합 전략"과 같은 콘텐츠를 제작하여 잠재 고객의 관심을 끌 수 있다.

이외에도 컨설팅에서 ROI^(Return on Investment)를 강조하듯, 강의 후 학습자가 얻은 성과를 정량화하여 제시할 필요가 있다.

강의 활동에서 중요한 요소 중 하나는 고객과의 지속적인 관계 관리다. 경영 컨설턴트처럼 고객 관리와 네트워크 구축을 통해 지속적인 성공 기반을 마련해야 한다. 경영 컨설턴트가 고객 기업의 현황을 분석하고 최적화된 솔루션을 제공하듯, 기업의 필요에 맞춘 강의를 설계해야 한다. 예를 들어, 인수합병^(M&A)을 준비 중인 기업을 대상으로 통합 전략과 조직 재정비 방안을 제안할 수 있다.

강의 후에도 관계를 유지해야 한다. 구조조정 전문가가 실행 후 기업과의 관계를 지속하며 추가 지원을 제공하듯 강의 후 후속 자료와 피드백을 통해 고객과의 신뢰를 강화해야 한다. 또한 경영 컨설턴트가 업계 행사와 세미나에 참석해 새로운 프로젝트를 발굴하듯 강사는 강의 후 네트워킹 이벤트를 통해 잠재 고객과 접점을 늘려야 한다.

경영 컨설턴트가 클라이언트의 멘토로서 문제를 해결하듯, 강사는 학습자와 고객에게 신뢰를 주는 리더로서 역할수행이 필요하다. 강의 중에는 구체적이고 실질적인 솔루션을 제시해야 한다. 강사가 학습자와의 토론을 통해 문제 해결 방안을 도출하면 학습자는 이를 실무에 즉시 적용할 수 있다.

경영 컨설턴트가 팀원들에게 업무 노하우를 전수하듯 강사도 후배 강사들에게 강의 기술과 전문성을 공유하여 수준을 높여야 한다. 추가로 경영 컨설턴트가 클라이언트와 지속해서 협력하듯 강사는 학습자 커뮤니티를 운영하여 추가적인 학습 자료와 피드백을 제공해야 한다.

강사는 학습자와 후배 강사들에게 멘토로서 역할을 함으로써 강사의 전문성과 영향력을 확대해 갈 수 있다. 강사의 경영 전략은 컨설팅 전문가의 접근 방식과 밀접하게 연결되어 있다. 경영 컨설턴트처럼 문제를 분석하고, 맞춤형 솔루션을 제시해야 한다. 이를 통해 강사는 자신의 가치를 극대화하고, 고객과 학습자 모두에게 신뢰받는 존재로 자리 잡을 수 있다.

이외에도 기업의 위기 시에는 경영 전략은 병원의 운영 원칙을 자주 참고한다. 병원에서 응급실, 수술실, 입원실이 각각 다른 목적을 가지고 환자를 치료하듯, 강사는 강의 형태와 목적에 따라 학습자에게 맞춤형 가치를 제공해야 한다. 응급실의 신속함, 수술실의 전문성, 입원실의 지속성을 모두 고려하여 강의 콘텐츠와 고객 관리를 설계해야 한다. 이를 통해 강사는 경영진에게 신뢰와 가치를 제공하며, 장기적인 성공을 도모할 수 있다.

끝으로 다음 그림은 기업 경영에서 주요 전략을 중심으로 한 구조를 시각적으로 쉽게 이해할 수 있도록 표현하였다. 각 요소는 기업의 생존과 수익성을 증대시키기 위한 핵심 요소로 강의를 통하여 전달한다면 경영진과 직원들이 목표를 공유하고 실행 가능성을 높이는 데 유용할 것으로 보인다.

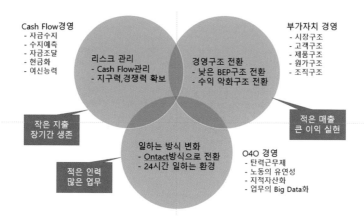

Cash Flow경영
- 자금수지
- 수지예측
- 자금조달
- 현금화
- 여신능력

부가가치 경영
- 시장구조
- 고객구조
- 제품구조
- 원가구조
- 조직구조

리스크 관리
- Cash Flow관리
- 지구력,경쟁력 확보

경영구조 전환
- 낮은 BEP구조 전환
- 수익 악화구조 전환

작은 지출
장기간 생존

적은 매출
큰 이익 실현

일하는 방식 변화
- Ontact방식으로 전환
- 24시간 일하는 환경

O4O 경영
- 탄력근무제
- 노동의 유연성
- 지적자산화
- 업무의 Big Data화

적은 인력
많은 업무

※ 출처: 《코로나 이후 제조업의 대전환》 이한희 · 김우찬 지음

강사의 첫걸음이
곧 최상이 되는 그날까지

박도희

인생부자 디자이너

제1장 **강사로서의 자기 이해**

어쩌다 강사 그러나 나는 최상을 지향한다.

나의 첫 강의 대상은 어린 학생들이었다. 상담 공부하면서 학생 대상으로 학교폭력 예방, 성교육, 동기부여 강의 등 집단프로그램 형식으로 교육봉사를 하면서 강사가 되었다.

상담을 시작하게 된 계기는 나를 알고 싶어서였다. 상담을 잘하려면 나를 먼저 알아야 하고 전문적인 지식이 필요했다. 이왕 시작한 것 잘하고 싶었다. 그래서 늦었지만, 용기를 내어 공부했다. 상담은 무조건 수용이 중요한데 나는 그것이 부담스럽게 느껴졌다. 상담사의 무조건 수용이 답은 아닌 것 같아 나의 성향에 맞게 대학원에서 코칭 심리학을 전공했다.

석사 졸업 후 바로 상담센터를 운영하며 발달장애인과 일반아동 대상

상담 등 다양하게 했다. 센터를 운영하면 느끼는 것이 아이들만의 문제가 아니라 부모도 함께해야 빨리 해결이 된다는 걸 알게 되어 부모 교육도 신경을 쓰게 되었다. 성인에 가족 상담까지 들어가야 하니 더 공부가 필요해 상담심리학박사까지 하게 되었다.

상담의 영역이 넓어져서 요즘은 범죄피해자 대상 상담을 주로 하고 있다. 예기치 않은 범죄피해자가 된 그들에게 '심리적 어려움을 어떻게 극복하는 것이 좋을지'에 대해 고민을 많이 하고 도우려 하고 있다. 어쩌다 강의를 시작하면서 나를 돌아보고 성장시키려는 마음이 커졌다. 잘해야 하는데 늘 부족하다고 느끼기에 마음 한구석은 불편함이 있었다.

유명 강사가 최고로 가기 위해 자기 자신을 과대 포장함으로 사회적 물의를 일으키는 일이 많다. 아마 자신을 대하는 주변 시선을 더 의식해서 자신의 부족함을 알고 노력한다면 그 모습 또한 최상일 것이다. 그래서 다양한 공부도 하고 새로운 사람들과도 만나기도 한다. 이번에 책 쓰기도 그중 하나다. 올해부터는 본격적으로 강의를 나가려고 한다. 내가 알고 있는 지식은 나 혼자 갖고 있으면 아무 소용이 없다. 나누는 과정이 곧 나를 성장시키는 것이다.

강사로 나섰다면 우선 나를 아는 것이 제일 중요하다.
내가 뭘 잘하고 어떤 것에 강점이 있고 약한지 분명하게 아는 것이 필요하다. 뭐든 다 잘한다고 할 수는 없다. 대부분 사람은 자신이 뭘 좋아하는지, 잘하는지를 알지 못한다. 그런 것들을 생각하는 시간이 없어서 그럴 것이다. 차분히 앉아 내가 원하는 것을 생각하고 종이에 적으면서 정리를 해보자. 그래도 잘 모르겠다면 사람들이 나에게 물어보거나 잘한다고 하는 것을 찾아라.

나는 상담을 하면서 여러 가지 도구를 활용하는데 그중 하나가 타로카드다. 대부분 사람은 나에게 타로를 잘 본다고 말하고 알려달라고도 한다. 그래서 나는 타로를 강의하고 자격 과정도 만들어 진행하고 있다.

심리학을 강의에 포함해 쉽게 이해가 되는 내용으로 준비해야 한다.
나의 장점은 학습자들의 심리를 빠르게 이해하고 공감하고 쉽게 회복과 성장을 돕는 방법을 찾는 것이다. 예를 들어 타로 심리는 다들 어렵다고 한다. 아마도 그림의 의미와 뜻을 다 알아야 한다고 생각하기 때문일 것이다. 그러나 타로를 하나의 그림으로 이해한다면 쉽게 접근할 수 있다. 이처럼 학습자가 쉽게 알도록 준비하고 감정을 존중하고 효과적인 상호작용을 이끌어 성장하게 하는 것이 나의 목표다.

강사로의 음색도 중요하다고 본다.
자신의 음성을 직접 들어야 한다. 좋은 책이나 시집을 낭독하고 녹음하면서 들어본다. 내 목소리를 들어보는 것이 처음에는 어색하고 민망하지만, 하다 보면 좀 좋아진다. 내 목소리 톤은 높고 빨라 상담이나 교육에는 어려움이 있었다. 그런데 책을 읽고 녹음도 하면서 천천히 일정한 톤을 유지하려고 연습한다. 운전할 때 길도우미 목소리가 남자라 내 차에 타는 사람들은 놀란다. 거의 여자인데 남자라니? 그럼 나는 이유를 알려준다. 내 목소리를 낮추기 위한 것이라고.

강사도 사람이다.

늘 에너지가 가득한 것은 아니다. 그럴 때는 얼른 자신이 좋아하는 것, 생각 등으로 변화를 시켜야 한다. 내가 뭘 좋아하는지 알아야 한다. 대부분은 좋아하는 것이 뭐냐고 하면 한참을 생각하는데 쉽게 하자면 책 읽기, 꽃, 멍때리기 등 많다. 스트레스 관리법도 나만의 방법을 한두 개 정도는 갖고 있어야 한다.

그리고 좋은 에너지가 가득 충전하려면 뭐니 뭐니 해도 체력이 중요하다. 시간이 없다면 간단한 맨손체조라도 권하고 싶다. 자신에게 맞는 운동법을 찾는 것도 강사의 강의력을 높이는 데 도움이 된다.

강의하러 가는 길, 운전하면서 나는 늘 이렇게 기도한다.

"오늘 나를 만나는 사람들이 나로 행복해지길 바랍니다. 나 또한 그들로 행복하게 해주세요."

제2장 **교육 콘텐츠 개발**

유행은 패션에서 시작한다. 해마다 그해의 유행하는 옷이나 화장품 등을 선보이느라 여기저기 바쁘다. 유행을 아는 사람이라면 새 아이템 하나 정도는 가지려고 한다.

유행은 어디에나 있다. 교육도 마찬가지다. 교육에서의 유행은 살아있는 맛깔스러운 강의를 말한다. 같은 내용이라도 만나는 대상에 따라 조금씩 변화를 줘야 살아있는 강의가 된다. 흐름에 민감한 사람은 변화하는 시대를 위한 준비를 한다.

유행을 선도하는 강의는 앞서가야 하겠지만, 동기부여와 부모 교육, 성격유형 검사와 활용 같은 강의는 거의 내용이 같다고 볼 수 있다. 그러나 강의 내용의 영상이나 사진은 그 시기에 많이 알고 있는 영화나 드라마의

한 장면을 많이 사용한다. 재미난 광고나 드라마, 음악들을 그냥 지나치지 않고 어디에 쓸지 고민하고 찾아놓는다.

강사라면 누구나 하는 내용이지만 다시 한번 강조하자면, 강의 자료를 철저히 준비하고, 학습자에게 가치를 전달할 수 있는 내용을 체계적으로 정리한다. 자신이 강의하는 주제에 관해 깊이 연구하고, 지속적인 학습으로 최신 정보를 알아야 한다. 이것은 강사의 첫 번째 덕목이라고 할 수 있다. 주제는 변하지 않아도 시기별로 부주제가 변하는 일도 있다.

강의안을 작성할 때 강의 목표와 기대효과 그리고 구체적인 강의 방법을 적는다. 제일 중요한 것은 강의 목표가 명확히 정의되어야 한다. 강의를 듣는 대상, 나이, 배경지식 그리고 원하는 내용 등을 사전에 아는 것도 중요하다.

아무리 좋은 내용이라도 원하는 내용이 아니거나 대상에 맞지 않는 것이면 필요에 맞게 유연하게 커리큘럼을 조정해야 한다. 그래야 단계별 학습경로가 쉽게 그려지고 기대효과도 정확해진다. 전하는 내용은 이야기 형태로 연결해 학습자들의 흥미와 몰입도를 높여야 한다. 딱딱한 지식 전달도 듣는 이가 편해야 좋다.

내용에는 실생활과 연관된 사례를 포함하여 학습자들이 강의 내용을 본인의 삶에 적용할 수 있도록 돕는다. 삶에 적용되는 내용이 진짜 지식이고 지혜가 된다고 생각한다.

강의를 시작하는 초보들에게는 강의안^(PPT)은 진짜 어려운 과제다. '짜잔' 하고 멋진 음과 화려한 화면은 정말 꿈의 내용이다. 배워서 하려고 애는 써보지만, 생각만큼 잘되지 않는다. 그렇다고 실망하고 좌절할 필요는 없다. 화려하기만 한 화면은 금방 질린다. 또 요즘은 여러 가지 좋은 도구들이 생겨 좋다.

다양한 동영상, 팟캐스트, 애니메이션 등 다양한 형식의 콘텐츠를 제작하여 학습자들의 관심을 끌고 이해를 돕는다. 요즘 많이 사용하는 캔바, 미리 캔버스 등이 있다. PPT 작업도 여기서 다 가능하다.

그리고 AI의 등장. 새로운 강의형식과 강의안을 만드는 데 도움이 되는 챗GPT. 나는 잘 활용하는데 질문을 통한 원하는 내용과 이미지도 만들어 준다. AI로 책도 쓰는 요즘이다. 잘 활용하면 편하고 많은 도움을 받을 수 있다. 이렇게 만만의 준비를 해가도 가끔 강의장 사정으로 아무 소용이 없는 경우도 발생한다.

강의 내용을 철저히 준비했다면 아무 장비 없이 피카소의 실력을 뽐내며 칠판에 판서하면 된다. 사전에 피카소의 추상적인 글씨와 그림을 예고하는 것도 좋다. 때로는 이런 강의 피드백이 더 좋을 때도 있다.

어쨌든 강사는 어려운 개념도 간결하고 이해하기 쉽게 설명하며, 다양한 예시를 통해 학습자들의 이해를 도와야 한다. 아무리 화려하고 멋진 화면이라도 강사의 활기찬 태도와 열정이 아니면 학습자에게는 동기와 영감을 주기 어렵다. 따뜻하고 적극적인 소통을 통해 질문을 수용하고 피드백을 받는다. 학습자의 피드백을 감사하게 받아 분석해 강의 내용과 방식에 반영한다. 그리고 늘 최신 교육 방향과 기술을 적극적으로 학습하고 적용한다.

늘 최선을 다하고 진심인 우리는 진심인 강사다.

제3장 **교육 콘텐츠 개발**

떠 먹여주는 강의

요즘 많은 강의는 쉽게 강의를 이렇게 설명한다. 얼마나 쉬운 내용으로 또 먹여주기까지인가. 요리에나 DIY가 있는 것이 아니다. 현대는 바빠 모두 쉽고 빠른 것을 선호한다. 강의 시장도 똑같다고 보면 된다.

그러나 아무리 쉽고 떠 먹여준다고 해도 먹는 사람이 안 먹으면 그만이다. 본인이 꼭 필요해야 하는 자격증 과정 강의도 내용에 따라 다르게 접근한다. 성격유형 검사(에니어그램, DISC, MBTI, 도형 검사)와 부모 교육 강의는 들으려는 사람들이 이미 충분한 욕구를 갖고 참여한다. 그리고 배운 것들을 실질적으로 현장에서 활용하고 싶어 한다. 그러나 타로 강의는 현장에서 바로 활용하기에 망설이는 부분들이 있다. 어렵다고 생각하기 때문이다.

때로는 자신을 알고 싶어 하는 도구로 배우고 싶어 하는 사람들도 있다. 이처럼 다양한 욕구를 갖고 온 사람들에게 도움이 되려면 맞춤형 강의가 되어야 한다.

강의를 시작하면서 전하려는 내용부터 간단하게 설명하고 이 강의를 통해 무엇이 알고 싶은지 어떻게 활용하고 싶은지부터 물어본다. 배우려고 하는 것에는 다 이유가 있다. 그 의도를 강사는 알고 있어야 한다. 그것이 학습자 중심 강의의 첫 번째 시작이다.

학습자 중심의 교육은 전달하려는 강사나 그 내용에 초점을 맞추는 것이 아니다. 배우려는 사람의 필요, 관심사, 목표에 맞춘 학습 환경에서 학습 과정을 끌어 나간다. 이 접근법은 학습자의 개인적 성장과 주체적인 학습을 지향한다.

강사가 되고 싶은 사람들 대상으로 하는 과정은 강의료가 대체로 비싸고 시간이 오래 걸린다. 강사로 활동하려는 사람은 원하는 바가 있기에 집중하고 끝까지 해낸다. 때때로 자신이 왜 해야 하는지를 모르고 남들이 한다니까 하는 사람들은 자신의 방향을 찾아 열심히 하거나 떠나거나 둘 중 하나였다. 필요한 사람은 알아서 잘한다.

흔히 말을 물가까지는 끌고 가지만 물을 대신 먹어줄 수 없다는 말이 있다. 이는 주체가 누구인가를 말하는 것이다. 교육이나 학습도 마찬가지다. 필요한 사람이 알아서 찾고 실행해야 한다. 그것이 주도적 학습이다.

강의를 들을 때 강사가 무엇이든 물어보라고 하지만 못 물어본다. 질문이 왜 없을까? 모르기 때문에 질문이 없다고 한다. 알면 더 알고자 물어보기 쉽다는 뜻이다. 다양한 질문은 그만큼 내용을 이해하고 있다는 것이고 잘 이해가 안 된다는 내용이기도 하다. 이럴 때는 여러 가지 질문을 강사가 먼저 하면 된다. 질문내용은 학습자들 기존의 경험과 지식, 배경과 문화적 차이를 끌어낸다. 그러면 이미 학습자 간의 상호작용이 어느 정도 형성되고 친밀감도 생긴다.

이쯤이 되면 강사는 지식 전달자가 아니라 촉진자로 역할이 전환된다. 강의를 준비하면서 무엇을 전달해 줘야 좋을지 그 대상과 내용을 고민하고 강의를 시작한다. 어쩌면 강의목표는 강사가 일차로 정하고 그 사람 다음은 학습자가 목표를 설정하는 것 같다. 목표를 정하게 되면 강의를 통해 알아야 할 내용을 더 깊이 듣고 평가한다. 이를 통해 자기 관리 능력과 학습 책임감을 키우는 것이다. 그러면서 학습자는 수동적 수용자가 아닌 능동적 참여자로 학습 과정에 깊이 관여하게 된다. 이렇게 강의하고 있다면 진짜 좋은 강사가 틀림없다.

강사는 강의 후 반드시 자신의 강의에 대한 피드백과 평가를 받아야 한다. 내용뿐만 아니라 외형적으로 강사의 복장은 단정해야 한다. 전달하고자 하는 내용은 대상과 장소에 맞게 되었는지와 언어사용의 적절함도 고려해야 한다. 사용되는 도구의 활용도 잘되었는지 본다.

외부 평가와 나 자신이 하는 평가해야 한다. 준비는 잘되었는지, 다음 강의에 추가하거나 삭제할 내용이 있는지 등.

강의는 내가 하고 싶은 말을 전하는 것이 아니다. 듣고 싶어 하는 사람을 찾아가는 것이다. 그러려면 끊임없이 노력이 필요하다. 좋은 강사, 명강사는 혼자 만들어지는 것이 아니다.

강사도 배우고 나누고 성장하는 가운데 있어야 한다.

제4장 **강의 운영의 실제**

미리 그림을 그려라. 강의안과 대상에 대한 준비는 끝났다. 이제 실전으로 들어가 보자.

강의의 성공률을 높이는 첫 번째 중요한 것은 시간분배다. 서론, 본론, 결론으로 나눠 시간을 잘 분배해야 한다. 강의안 작성 때 시간분배도 정확하게 계산해서 넣는다. 대체로 인사에 5~10분으로 강사 소개와 강의 소개를 한다. 내용분배로 전체 강의의 10~15%는 주제 소개 및 강의에 대한 호기심, 흥미를 끌어낸다. 주요 내용으로 강의 시간도 전체 시간의 70~80%로 한다. 나머지 시간은 내용 요약 및 질문 시간으로 한다.

초보 강사 시절에는 준비한 것들이 많아 강의 시간이 부족한 경우도 생길 수 있다. 시간에 쫓겨 결론을 흐지부지하는 경우가 있는데 주의해야 한다. 반대로 내용에 집중한 나머지 전달할 내용만 전달해서 너무 빨리 끝내 민망한 일도 있다. 중간중간 시간 점검을 해서 시간이 부족할 경우 결론을 빠르게 전하는 것이 깔끔하다. 시간이 남는다면 전체적인 강의 내용을 다시 정리하고 질문을 더 많이 하고 받는 것이 좋다.

두 번째로 중요한 것은 장소에 대한 이해다. 장소에 관한 확인과 시설은 미리 확인해야 한다. 강의 장소가 내가 준비하려는 강의와 맞는지도 봐야 한다. 청각적인 효과를 높이려고 음향을 준비해 갔는데 무용지물이라면 당황한다. 마이크, 프로젝션, 컴퓨터, 인터넷 연결 상태 확인. 강의 환경이 학습자들에게 편안함을 제공하는지 확인한다. 또 조명, 좌석 배치, 온도, 소음 등도 확인해야 한다. 담당자와 충분한 소통으로 실수가 없어야 한다.

그리고 강의안을 USB에 담아 간다고 하고 그냥 가는 일도 있다. 그런 황당한 경우를 대비하기 위해 이메일과 카카오톡 등등 미리 여러 곳에 보내서 혹시 모를 상황에 대비해야 한다. 강의하는 장소가 처음 가는 곳이라면 1시간 정도는 미리 가서 주변을 살펴보자. 시간적 여유가 있으니 미흡한 상황이면 준비하면 된다.

강의 전 리허설은 필수다. 리허설은 강의 중에 생길 수 있는 돌발상황이나 문제를 미리 조사해서 안전하게 진행하려는 것이다. 가장 쉬운 방법은 타이머를 놓고 강의를 처음부터 해보는 것이다. 시간분배도 되고 강의 중에 새롭게 떠오르는 에피소드를 추가할 수 있어 좋다. 조금 쑥스럽지만 자연스러움과 완벽을 추구한다면 녹화하는 것을 추천한다. 처음부터 끝까지 강의를 진행하면서 실제와 같은 분위기를 느껴보자. 시간과 내용을 확인하고, 제스처와 목소리 톤과 속도도 계산한다. 함께하는 동료나 친구에게 피드백을 요청하기를 두려워하지 말자. 우리는 서로의 성장을 돕는 동료다.

강의 중에 생길 수 있는 질문을 예상하고 답변을 준비한다. 모호한 개념이나 복잡한 부분에 대해 보충 설명 자료도 준비한다. 때로 설명하기 어려운 복잡한 내용이나 불필요한 내용은 삭제하기도 한다.

강의는 준비하는 만큼 만족하게 된다. 신뢰를 유지하며 솔직한 소통으로 유연하게 진행한다. 상황에 따라 강의 방식을 조정(예: 활동 추가, 질문, 도구 등)할 것을 준비해 간다. 그렇게 확인하고 시작해도 갑자기 빔프로젝터가 안되거나 마이크가 안 될 때도 있다. 그럴 때는 프린트 자료를 활용하거나 칠판에 글을 쓰고 그림을 그려서 진행해도 된다. 마이크가 안 될 때는 목소리를 크게 하면 된다. 당황스럽지만 당황하지 않는 의연함을 유지한다. 우리는 프로니까.

학습자의 협력이 필요할 때가 있다. 상황이 어렵다는 것을 다 알지만 이처럼 긴급하게 도움을 요청하거나 상황에 대한 이해를 구해야 한다. 그래야 강의가 더 집중되고 알차게 된다.

강의가 끝날 때 학습자에게 강의 내용, 진행 방식 등 피드백을 받을 수 있으면 받는 것이 좋다. 스스로 강의의 장단점을 분석한다. 강의 목표 달성 여부와 시간 관리에 적합한 검토, 관찰 및 기록, 강의 중 반응과 참여 등. 분석한 내용은 다음 강의에 새롭게 첨부해서 강의 내용을 보강한다. 이 과정이 있어야 더 나은 강의를 하고 나에게 더 만족하게 되는 것이다.

한국 선수 최초 메이저리그에 출전한 야구선수 박찬호 선수는 늘 경기장의 자신을 상상했다고 한다. 메이저리그에서 홈런을 치는 모습, 승리하는 본인의 모습을 수시로 머릿속으로 그렸다고 한다. 많은 선수가 지금도 쓰는 방법으로 정신 셋을 한다. 강의하거나 대중 앞에 서는 일은 늘 떨리고 긴장이 된다. 이럴 때 나도 그림을 그린다. 완벽하게 만족한 강의를 하고 환호를 받는 상상을 계속한다. 실수하면 체크하고 다음에는 잘하면 된다.

성장하고 발전하는 것은 우리의 의무다.

제5장 **강사로서의 경영전략**

강사는 1인 사업가다. 사업가는 연말마다 손익 결산을 한다. 연초에 사업계획은 내용과 결과가 포함되는 것이다. 그해의 이익과 손실을 따지고 계획한 것을 잘 해냈는지, 부족한지 확인한다. 반성하고 그다음 해에 추가할 것과 빼야 할 것을 준비할 수 있다. 우리도 마찬가지다. 잘한 것과 부족한 것을 알아야 더 나은 내일을 준비할 수 있다

강의는 강의 준비 → 홍보 → 진행 → 사후 관리의 전 과정을 체계화하는 것이다. 우선 강의 준비는 나의 강의의 관련된 핵심 가치를 명확히 설정하는 것으로 비전 및 목표를 정하는 것이다. 자신의 강점과 전달하고자 하는 내용을 우선으로 하고 그다음이 홍보와 진행이다.

강사의 경영전략은 단순히 강의를 제공하는 것 이상으로 다양한 수

익 창출 경로를 설계하고, 강사로서 영향력을 확장할 수 있는 전략을 포함한다.

나만의 차별화된 강점 개발로 독창적인 강의 방식, 스토리텔링 능력, 최신 기술 활용 등으로 강의할 주제와 대상 청중을 명확히 설정한다. 무엇을 전달할 것인지, 누구에게 전달하는지를 정하는 것이다. 내 강의는 나만의 경험과 전문성을 기반으로 독창적이고 유용한 콘텐츠로 단발 강의가 아닌, 초급 → 중급 → 고급의 단계를 포함한 연속적인 학습 모델을 설계해야 한다.

구체적 목표 수립이 일차적이며, 단기 목표와 중장기 목표가 있어야 한다.

- SMART 목표 설정 : 목표는 수량적인 것도 있지만 내용적인 것도 들어가야 한다.
- Specific : 구체적 목표 설정(예: 강의 내용 개선, 강사의 성장, 연간 강의 횟수, 수강생 수).
- Measurable : 성과 측정(수익, 만족도, 재수강률 등).
- Achievable : 현실적이며, 달성할 수 있는 목표.
- Relevant : 비전과 일치하는 목표.
- Time-bound : 시간제한 설정으로 언제까지로 단기와 중장기 기간이 포함된다.

나는 상담 도구로 타로를 활용하는데 많은 사람이 좋아하고 그 활용도를 알고 싶어 한다. 그래서 자격 과정으로 타로 힐링 지도사를 만들고 강의하고 있다. 초급과 고급과정으로 원하는 내용을 학습자들이 정하게 하고 있다. 이를 편리하게 하려고 전자책을 두 권을 만들어 홍보도 겸하고 있다. 자신을 섞는 것이 마케팅하는 데 도움이 된다.

강사로 강의를 아무리 잘한다 해도 불러주는 곳이 없다면, 아무 소용 없다. 자신을 알리고 홍보하는 것이 가장 중요하다. 자신을 알리는 마케팅 방법은 다양하다. 각자의 방법대로 활용한다. 나는 강의를 준비하면서 블로그를 운영한다. 블로그에는 개인적인 일상과 책 이야기, 내가 하는 강의 내용으로 하는 것과 할 내용을 올리고 있다.

강사를 섭외하는 방법으로 예전에는 소개로 많이 했다면 요즘은 증명되는 강사를 섭외한다. 특히 관공서는 SNS로 찾는 경우가 많다. 특히 제일 먼저 확인하는 것이 블로그다. 언제든 준비하는 과정으로 생각하고 다양한 내용을 꾸준히 올리고 있다. 그리고 단체카톡방도 운영한다. 처음 대중 강의를 시작할 때 커뮤니티 회원에게만 제공되는 혜택(자료, 실시간 Q&A)을 주는 단체카톡방을 운영하고 있다. 네이버 등록도 필수다. 자신을 알리는 것을 어렵게 생각하지 말자.

"나만의 강사 브랜드" 구축도 필요하다. 내가 좋아하는 게슈탈트이론을 배경으로 나는 누구나 인생이 풍요롭다고 생각한다. 자신을 표현하는 고유명사가 있는 것이 좋다. 네이버에 박도희, 타로 하는 상담사, 인생 부자 디자이너 등을 치면 내 이름이 나온다. 인생 부자 디자이너 박도희. 풍요로운 인생을 돕는 상담사다.

결국은 학습자들에게 긍정적인 변화를 제공하며 신뢰와 존경을 쌓고, 강사의 영향력을 학습자 커뮤니티, 기업, 사회로 확장하게 되는 것이다. 강사로서 성공하려면 경영, 비즈니스 모델, 마케팅, 고객관리, 지도력의 조화가 필요하다. 강의는 단순한 콘텐츠 전달이 아닌, 고객(학습자)의 삶에 실질적인 가치를 제공하는 과정임을 우리는 알고 있다. 그래서 더욱더 전략적으로 접근해야 한다.

앞으로 강사로 준비해야 할 것 중에 콘텐츠 마케팅은 이제 선택이 아닌 필수가 되고 있다.

무료 강의 영상, 블로그 포스팅, 카드 뉴스 제공을 하고 적극적인 SNS 활용(인스타그램, 유튜브 등)으로 전문성을 어필해야 한다. 블로그에는 하는 강의 내용, 앞으로 할 강의 내용과 인간적인 일상적인 내용 등을 나는 거의 매일 올리다시피 한다. 강사는 SNS를 해야 하고 필수로 블로그는 하고 다른 것들도 하는 것이 좋다.

내 강의 분야와 다른 전문가와 교류 및 협력도 필요하다. 또 정기적으로 성과를 분석(예: 수강생 수, 매출, 만족도)하고 피드백 기반으로 콘텐츠 및 운영 방식 개선해야 한다. 여기에 필요한 것은 조직과 시스템이다. 새로 만들려면 시간과 에너지가 많이 들어간다. 다른 전문가와 협업하고 나눈다면 쉽고 빠르게 성장할 수 있다.

강사로서의 경영은 단순히 강의를 제공하는 것이 아니라, 자신을 하나의 브랜드로 보고 장기적인 성장과 안정성을 목표로 계획을 세워야 한다. 특히 학습자의 경험과 가치를 최우선으로 고려하면서도 수익성과 지속 가능성을 균형 있게 추구하는 것이 핵심이다.

강사가 행복해야 모두가 만족한다.

백의의 천사,
건강한 삶을 나누는 클래스가 되다

금채(金琫) 손예주

건강한 삶을 나누는 클래스

제1장 **강사로서의 자기 이해**

"강사님, 프로필이 화려하던데 어떻게 강의하게 되셨어요?" 강의를 시작하면서 기관 혹은 기업 대표들이나 교육 담당자들로부터 많이 받는 질문 중 하나이다. 처음 이 질문을 받았을 때는 어떤 답변을 해야 할지 당황스럽고 고민도 했었는데, 요즘은 "좀 특이한 이력이죠?"라고 씨익 웃으며 받아칠 정도의 여유와 요령도 생겼다. 눈에 띄게 잘나서도 워딩(wording) 그대로 프로필이 정말 화려해서도 아니다. 무림 고수들로 넘쳐나는 강사 플랫폼에서 조금은 특이하다 싶은 경력과 이력으로 서 있어서 받게 되는 질문이다.

간호학과를 졸업하고 일명 Big 5라 불리는 대형 병원의 중환자실 간호사로 밤낮없이 환자를 간호하며 사람을 살리는 일에 매진했다. 이후 외국계 기업에서 산업간호사이자 법정 보건관리자로 근무하며 근로자를 살리는 일을 했다. 보건관리자의 길은 사람을 살리던 임상 경험을 바탕으로, 더 많은 사람을 살리면서 '건강한 가치를 실현하고 지역 사회 의료에 공헌하고자 하는 다짐'으로 하게 된 선택이었다.

여기는 투약이나 응급처치와 같이 병원에서 해 왔던 익숙한 업무 외에도 건강하고 안전한 조직문화를 위한 건강상담, 예방 교육, 건강프로그램 개발이나 캠페인 등 다양하고 특별하나 조금은 생소한 과정이 포함되어 있었다. 이 생소하고 특별한 과정을 수행하면서 직원 건강검진 결과가 이전보다 좋아지고 사내 안전사고가 현저히 줄어드는 것을 확인하였다. 이는 물리·화학적인 다양한 예방 조치나 치료보다 교육이 얼마나 중요한지 새삼 깨닫게 된 시간이었다. 그뿐만 아니라 이 시간을 통해서 알게 된 중요한 사실이 또 하나 있다. 그것은 바로 근로자를 직접 참여시키는 이른바 '활동형' 건강교육과 안전교육을 제공할 때, 근로자의 건강을 보호하고 산업재해를 예방하는 효과가 더 뛰어나다는 것이었다. 이때부터 단순 교육으로만 끝나는 것이 아닌 참여자의 잠재력을 일깨우고 교육 후 실무현장에서 바로 적용할 수 있는 '활동형' 강의하는 강사를 꿈꾸게 되었다. '환자를 살리고, 근로자를 안전하고 건강하게 지킨 경험을 바탕으로 더 많은 사람을 살리는 교육을 하겠노라고', 또한 '병원에서 사람을 살리며 소진될 수 있는 의료인을 교육으로 살리겠노라'라고 말이다. 이 꿈이 타오르는 불씨가 되어 강단에서 강의하고 있다.

더 많은 사람을 살리겠다는 나의 집념이 '치료' 중심에서 '사람' 중심으로, '직접 살리는 일'에서 '간접적으로 살리는 예방 교육'으로, '결과' 중심에서 '과정' 중심으로 변해 왔고, 이에 따라 '사람을 살리는 살아 있는 교육'을 고집하는 강사로서 서 있게 됐다.

MBTI ENFJ로 사실 공감과 소통 능력은 타고난 편이다. 어릴 적 별명이 '타고난 상담가'였고, 학창 시절부터 지금까지 친구들과 지인들의 상담사 역할을 하고 있다. 강사를 꿈꿀 때만 해도 몰랐는데, 이런 나의 성향이 강사로 활동하면서 천상의 맛을 내는 강력한 MSG(monosodium glutamate)가 되어 빛을 발하고 있다.

참여형 강의를 지향하다 보니, 교육 참여자와 소통과 교류가 많은데, 청중의 감정을 깊이 이해하고 빠르게 공감대를 형성해서 학습자의 교육 몰입도와 참여도가 높은 편이다. 여기에 뜨거운 열정이 더해지니 강의장의 열기는 매번 쉽게 달아오른다. 더 재미있는 것은 강의장 열기가 달아오르기 시작하면 내 열정은 어느새 배가 되고 이게 강의가 끝날 때까지 도돌이표가 되어 강의장의 분위기를 쉼 없이 끌어올린다는 것이다.

화룡점정으로 오랜 시간 간호사와 보건관리자로 근무했던 경험과 사례가 강의 콘텐츠로 승화되어 청중의 이해를 돕고 즉시 일상과 실무에 적용할 수 있는 팁과 노하우를 제공한다. 이것이 강의평과 만족도를 높이는 나만의 MSG이자 앙코르와 러브콜을 부르는 강의 맛집의 비법 소스다.

'백의의 천사'에서 앙코르와 러브콜을 부르는 '강의의 여왕'으로 내 여정은 더 많은 사람을 살리는 삶으로 디자인되고 있다. 중환자의 생명 유지와 회복에 온 힘을 다했던 첫 번째 여정에서 배우고 익힌 지식과 경험을 바탕으로 두 번째 여정에서는 근로자의 건강과 안전에 열정을 바쳤다. 그리고 두 번째 여정을 기반으로 현재 '안전 길라잡이'(산업안전보건교육)', '생명을 살리는 두 손의 기적 길라잡이'(응급처치 및 심폐소생술 교육)', '메디컬 멘토(병원 교육)', '안전하고 건강한 조직문화 길라잡이(조직 문화 활성화)'로 특화된 강의를 하고 있다. '건강한 가치 실현'에서 '건강한 삶을 나누는 클래스(class)'로 디자인 업데이트를 마치고 오늘도 세부 디자인에 심혈을 기울이고 있다.

눈이 오나 비가 오나 바람이 부나, 365일 연중무휴 강의 맛집으로 오래 활동하며 건강한 삶을 나누는 클래스가 되기 위해서는 최고의 품질과 풍미를 자랑하는 MSG를 변함없이 유지해야 한다. 최고 품질의 황태를 만들기 위해서는 적절한 눈과 바람, 추위라는 3요소가 필요하다고 한다. 내 비법 MSG를 최상의 상태로 유지하고 강의에서 100%로 활용할 수 있도록 질을 높여 주는 마법의 레시피(recipe)는 마인드 컨트롤(mind control)과 스트레스 관리다.

그래서 매일 "득근득근"을 외치면서 마음의 근육 키우기에 힘쓰고 있다. 마음의 근육이 단련돼야 회복 탄력성을 높이고, 회복 탄력성을 높여야 대인 관계 능력과 긍정 에너지, 자기 통제력을 높임으로써 활동형 강의에 맞는 강사로서의 갑옷을 입을 수 있다.

직장을 다닐 때는 해외여행을 통해 휴식을 취하고 아이디어도 얻으며 마음의 근육을 단련했는데 강의를 시작하면서부터는 바쁜 스케줄로 일정을 길게 빼는 것이 쉽지 않아서 다른 방법을 택하게 됐다.

요즘 자주 하는 마음 득근법은 감사 일기 쓰기인데, 개인적으로 가장 좋은 점은 시간과 장소에 구애받지 않고 손쉽게 할 수 있다는 점이다. 게다가 돈을 거의 들이지 않고 큰 효과를 볼 수 있다. 감사 일기를 쓰며 평범한 일상에서 감사할 만한 일을 찾고 긍정적인 글로 표현하는 과정만으로도 휴식과 위안을 얻게 되고, 자기 성찰을 통해 에너지를 충전한다.

이런 자기 돌봄과 스트레스 관리를 통해 마인드 컨트롤을 하고 강사로 지속적인 성장을 할 수 있는 발판을 단단하게 다지고 있다.

제2장 **교육 콘텐츠 개발**

의료 현장과 산업 현장에서 근무하면서 가장 많이 신경을 쓰고 노력했지만, 또한 가장 많이 힘들었던 점이 이론과 실무의 갭(gap) 차이를 줄이는 것이었다. 그래서인지 강의를 시작할 때부터 교육 참여자가 실제 업무와 일상에 쉽게 적용할 수 있는 방향으로 학습자 맞춤형 커리큘럼을 짜고 있다. 똑같은 산업안전보건교육이지만 강의 대상이 제조업 근로자인지, 건설업 근로자인지에 따라 커리큘럼이 달라지고, 똑같은 근골격계질환 예방교육이지만 사무직 종사자 대상인지, 제조업 현장 근로자 대상인지, 급식실 종사자 대상인지에 따라 커리큘럼은 다르게 디자인된다.

교육 참여자의 연령, 장애나 질환 유무 등에 따라 학습 내용과 속도도 조절할 수 있도록 설계하는 편이다. 이런 커리큘럼의 특성 때문에 강의 의뢰를 받으면 제일 먼저 교육 대상자의 특성과 주요 업무, 연령대, 교육 인원, 강의장 형태, 강의장 설비 시설 상태나 그 밖의 특이 사항 등을 확인한다. 학습 효과를 최대한 올릴 수 있는 맞춤형 커리큘럼을 만들기 위함이다. 이 과정을 통해 차별화된 커리큘럼이 탄생하고, 실무 중심 커리큘럼은 시뮬레이션 교육, 최신 실제 사례 분석, 실시간 피드백이 통합된 활동형으로 그 모습을 드러낸다.

교육의 실용성과 학습자의 실무 역량 강화를 최우선으로 고려해서 커리큘럼을 디자인하기 때문에 항상 명확하고 구체적이 학습 목표를 제시하려고 한다. 측정이 가능한지, 달성이 가능한지, 실제 업무와 연관성이 있는지, 교육이 끝나면 실제 적용이 바로 가능한지를 따지는데, 특히 실제 적용성을 많이 생각한다. 실제 적용 여부가 이론과 실무의 갭 차이를 줄일 수 있는 핵심 요소이기 때문이다. 그런 다음에 이것이 구체적으로 어떤 변화 행동으로 학습자에게 나타날지 예측한다. 그리고 마지막으로 변화가 예측되는 행동을 동사로 작성하는데 '실행할 수 있는 목표가 실질적인 변화를 만든다'라고 믿기에 상태 동사보다 행위 동사를 선호한다.

일반 교육에서는 적용하기 힘들지만, 특정 조직이나 구성원을 위한 워크숍이나 팀 빌딩 형태의 교육에서는 목표 설정 과정에 학습자를 참여시키기도 한다. 학습자가 스스로 목표를 설정할 때 동기 부여 강화의 효과가 있다. 하지만 더 좋은 점은 학습자의 수준과 상황에 맞는 현실적인 목표 설정이 가능하다는 점이고, 이는 목표 달성의 가능성을 높일 뿐만 아니라 교육에 대한 몰입과 성취감을 올린다는 것이다.

교육에서 몰입과 성취감을 높일 수 있는 또 다른 방법은 상호 작용할 수 있는 콘텐츠를 활용하는 것이다. 강의의 모토(motto)가 '활어처럼 살아 있는 교육'이다 보니, 커리큘럼에 반영된 콘텐츠의 95% 이상이 상호 작용형 콘텐츠다. 이론은 OX 퀴즈와 퍼즐 등과 같은 게임을 통해 익히고, 토론이나 시뮬레이션, 역할극(Role-playing) 등과 같은 특화된 실습으로 업무나 일상에 적용할 수 있는 팁과 노하우를 오감으로 습득한다.

강의에 적용되는 콘텐츠의 특성으로 인해 학습자는 교육 전반에 걸쳐 자연스럽게 양방향 혹은 다방향 소통을 할 수밖에 없고, 이런 소통 작용이 학습자의 참여와 몰입을 이끌고 교육이 끝난 뒤에는 성취감을 안겨 준다. 재미있는 게 이유는 알 수 없지만, 개인적으로 점심 식사 후 오후 첫 강의 배정이 많은 편인데, 아이스 브레이킹부터 클로징까지 상호 작용형 콘텐츠가 많이 활용돼서 그런지 아직까지 졸고 있는 학습자를 만난 적이 없다.

지난 2024년 유난히 무덥던 8월, 한 교육지원청에서 회당 150~200 명의 교육 참여자를 대상으로 오후 1시부터 3시간씩, 4일을 연이어 산업안전보건교육을 했을 때의 일이다. 더운 날씨와 식곤증에 시달려 졸릴 만도 한데 교육에 참여한 전원이 교육이 끝날 때까지 눈이 반짝이는 것을 넘어 눈으로 레이저를 뜨겁게 쏘고 있는 느낌이었다. 감사하기도 하고 감동하기도 해서 "어떻게 이 마의 시간에 조는 분이 한 분도 없어요? 여러분의 몰입에 감사드리고 열정에 박수를 보냅니다!"라고 말을 던졌다. 그랬더니, 강의장 맨 뒤에 앉아 계시던 나이가 지긋한 참여자 한 분이 "잠을 재워야 자지!"라고 대답하셨고 여기저기서 "맞아! 맞아!" 맞장구를 치는 말이 바로 뒤따라 나오면서 나를 포함한 강의장 모두가 박장대소를 했다. 그리고 그날 강의 평가에서 많은 분이 "졸리지 않고 지루하지 않은 산업안전보건교육은 처음이었다."라고 소감을 남겼다. 그 소감을 듣고 한동안 나만의 특화된 산업안전보건교육을 어필하는 멘트로 '어서 와, 이런 산업안전보건교육은 처음이지?'를 사용할까를 진심으로 고민했었다.

최신 뉴스나 통계, 최근 이슈나 사례를 교육 자료에 반영하고 이해를 돕기 위해 스토리텔링 기반으로 드라마나 영화, 명화를 활용하는 것도 내 강의의 특징이다. 다양한 시각적 매체의 활용이 복잡한 내용을 쉽게 전달한다는 믿음에서 나온 결과이다. 시각적인 자료는 교육 내용 전달도 빠르지만, 호기심과 흥미 유발을 위해서도 필요하다. 최신 트렌드 디자인을 이용해서 교육 자료를 만들었을 때, 젊은 교육 참여자를 위해 카드 뉴스나 쇼츠를 활용했을 때 관심과 몰입이 높아짐을 강의장의 온도 변화로 체감할 수 있게 된다.

최신 트렌드를 파악하고 강의에 적절하게 녹일 줄 아는 것도 강사의 자질이다. 트렌드에 밝아야 학습자의 관심사와 니즈(needs)를 빨리 파악할 수 있고, 이것이 기반이 될 때 학습자의 교육에 대한 몰입을 높임으로써 교육의 효과까지 극대화할 수 있다. 특히 복잡하면서 빠른 적응력과 유연한 대응이 필요한 VUCA시대(변화무쌍하고 예측 불가능한 현대사회의 특징을 함축적으로 나타내는 용어)를 사는 강사에게는 디지털 콘텐츠 활용도 트렌드를 따르는 것이다.

코로나19 이후, 대면과 비대면 병행 교육이 일반화됐고, 나 역시 트렌드에 따르기 위해 Zoom이나 Slido와 같은 디지털 플랫폼을 강의에 활용하고 하고 있다. 화면 공유와 자료 발표는 물론이고 실시간 채팅과 소그룹 토의가 가능한 Zoom과 실시간 투표와 설문을 할 수 있는 Slido는 학습자의 참여를 돕고, 소통을 통한 상호 작용을 촉진함으로써 교육의 효과를 높인다. 이와 더불어 QR 코드를 사용하여 교육 참여자가 개인 모바일에서 강의 관련 세부 자료나 논문, 법령 등을 바로 확인할 수도 있고, 직무 스트레스 검사나 교육과 관련된 각종 테스트를 프라이버시 노출 우려 없이 손쉽게 진행할 수 있다. QR 코드 사용으로 강의할 때마다 프린트물을 챙겨야 하는 번거로움도 사라졌다.

최신 트렌드의 반영이 강의를 더욱 풍성하게 만들어 주고, 교육 효과도 높여 주고 있음을 느낀다. 강의 맛집은 그리하여 오늘도 문전성시를 이룬다.

제3장 **학습자 중심의 접근**

'사람을 살리는 살아 있는 교육'을 고집하는 강사로서 가장 중요하게 생각하는 것은 학습자에 대한 이해와 파악이다. 이런 이해와 파악을 바탕으로 건설업 현장 종사를 위한 안전사고 예방 교육할 때 고소작업 안전 수칙과 추락 방지, 밀폐공간 작업 시 안전대책, 날씨와 기후 변화에 따른 작업환경 안전대책의 예로 여름에는 온열질환 예방, 겨울에는 미끄러짐 및 동상 예방 등을 중심으로 교육을 진행한다.

똑같은 안전사고 예방 교육이더라도 제조업 종사자를 위해서는 설비나 기계 안전관리, 작업환경 유해 요인 관리의 예로 유해 화학물질 취급 및 보호구 착용 등을 중심으로 교육이 진행된다. 또한 같은 제조업 회사에서 근무하고 있더라도 급식실 조리 종사에게는 주방 설비 안전관리, 화재 및 화상 예방, 위생 및 감염병 예방, 근골격계질환 예방을 중심으로, 사무실 종사자에게는 VDT 증후군(Visual Display Terminal Syndrome) 예방 중심으로 업무 환경과 학습자의 특성에 맞는 예방 교육을 한다. 여기에 업종이나 근무 환경과 연관된 실제 사례와 이슈 등을 활용하여 학습자의 관심을 끌고 이해를 높인다. 이렇게 맞춤형 교육을 진행할 때 학습자는 업무와의 연관성을 느끼고 참여와 몰입을 적극적으로 하게 된다. 그뿐만 아니라 실제 업무 현장에서 어떻게 적용해서 안전하게 근무하고 건강을 지킬 수 있는지 몸으로 익히게 된다. 이러한 맞춤형 학습 경험은 학습 내용을 더 오래 기억하게 하는 데도 도움이 된다.

독일의 심리학자인 헤르만 에빙하우스(Hermann Ebbinghaus)는 사람은 망각의 동물로 지식을 습득한 후 10분이 지나면 바로 잊기 시작한다고 했다. 그러나 같은 내용을 5~7회 정도 반복하면 거의 100% 기억에 성공할 수 있다고 했다. 나는 철저한 실무 중심의 참여형 활동 교육을 통해 교육 내용을 몸으로 익히고 바로 업무에 적용할 수 있는 팁을 제공한다. 그리고 이 과정에서 이론이 체화되고 반복적으로 쓰임으로써 망각을 극복할 수 있게끔 만들어 준다. 산업안전보건교육 후 강의평으로 많이 듣는 것 중 하나가 "재미있고, 실제로 일하면서 쉽게 이용할 수 있어 유익하다."이다.

응급처치와 심폐소생술 교육할 때도 교육을 처음 접하는 사람인지, 경험이 있는 사람인지, 숙련된 전문가인지, 일반 시민인지, 비자발적 참여자인지 등 학습자에 대한 이해와 파악을 우선시한다. 생명을 살리는 팁을 가르쳐 준다는 교육의 특성상 응급처치와 심폐소생술은 교육 선호도가 높은 편이고, 실전 체험형 교육이기 때문에 몰입도 또한 높다. 하지만 민방위 대원이나 군인, 예비군, 사회복무요원 등과 같은 비자발적 교육 참여자를 대상으로 몰입을 이끌고 적극적으로 참여하게 유도하는 것은 쉽지 않은 게 현실이다. 학습 동기가 부족하고 교육에 수동적인 비자발적 교육 참여자라는 학습자 유형의 특징 때문이다.

2024년 한 해, 광역자치단체 두 곳, 기초자치단체 네 곳에서 민방위 응급처치 강사로 대원들이 '생명을 살리는 두 손의 기적'을 이루도록 돕는 길라잡이로 사명을 다했다. 민방위 강사로 활동은 처음이라 쉽지만은 않았지만, 지방자치단체 담당자분들이 많은 도움을 주셨고 다행히 국방부에서 군 장병을 대상으로 인성교육을 했던 경험도 도움이 되었다. 1박 2일, 혹은 2박 3일 동안 진행된 군 인성교육의 성패는 군 장병들의 능동적 참여와 내적 동기 유발에 달려 있었다. 그래서 교육 동안은 가진 모든 에너지를 쏟아 군 장병들을 인정하고 존중하면서 소통을 통한 상호 작용을 했고, 장병들의 문화에 맞는 에듀테크(Edu Tech)를 활용해서 다양한 학습 활동에 참여할 수 있도록 환경을 조성했다.

이 경험이 기반이 돼 민방위 응급처치 교육에서는 대원들의 내적 동기를 유발하면서 참여를 고취할 수 있는 방향으로 교육을 진행하였다. '강의장 습격 사건'이라고 불릴 정도로 단상에서 내려가거나 대원들의 자리로 이동해서 소통하면서 교육했다. OX 퀴즈를 포함하여 다양한 질문을 통해 대원들을 교육에 참여시키고 그 속에서 책이나 유튜브에서도 쉽게 얻을 수 없는, 사람을 살린 실전 경험에서 나온 의료인 출신으로서의 팁을 전수했다. 대원들에게 특히 반응이 좋아했던 것은 '1인 가구 혹은 혼자 있을 때의 기도 폐쇄 처치법'과 '뇌전증 환자의 경련이나 강직과 급성심정지 환자의 경련과 강직을 구분하는 법', '가슴 압박 위치 쉽게 찾는 방법' 등 이었다. 최신 통계와 뉴스 동영상을 활용할 때도 가정에서 가족을 살린 사례와 같이, 대원들이 일상에서 자주 쉽게 노출될 수 있고, 가까운 곳에서 '내 사람을 지킬 수 있는 법'으로 접근해서 동기를 부여했다. 왜냐하면 내 가족과 이웃을 살릴 수 있어야 국민의 생명을 살리고 보호할 수 있는 민방위 대원으로서 역할과 임무를 다할 수 있기 때문이다.

이론이 마무리돼 실습할 때도 가슴 압박 위치가 정확한지, 속도와 깊이는 적당한지, 자세는 올바른지 가능한 대원들 개별로 피드백을 제공했다. 이런 노력과 노하우 때문인지 강의 시작할 때 대원들의 자세와 강의 끝으로 갈 때 대원들의 자세가 달라졌다. 시간이 지남에 따라 자세를 고쳐 잡고 몸을 앞으로 당겨왔다. 실습을 끝으로 교육이 마무리되면, 감사 인사를 따로 전하고 돌아가는 대원의 수도 점점 많아졌다. 대원들의 내적 동기를 유발하고 실제적이고 즉시 사용할 수 있는 '사람 살리는 기술'을 활동을 통해 전달했던 것이 점진적으로 그들을 긍정적인 방향으로 이끈 나만의 비법이었다고 생각한다.

이번 주에 응급처치 강사로 활동했던 광역지자체 한 곳의 2025년 민방위 교육 강사 모집이 있었다. 응급처치 및 심폐소생술 교육은 실습이 포함된 교육이라 사실 육체적으로 소진이 많다. 이 이유로 올해 지원해야 할지 말아야 할지 마지막 날까지 고민하고 있었는데, 접수 마지막 날 아침에 기초자치단체 담당 주무관 한 분이 전화를 주셨다. "강사님, 혹시 올해 민

방위 지원하셨어요? 공고가 난 거 모르셔서 아직 지원 안 하신 거 아닌가
해서요." 혹시나 공고를 놓쳐서 지원하지 못할까 봐 걱정하셔서 연락을 주
셨다는 것이다. "대원님들이 강사님 교육 때 제일 안 자고 듣는 거 같아서"
라고 한 주무관님의 그 말이 도화선이 돼서 '올해도 대원들을 위한 길라잡
이가 되겠노라' 라고 다짐했다.

제4장 **강의 운영의 실제**

가끔 강사로서의 삶이 연극 배우의 삶과 흡사함을 느낀다. 비대면 강의가 많아지면서 녹화하는 때도 더러 있지만, 대부분 실시간 라이브로 이루어지기 때문이며 연극에 오르기 전 배우가 사전 준비와 리허설을 하는 것처럼, 강사인 나 역시 강의 전에 사전 준비와 나름의 리허설을 하고 있기 때문이다.

무대에 오르기 전에 '완벽한 강의는 없지만, 완벽하게 준비된 강의는 있다.'라는 마음가짐으로 항상 강의 준비부터 진행, 마무리까지 치밀하게 계획을 하되, 유연한 대처가 가능하도록 짜는 편이다. 먼저 강의 내용을 면밀하게 검토하고, 교육 대상자의 눈높이나 관심사, 실무에 맞게 재구성한다. 그리고 시간 배분과 흐름을 조절하는데, 특히 강의의 흐름 구성에 신경을 많이 쓴다. 영화나 드라마, 소설에도 기승전결이 있듯이 강의에도 기승전결이 있어야 몰입도가 높고 여운을 남길 수 있다는 믿음 때문이다. 흐름 구성이 마무리되면 강의에서 예상되는 질문을 기반으로 이해를 도울 수 있는 사례를 찾고 답변을 준비한다.

일에서는 J 성향(MBTI 성격 유형 중 하나)이 두드러지는 편이라 첫 강의를 했을 때는 스크립트를 만들어서 외우다시피 강의에 들어갔다. 그런데 드라마보다 더 드라마틱한 강의 현장에서 예상치 못한 질문을 받고 대처하다가 스크립트 속 다음 단어와 내용을 잊어버리고 말았다. 당혹스러웠지만 다행히 임기응변으로 잘 넘기기는 했다. 하지만 그때의 트라우마로 더 이상 스크립트를 써서 강의를 준비하지는 않는다. 사람마다 성향의 차이라 생각하지만, 개인적으로 스크립트를 만들었을 때 위기 대처 능력이 오히려 떨어짐을 느꼈다. 그 당시 스크립트에 대한 의존도가 높았던 게 아닐까 하는 생각이 든다. 그 이후부터는 강의 흐름과 기승전결에 어떤 사례를 어떻게 더 녹이고, 어떤 쉬운 예시를 사용한 부연 설명으로 학습자의 이해를 도울 수 있을지에 집중한다. 그리고 어떻게 하면 학습자를 '이거 내 이야기다.', '이거 내 경우다.', '이거 써먹을 수 있겠다'라고 느끼게 할 수 있을지를 연구한다. 또한 기승전결에서 강조하고자 하는 주요 핵심 내용이나 단어, 팁은 강약을 어떻게 줘서 표현할지 심사숙고한다.

강의 장소에 강의 시작 30분 전 도착하는 것은 일상이 된 지 오래다. 도착하면 제일 먼저 빔프로젝터, 음향, 마이크 등 장비 상태와 세팅을 확인하고 강의장의 좌석 배치, 교구 세팅을 완료한다. 그다음 마음을 가다듬고 하나님께 진심으로 두 가지 기도를 드린다. "사람을 살리는 살아 있는 강의로 강의를 듣는 사람들의 삶과 미래를 금빛으로 가득 채워 줄 수 있는 계기를 마련할 수 있도록 도와주세요."라고, "교육을 듣는 사람들에게 성장을 향한 울림을 주는 특별한 경험을 하게 하심으로써 건강한 삶을 나눌 수 있도록 도와주세요."라며 말이다. 이런 기도가 건강한 삶을 나누는 클래스로 마인드셋을 정비하게 한다.

강의가 시작되면, 끝날 때까지 학습자와 눈을 맞추고 그들과 끊임없이 소통하며 연결된다. 질문을 던지고, 이야기를 나누고 최대한 강의 주인공 학습자들이 적극적으로 참여하도록 유도한다. 혹여 교육 참여자가 이해가 부족한 눈빛이나 몸짓을 보이면 좀 더 쉬운 사례를 들어 부연 설명을 하고 추가 질문을 통해 소통을 이어가며 이해를 돕기 위해 애쓴다. 어느 부분에 흥미를 느끼고 더 갈구하는 눈빛이나 반응을 보이면 강의의 흐름에서 크게 벗어나지 않는 선에서 그 부분을 조금 더 채워 주기도 한다. 강의는 상호 작용의 연속이기에 이러한 문제 해결 능력과 대처가 강의의 질을 높이는 데 이바지할 수 있다. 그뿐만 아니라 이 과정이 틀에 짜인 듯한 강의가 아니라 '살아 숨 쉬는 강의', '활어처럼 팔딱팔딱 뛰는 생기 있는 강의'를 만드는 비결이다.

강의 현장은 정말 날 것 그대로의 야생(野生)이다. 언제나 예측할 수 없는 변수가 존재하고 이로 인한 위기가 종종 발생한다. '중요한 것은 위기 자체가 아니라 위기가 닥쳤을 때 이것을 어떻게 관리하느냐'라고 생각한다.

강사로서 '위기를 기회'로 만드는 기적을 이룬 경험이 있다. 2015년

재능 기부로 지역 사회 주민들을 대상으로 응급처치 및 심폐소생술 교육을 진행했을 때의 일이다. 40~60대 지역 주민들에게 응급처치와 심폐소생술에 대한 간단한 이론 전달 후, 기도 폐쇄 처치와 심폐소생술을 실습하기로 돼 있었다. 전체 실습 전 2명의 교육 참여자가 대표로 앞으로 나와서 훈련 용도의 기도 폐쇄 조끼를 입고 서로 하임리히법(Heimlich maneuver)으로 기도 폐쇄 처치하는 시뮬레이션을 보여 주고 있었는데, 키 차이 때문에 실습이 원활하게 진행되지 않아서 도움을 주려던 순간이었다. 키 차이로 낑낑거리는 두 실습자의 모습을 보고 여기저기서 웃음이 터져 나왔는데, 그때 크게 웃던 학습자 한 명이 갑자기 쌕쌕거리면서 얼굴이 파래지더니 양손으로 목을 감싸 쥐었다. 웃다가 씹고 있던 껌이 목에 걸린 것이었다. 곧바로 그 학습자에게 달려가서 하임리히법을 실시했다. 하임리히를 시작한 지 1분 정도 지났을 때, 해당 학습자 입 밖으로 껌이 튀어나왔다. 하임리히법을 시행하고 입 밖으로 이물질이 나오기 전까지 교육장은 말 그대로 혼돈의 도가니였다. 다행히 빠른 대처로 더 큰 문제로 이어지지 않았고 응급 상황은 마무리됐다. 해당 학습자도 병원으로 이송하지 않아도 되는 상태라 안정을 찾는 것만 보고, 모든 학습자에게 낮은 톤으로 힘주어 말했다.

"위기는 이렇게, 언제나 우리에게 찾아올 수 있습니다. 여러분이 오늘 배운 응급처치와 심폐소생술만 체화하신다면, 위기가 왔을 때 여러분의 가족과 사랑하는 사람을 지킬 수 있습니다."라고. 그 후 남은 교육 과정을 마무리했다. 학습자들의 태도는 사건 발생 전과 후, 180도 변했고 남은 실습 교육에 모두 적극적이고 진지하게 임했다. 교육이 끝나서 마지막 인사 멘트를 하자 모든 학습자가 일어서서 박수를 쳤다. "정말 사람을 살리는 과정은 처음 봤습니다.", "사람을 살릴 수 있는 교육을 해주셔서 감사합니다.", "응급처치 교육이 중요하다는 것을 몸으로 느낀 시간입니다." 등 많은 평가와 감사의 말이 쏟아져 나왔다. 벌써 10년 정도의 시간이 지났지만, 그날 100% 실제 상황에서 응급처치와 심폐소생술 교육을 받은 분들은 그 기억과 그때 배운 교육 내용이 오래도록 남아 있을 것이다. 당황하지 않고 침착하게 대처한다면, 우리는 충분히 위기를 기회로 바꿀 수 있다. 항상 모든 상황은 기회다.

가능하면 강의가 마무리되기 전에 학습자들과 강의를 통해 새롭게 알게 된 점이나 느낀 점, 혹은 교육을 통해 갖게 된 실천 다짐, 더 보완이나 추가됐으면 좋을 것 같은 부분 등에 대해 잠깐이라도 나누는 시간을 가지려고 노력한다. 이 평가와 피드백 시간을 통해 강사로서 더 성장할 수 있는 연료를 얻는다. 그리고 개인적으로 느꼈던 학습자의 반응이 좋았던 부분, 개선이 필요한 부분, 새롭게 추가하고 싶은 사례나 활동을 정리해서 다음 강의를 업그레이드한다.

END 아닌, AND의 교육을 위해, LAST가 아닌, NEXT를 열어 주는, 정말 사람을 살리는 살아 있는 교육을 위해 오늘도 불철주야(不撤晝夜) 연료를 모으고, 강의 버전(version) 업그레이드에 진심이다.

제5장 **강사로서의 경영 전략**

강사로서 지속 가능한 커리어 개발과 비즈니스를 하기 위해서는 명확한 비즈니스 모델이 필요하다고 본다. 단순히 수익 구조를 설계하고 사업확장을 기획하는 것을 말하는 것이 아니다. 강사로서 어떻게 차별화된 가치를 세상에 전달하고, 더 많은 사람에게 긍정적인 영향을 미침으로써 작은 날갯짓이 가능하게 할 것인지가 비즈니스 모델에 녹아 있어야 한다.

강사 대부분이 돈만 벌기 위해 강의를 시작하는 것은 아니다. 돈을 버는 것이 목적이라고 한다면 강의 말고도 할 수 있는 일이 얼마든지 많다. 사실 나만 보더라도 강사 말고 내 전문성과 경력, 면허를 이용하면 병원이나 기업에서 더 쉽게 일하면서 더 많은 돈을 벌 수 있다. 하지만 나뿐만 아니라 지금도 전국 곳곳에서 열강하고 있는 많은 강사와 성대결절로 고생하면서도 강의를 손에서 놓지 못하는 강사들은 교육을 통해 더 큰 가치를 전달한다는 사명감으로 강사의 길을 걷고 있다. 이 사명감을 근간으로 비즈니스 모델이 완성될 때 그로 인한 나비 효과가 서서히 모습을 드러낼 수 있다.

미국 아웃도어 브랜드 파타고니아(Patagonia)의 설립자 이본 쉬나드(Yvon Chouinard)를 좋아한다. 그는 내 경영 철학과 비즈니스 모델에 많은 영향을 준 사람 중 한 명이다. 지속 가능 경영을 실천하고 있는 파타고니아는 '지구를 구하기 위해 사업을 한다'라는 미션 아래 '지구가 목적'이고, '사업은 수단'인 비즈니스를 하고 있다.

자본주의 시대에 이윤 추구보다 환경 보호하는 일에 더 앞장서면서 한창 소비를 조장할 블랙 프라이데이(Black Friday) 때에는 "이 재킷 사지 마세요(Don't buy this jacket)"라고 대놓고 광고하는 기업이 파타고니아다. 재킷 하나를 더 팔기보다, 더 큰 가치를 팔겠다는 리더 이본의 철학이 담겨 있다. 전문가들은 "지구가 목적인 파타고니아가 소비자에게 확실하게 어필하면서 꾸준히 성장할 수 있었던 것은 최상의 품질을 자랑하는 제품과 제품에 담긴 스토리 때문이다."라고 말한다.

나는 '사람을 살리는 것이 목적'이고, '교육은 수단'인 비즈니스를 하고 있다. 건강한 삶을 나누고자 사람을 살리는 살아 있는 강의를 추구한다. 환자와 가족을 간호하면서, 근로자의 건강과 안전을 도모하고 지키면서, 사람을 살리는 일에 몰두하며 앞만 보고 달려왔다. 그러다 문득 '내가 가진 경험이 더 많은 사람을 살릴 수 있지 않을까?'라는 생각이 들었고, 그

길로 강사가 되기로 결심했다. 나의 차별화된 가치는 내 경험 속에 있었다. 병원과 근로 현장에서 마주한 수많은 사례, 응급 상황에서 해 왔던 다양한 대처, 병원 환자들과 현장 근로자들과 진심으로 교감하고 소통했던 시간 등을 토대로 실무와 사례 중심의 맞춤형 활동 교육 서비스를 제공하는 비즈니스 모델을 구축했다. 다른 것보다 먼저 경험을 통한 실질적인 변화에 중점을 뒀다. 그래서 강의 콘텐츠를 개발할 때 언제나 학습자들이 실생활 혹은 실제 업무에서 사용할 수 있는 팁과 기술을 강조한다. 이런 접근이 강의를 특별하게 만들고, 사람들이 나를 기억하게 하고 있다.

최상의 맞춤형 활동 콘텐츠 제공으로 산업안전보건교육에서는 안전보건 관련 문제 해결 능력과 위기 대응 역량을 높이는 새로운 물결이 되었고, 실무 중심의 교육을 받은 학습자들은 더 창의적인 해결책 제시로 기업과 부서, 본인 업무에 맞는 예방 대책을 마련하기도 했다. 사례와 기술 중심의 실전형 응급처치와 심폐소생술 교육을 받은 학습자들은 응급 상황에서 주저하지 않고 대처할 수 있는 용기를 갖게 되었고, 사람을 살리겠다는 의지를 다지게 되었다. 어떤 시민 한 분은 내게 배운 '혼자 있을 때 기도 폐쇄 처치법'을 홀로 계신 어머께 그대로 알려 드렸다고 한다. 그런데 얼마 후 어머니가 식사하시다 정말 기도 폐쇄가 왔고 그 방법을 사용해서 다행히 위기를 잘 넘기셨다고 감사 인사를 전해 왔다. 이러한 실전형 교육의 나비 효과는 기업의 산업재해 예방과 시민들의 생명 보호라는 두 가지 큰 축을 통해 우리 사회를 더 건강하고 안전한 방향으로 이끌어가고 있다.

그리고 이런 진정성 있는 교육 방식이 입소문을 타기 시작해서 여러 다양한 기관에서 강의 요청이 오고 있다. 이것이 나만의 경영 전략이자 마케팅 전략이다.

강사가 된다는 것은 자신만의 고유한 가치를 발견하고, 그 가치를 통해 다른 사람들의 삶을 풍요롭게 만드는 여정이다. 나는 더 많은 사람을 살리고 건강한 삶을 나누면서 다른 사람들의 삶을 풍요롭게 만드는 강사로서의 여정을 가고 있다. 이 여정은 강사로서 이름만 알리는 여정이 아니라 신뢰와 감동을 통해 교육의 가치를 전달하는 과정이고, 학습자와 깊은 연결을 만드는 여정이다. 그래서 항상 'Why'를 던지고 'Why'에 집중하면서 강사로서의 존재 이유와 진정성을 잃지 않으려고 노력한다. 나의 가치와 내가 브랜드이기 때문이다.

강사를 하면서 맺게 되는 관계 또한 단순 비즈니스 관계가 아니다. 서로의 성공을 돕는 진정한 파트너십이 형성되는 과정이다. 작년 3월부터 병원 교육을 전문적으로 하는 한 교육 업체와 협업을 맺고 파트너 강사로 활동하고 있다. 처음 의뢰받은 강의는 한 척추관절 전문병원의 CS 교육이었는데, 내부 직원들을 위한 소통 중심으로 교육을 원한다고 했다. 사례를 바탕으로 병원 전 직원들이 각자의 소통 유형과 방식을 확인하고 바로 활용할 수 있는 의사소통 스킬과 팀 커뮤니케이션 전략을 실습을 통해 몸으로 즐겁게 익혔다. 교육이 끝나고 업체 담당 팀장님이 "강사님, 확실히 실무 경험이 많으셔서 그런지 사례도 많고 진정성이 느껴졌습니다."라고 말씀해 주셨다. 교육 이후 해당 팀장님과 지속해서 연락하며 신뢰를 쌓았고, 4월과 5월에는 다른 병원의 CS 소통 교육을 의뢰받아서 진행했다. 지속적인 소통과 피드백을 통해 교육할 병원의 니즈에 맞춘 최적화된 교육을 제공함으로써 팀장님과 신뢰 관계도 더 깊어졌다. 그로 인해 하반기에는 병원 산업안전보건교육을 진행하게 됐다. 교육 후 팀장님은 이런 말씀을 주셨다. "강사님, 저는 산업안전보건교육도 이렇게 재미있으면서 유익할 수 있다는 걸 처음 알았어요. 여기 병원 교육 담당자분이 엄청 까다로우셔서 강사분이 매번 바뀌는데, 내년 교육에도 강사님 불러 달라고 미리 말씀 주셨어요!"라고. 교육을 진행한 병원에서 좋은 평가가 나오게 된 것도 업체 담당 팀장님과 긴밀한 소통을 통해 병원 맞춤형 특화 교육을 했기 때문이라 생각한다.

그 팀장님이 올해 1월 초 급하게 SOS를 보내왔다. 갑자기 병원 CS 교육이 들어왔는데 믿고 부탁할 사람이 나밖에 없다는 것이었다. Win-Win 파트너의 부탁이라 흔쾌히 수락하고, 이틀간 요양병원에서 재미나게 교육하고 왔다.

강의하다 보면, 일회성으로 끝나는 강의도 있기 마련이다. '일회성의 강의라도 지속 가능한 영향을 미칠 수 있도록 돕는 멘토가 되자'라는 마음가짐을 갖고 매번 강단에 선다.

작년에 고등학교로 간호사 전문인 특강을 간 적이 있다. 교육이 끝나서 정리하고 있는데 한 학생이 와서는 본인이 간호학과 진학을 고민하고 있었는데, 내 교육을 듣고 진학을 결정하게 됐다고 말했다. 일회성으로 진행했던 강의가 진로를 고민하고 있던 한 학생에게 꿈의 씨앗이 된 것처럼, 그

꿈이 자라나서 우리가 지금 사는 사회를 변화시키는 큰 움직임이 될 것이
라고 믿는다. 그 친구는 아마 훌륭한 의료인이 되어 나보다 더 많은 사람을
살릴 것이다.

교육은 이처럼 그냥 지식만 전달하는 것이 아니라 무한한 가능성을 일
으키는 강력한 촉매제다. 그런 강력한 촉매제를 무기로 장착한 나는 강사
다. 강사라는 이름으로 오늘도 더 많은 사람을 살리고 건강한 삶을 나누면
서 다른 사람들의 삶을 풍요롭게 만드는 길을 선택한 스스로가 자랑스럽
고, 이 여정에 있음이 더없이 행복하다.

나는 강의하는 코치다

신혜섭
모두의 꿈을 이루기 위해 강의하는 이룸코치

제1장 **코칭, 나를 열어준 열쇠**

대학입시에 실패했던 열아홉의 나는 영화 〈비트〉의 정우성처럼 방황의 끝을 향해 내달렸다. 원하지 않았던 대학교, 어색하고 낯선 동기와 선배들, 타의로 선택된 전공도 모두 절망의 대상일 뿐이었다.

'신혜섭은 모범생이지!'라는 학창 시절의 타이틀이 무색할 정도로 스물의 나는 그 시절 X세대를 대변하는 주인공이 되어 질주했다. 그렇게 1학년을 보내고 나니 학교는 더욱 무의미해졌다. 결국 부모님의 반대를 무릅쓰고 휴학을 택했다. 그러나 휴학은 노력하지 않는 자에게 그 무엇도 가져다주지 않았다. 그렇게 시간은 흘렀고 선택의 여지가 없었던 나는 학교로 돌아갔다. 나에게는 돌파구가 필요했다.

여자는 공무원이 최고라며 어른들에 의해 선택된 전공이 너무나도 싫

었던 나에게 "역사란 무엇인가?"라는 교양과목이 선물처럼 나타났다. '학
창 시절 유독 역사를 좋아했는데 한번 들어나 볼까?'라는 마음에 처음으
로 호기심을 가지고 신청한 수업, 이 수업으로 나의 대학 시절은 전환을 맞
이했다. 이곳에서 와이셔츠 소매를 아무렇게나 걷어 올리고 판서 대신 학
생들과 둥그렇게 모여 앉아 토론하며 매시간 다양한 주제를 가져와 흥미
진진하게 강의하는 열정적인 교수님을 만나게 되었고 점점 강의 시간이
기다려졌다. 나도 누군가에게 저렇게 자유롭고 자신 있게 강의할 수 있는
사람이 되고 싶다는 목표도 생겼다. 방황이 끝나는 순간이었다. 이후 교사
가 되겠다는 일념으로 공부에 매진했고 매 학기 우수한 성적으로 장학금
을 받으며 대학을 졸업했다. 그리고 교육대학원에 입학 후 본격적인 교사
로서의 길을 준비하게 된다. 이어진 결혼과 출산, 이민이라는 인생의 변곡
점들을 지나며 학교, 학원, 기관, 지역사회에서 역사와 논술, 사회 과목을
가르치며 20년이 훌쩍 넘는 시간을 선생님이라는 이름으로 살아왔다.

　대형 입시학원에서 인기 강사로 최고의 대우를 받았고, 이민 생활을 하
며 한글학교 교사로 재외 한인 학생들을 가르치며 보람도 느꼈다. 그렇게
오랜 시간 학생들을 만나며 나름의 만족과 보람을 느꼈지만 그럼에도 깊
은 내면에서 느껴지는 갈증이 있었다. 그 순간 19살의 내가 불혹이 된 나
에게 말을 걸었다.

　"내가 정말 하고 싶었던 공부가 무엇이었는지 기억나?"
　"글쎄... 뭐였더라... 맞아! 나는 심리학을 공부하고 싶었어!"

불혹의 도전이 시작되었다. 모든 강의를 내려놓고 상담심리학과에 편입해 다시 공부를 시작했다. 그리고 그 과정에서 운명처럼 '코칭'을 만나게 되었다. 그렇게 코칭을 만난 지 6년이 지났고 '코치'는 나의 두 번째 삶이 되었다.

흔히 강사를 '보따리 장사'라고 표현한다. 강사의 역량과 능력을 보따리로 빗대어 표현한 것이다. 나 역시 꽤 크고 값진 보따리를 갖고 있었고 그만큼의 가치를 갖고 있다고 생각했다. 그럼에도 20년간 채워지지 않았던 갈증의 끝에는 '함께'라는 키워드가 있었다. 전문 코치로 거듭나며 멋지게 보따리를 펼치는 모습에 만족하는 게 아니라 서로의 보따리를 펼쳐 나누고 채우다 보니 누군가의 길잡이가 되어주는 강사, 새로운 삶의 방향성을 열어주는 강사, 관점 전환으로 새로운 세상을 만나게 해주는 강사, 주입식 교육이 아닌 좋아하고 잘하는 것을 찾아주는 강사로 새롭게 태어났다. 코칭을 통해 강사라는 호칭 앞에 오는 수식어가 바뀌고 그렇게 내 삶의 수식어가 바뀌게 되었다. 그리고 지금은 코칭을 기반으로 개인의 성장과 변화를 통해 모두의 꿈과 목표를 구현하고자 함께하는 '이룸코치 신혜섭'으로 제2의 인생을 살아가고 있다. 만약 누군가 나에게 "어떻게 도전하고 실천할 수 있었나요?"라고 묻는다면 자신 있게 대답할 수 있다. 바로 '코칭'이다.

《대한민국 전문코치 백인백서》의 공동 저자로 참여해 코칭의 정의를 내릴 기회가 있었다.

"모든 사람은 스스로 선택하고 결정할 능력과 권리가 있다. 그러나 많은 사람이 그 대부분을 '외면'하고 산다. 코칭은 스스로 고개를 돌려 자신을 '직면'하게 해준다. 이렇게 온전히 자신을 바라보는 것만으로도 새로운 세상의 문은 열린다. 만약 지금, 삶의 길을 잃었다고 느껴진다면 코칭을 통해 세상의 문을 여는 '열쇠'를 직접 손에 잡고 열어보자. 그리고 자신을 '직면'한다면 분명 새로운 세상의 문이 열릴 것이다."

나는 코칭을 통해 제2의 인생을 살아갈 수 있는 '열쇠'를 손에 잡게 되었고 이를 통해 현재는 '꿈이룸코칭센터'와 '꿈이룸학습센터'를 운영하고 있다. 20년간의 교육 경험과 코칭의 콜라보로 전문코치양성강사, 학습 코치, 진로 코치, 직업 체험 강사, DISC 행동 성격유형 전문가 등으로 '변화와 성장', '나눔과 채움', '사회적 연대'를 현장에서 실현하고 있다.

내 삶에 최고의 모터는 코칭이다. 그리고 이 모터를 최고의 성능으로 움직이게 해주는 것은 바로 '감사하는 마음'이다. 감사하는 마음이 1번이면 아쉬운 것, 부족한 것, 어려운 것이 없다. 감사의 마음을 2번, 3번이 아닌 1번으로 두자. 그리고 매일 잠들기 전, 매일 아침 눈을 뜨면 외쳐보자.

"감사합니다. 감사합니다. 감사합니다."라고.

제2장 **쉽고, 재밌고, 알차게!**

중등부 사회 강사로 대형 입시학원에서 강의를 시작할 때 나에게 주어진 자료는 출판사별 자습서와 문제집 몇 권뿐이었다. 사회 초년생이던 그 시절, 정해진 시간표대로 강의실에 들어가 교재를 읽고 줄 맞춰 판서하며 진짜 선생님이라도 된 것처럼 의기양양 자신감이 넘쳤었다. 역시 사람은 무식하면 용감하다.

그러나 조금씩 변화하고 있었던 것일까? 성장 마인드가 깨어나기 시작했다. 내가 맡게 된 아이들에게 조금 더 좋은 강의를 해주고 싶다는 마음이 커졌다. 그 당시에는 직접 문제집을 복사해 필요한 부분을 오리고 붙여가며 자료를 편집했다. 매일 밤 수십 권의 문제집과 자습서를 펼쳐 놓고 수업 진도에 맞춰 체계적으로 자료를 만들다 보니 어느새 나만의 독창적인 수업 자료 '나라 시리즈'가 탄생하였다. 경제 과목에는 '경제 나라 사회 나라', 지리 과목에는 '지리 나라 사회 나라', 역사 과목에는 '역사 나라 사회 나라'... '나라 시리즈'는 아이들에게 폭발적인 반응을 얻게 되었다. 수십 권의 문제집과 자습서를 하나의 자료로 만드니 천군만마를 얻은 것처럼 든든했고 수업할 때면 날개를 달고 하늘을 나는 듯했다. 인기 강사로 거듭나는 짜릿한 순간이었다. 이렇게 새내기 사회 강사는 어느새 전문 강사로 거듭나고 있었다.

이제 인터넷과 AI의 발전으로 정보 전달의 역할은 더 이상 인간의 몫이 아니다. 그러나 유튜브 등의 매체를 통해 백만 뷰를 달성하는 강의, 인강 강사들의 값비싼 강의 등은 여전히 강세를 보인다. '강사'의 역할은 분명 존재한다. 그렇다면 우리는 무엇을 목표로 어떤 강의를 준비하는 강사가 되어야 할까?

아이돌을 꿈꾸는 수많은 청소년은 연예기획사에 합격하는 것조차 어렵다. 피나는 연습 후 무대에 올라도 인기를 얻는 것은 소수이다. 인기를 얻은 아이돌이 건강한 마인드로 오랜 인기를 유지하는 경우도 극소수이다. 강사도 마찬가지다. 매체에 나오는 극소수의 인기 강사를 목표로 한다면 가는 길이 너무도 험난하다. 그런 목표라면 차라리 다른 길을 선택하라고 권하겠다. 시작도 하지 않았는데 왜 악담하는지 궁금할 수 있지만 목표 자체가 잘못되었다는 의미다. 인기 강사가 목표가 되어서는 안 된다. 어떤 강의를 좋아하고 잘하는지 끊임없이 탐구해 자신이 전달하고자 하는 메시지가 무엇인지 명확하게 알고 강의하는 강사가 되어야 한다. 그래야 최고가 아니어도 행복할 수 있다. 나에게는 행복하게 강의 할 수 있는 나만의 강의 슬로건(Slogan)이 있다. 바로 '쉽고, 재밌고, 알차게' 강의하는 것이다.

강의에는 대상이 존재한다. 그 대상에 맞는 강의를 해야 한다. 강의 속 과한 전문용어와 외래어들은 방해꾼이 될 뿐이다. 강사가 아무리 지식수준이 높고 학벌이 좋다 해도 그 강의는 열에 아홉은 망한다. 대학 시절 전공 과목 교수님들의 수업 시간을 떠올린다면 모두가 고개를 끄덕일 것이다. 듣기 쉬운 강의는 질과 수준이 낮은 것이 아니라 대상에게 맞는 강의를 뜻한다. 이는 내가 강사로서 가지고 있는 가장 기본적이 마인드 셋이다.

대상에게 맞는 쉬운 강의를 준비했어도 재미가 없다면 금방 시들해진다. 인간이 가장 신나고 즐거울 순간 중 하나가 자신의 이야기를 할 때라고 한다. 그러니 아무리 좋은 강의라도 남의 이야기를 '경청'하는 것은 힘든 일이다. 그래서 강사에게는 유머와 재치가 필요하다. 전체 강의 중 20~30%는 유머로 넘겨주자. 그러나 그 이상 넘어가지 않도록 주의해야 한다. 그러기 위해서는 자료를 모아 분석하고 교안을 만드는 것 이상으로 많은 노력과 연습이 필요하다. 반복적인 시연을 통해 지식을 전달할 부분과 재미로 쉬어갈 부분, 재치 있게 다음 주제로 넘어갈 부분들을 명확히 인지하고 있어야 한다. '이 정도면 되겠지?'라는 마음으로 강의를 시작하면 새털처럼 가벼운 강의를 하는 우스꽝스러운 강사가 되어버린다. 강사는 아나운서도 희극인도 아니다. 강사는 균형을 잡아야 한다.

쉽고 재미있게 강의할 수 있게 되었다면 마지막으로 가장 중요한 부분이 남아있다. '알찬 강의'가 되어야 한다. 강의 내용이 토실토실한 알밤처럼 속이 꽉 차 있고 실속이 있어야 한다.

대형 입시학원의 사회과 강사였던 나에게 주어진 시간은 주 1회 50분이었다. 그 시간 동안 대단원 전체를 강의해야 했다. 보통 학교에서 4~5차시로 수업하는 분량이다. 나에게 주어진 50분이라는 시간 동안 학교보다 더 쉽고 재밌게 수업하면서 알차야 했다. 그러기 위해서 수십 개의 자료를 모아 나만의 교재를 만들었고 50분 중 단 1초도 허투루 보내지 않기 위해 쉬지 않고 연습했다. 20년이 지난 지금도 이 습관은 그대로 남아있다. 강의 자료를 폴더별로 모아 정리하고 교안을 만들어 놓는다. 그리고 적재적소에 사용할 수 있도록 끊임없이 시뮬레이션하고 연습한다. 나는 강의하는 시간보다 강의를 준비하는 시간이 훨씬 오래 걸리는 강사이다.

"선생님, 선생님이 설명을 해주시면 어려운 내용도 귀에 쏙쏙 들어와요. 진짜 신기해요."

자정이 지난 시간까지 하루 10시간 이상 강의하던 시절, 수업을 마치고 나오는 나에게 중학교 1학년 여학생이 쪼르르 달려와 선물처럼 전해 준 말을 잊지 못한다.

"코치님의 강의를 통해 코칭을 배우면서 또 다른 나를 만나게 되었어요. 드디어 새로운 세상의 문을 열게 되었습니다. 앞으로 저도 코치님처럼 많은 사람에게 희망을 주고 싶어요!"

작년 말, 코칭 교육을 통해 새로운 세상의 문을 여는 열쇠를 쥐게 된 교육생에게 받은 문자 내용이다. 오늘의 내가 내일로 나아갈 수 있게 해주는 원동력이다.

나의 강의 목표는 쉽고, 재밌고, 알찬 강의를 준비하는 '괜찮은 강사'가 되어 '괜찮은 강의'를 하는 것이다. 이를 위해 오늘도 외친다.

"쉽고, 재밌고, 알차게!"라고.

제3장 **적정한 방향성을 찾아라**

강의를 시작한 20대 무렵에는 청소년을 대상으로 한 입시 강의가 중심이었다면 코칭을 기반으로 강의하기 시작한 40대부터 지금까지는 성인을 주 대상으로 하고 있다. 초등학생부터 60대 성인까지 다양한 연령을 대상으로 강의하다 보면 '적정한 방향성'을 찾아 강의해야 하는 것이 중요하다.

입시학원의 경우 성적 향상이 가장 중요한 목표다. 강사는 교과의 전반적인 내용을 모두 숙지하고 분석해 핵심을 짚어낼 수 있어야 한다. 그리고 쇼맨십을 발휘해서라도 수강생이 집중해서 빠르게 암기하게 하는 것이 중요하다. 길고 지루한 설명은 아무 도움도 되지 않는다. 촌철살인 할 수 있는 핵심(Point)이 강조되어야 한다.

30대를 해외에 거주하며 재외 한인 학생을 대상으로 한글과 한국사를 강의했던 경험은 강의법에 대한 새로운 관점을 가져다주었다. 앞서 설명한 입시 위주의 촌철살인 식 강의는 언어의 장벽에 부딪혔다. 한국어가 익숙하지 않은 재외 한인 학생들에게 간결하고 핵심이 강조된 강의는 도움이 되지 않았다. 천천히 그리고 반복적으로 설명하는 것이 중요했다. 유독 한국어에 자신이 없는 아이들은 수업 시간 내내 주눅이 들어있었다. 발음이 어색해 단어를 잘못 말하거나 문장을 완성하지 못하는 경우가 많아 칭찬과 격려를 통해 자신감을 올려주는 것이 매우 중요했다.

40대 이후 상담과 코칭을 공부하며 성인교육의 비중이 높아진 지금은 또 다른 맥락의 강의를 해야 했다. 특히 전문가 양성 교육, 기업과 기관에서 강의 등은 다양한 분야의 전문직 종사자를 대상으로 하므로 사회 전반적인 분야를 폭넓게 바라볼 수 있는 관점이 필요하다. 이미 전문 강사로서 강의 경험이 풍부했지만 그럼에도 배움의 끈을 놓을 수 없었다. 청소년상담사 3급, 사회복지사 2급, KPC(Korea Professional Coach), DISC 전문 강사 과정, 부모코치사 강사과정, MTLC 학습 코칭 전문가 1/2급, 전문 코치 양성을 위한 기초/심화/역량 교육 FT 등 성인교육 전문가로 필요한 과정들을 수료했고 참관과 시연을 거쳐 가며 지금도 끊임없이 배우고 성장하고 있다.

20대에 시작 해 50대를 바라보는 지금까지 여러 분야에서 다양한 학습자를 대상으로 강의하며 공통으로 가져야 할 필수 요소가 있다면 '상호 교류'하는 과정이다. 코칭에서 상호 교류는 경청과 질문을 통해 이루어진다. 강의도 마찬가지다. 강사는 강단에 올라간 순간부터 모든 것을 경청해야 한다. 끊임없이 집중하고 관찰하지 않으면 한순간에 강의의 흐름이 무너지고 공기의 온도는 차갑게 내려간다. 오감을 열어 대상의 욕구를 파악할 수 있어야 한다. 이것이 바로 '적극적 경청'이다. 경청이 시작되면 질문은 자연스럽게 이어진다. 나열식 강의에서 벗어나 상호 교류하는 강의가 시작된다. 물론 질문에는 기술이 필요하다. 닫힌 질문과 열린 질문, 사실과 생각을 물어보는 질문, 마음을 여는 질문 등 질문에도 종류와 방법이 다양하다. 그러나 정해진 시간 안에 자연스럽게 질문을 통해 대답을 유도하는 과정이 쉬운 일은 아니다. 유연하게 질문하는 방법을 찾는다면 질문 목록을 만들어 스스로 묻고 답하는 셀프 강의를 해보는 것을 제안한다. 큰소리로 연습하고 녹음한 후 셀프 피드백까지 한다면 금상첨화다.

처음부터 완벽한 강의를 할 수 있는 강사는 없다. 대부분 긴장해서 어설픈 강의를 하고 후회한다. 그러나 경험과 연차가 쌓이고 나면 처음과 같은 강의를 하는 강사는 없다.

쉽고, 재밌고, 알차게 강의하고 싶은가?
그렇다면 끊임없이 배우고, 준비하고, 연습하라!

제4장 **삼박자를 맞춰라!**

몇 년 전, 학교와 공공기관의 청소년을 대상으로 진로 및 직업 체험 강의를 하는 기관에서 교육팀장으로 근무했었다. 이 무렵 잠시 강의를 쉬어가며 코칭과 상담을 공부하고 있었는데 이후 해당 기관을 통해 강의 현장으로 복귀하게 되었다.

코칭을 주력으로 하는 기관이다 보니 이곳에서 만난 강사들은 대부분 강의 경험이 없었다. 출산과 육아로 경력 단절 후 새로운 인생에 도전하는 사람, 피아노 원장에서 전문 강사로 도전한 사람, 상담을 공부하다 우연한 기회에 강의하게 된 사람 등 강사로 제2의 인생에 도전하는 분들이었다. 그러다 보니 강의 교육을 받고 시연까지 마친 후에도 막상 학교 현장에 출강하는 날이 다가오면 불안하고 자신 없는 모습이 역력했다. 이런 상황에서 나는 교육팀장으로 근무하며 강사 교육 업무를 맡게 되었다.

강사 교육 시 가장 중점을 두었던 핵심 사항들을 정리해 보면,

첫째, 강사는 강단에 서기 전에 반드시 모든 강의안을 숙지해야 한다. 숙지라는 것은 단순히 내용을 이해하는 것이 아니다. '익숙하고 충분하게' 알고 있어야 한다는 의미다. 예를 들어, 프레젠테이션 수업의 경우 장표를 넘기기 전에 다음 내용이 떠올라야 한다. 그래야 유연하게 장표와 장표 사이를 연결할 수 있고 유연함이 생기면 긴장감이 줄어들어 호흡이 편안해지고 자신감이 생긴다. 만약 이런 과정이 준비되지 않은 채로 강의가 시작되면 아무리 풍부한 강의안을 만들었어도 불안하고 힘든 강의가 된다.

둘째, 이를 위해 리허설은 필수다. 강의 시연을 준비하며 종종 마음속으로 리허설을 준비했다고 하는 강사들이 있다. 백발백중 첫인사부터 목소리가 떨려오고 시선은 바닥을 향해 있다. 설명이 끝나지도 않았는데 이미 장표는 다음 페이지로 넘어가 있다. 강의는 허둥지둥하다 흐지부지 끝나고 다시 강의에 오를 생각을 하면 식은땀이 날 것이다. 리허설은 반드시 목소리 크기와 톤, 시선 처리, 동선까지 실제와 똑같이, 여러 번 반복적으로 해야 한다. 이렇게 준비해 온 강사들은 시연을 시작할 때는 긴장하지만 점점 자신감 넘치는 태도로 바뀐다.

교육팀장으로 재직하는 동안 피아노 원장으로 평생을 살아오며 누구보다 아이들을 사랑하는 코치님을 만나게 되었다. 처음으로 학교에 출강하는 날, 이른 아침부터 긴장한 모습으로 수업을 준비하셨다. 그러나 걱정에도 불구하고 자신감 넘치는 몸짓과 목소리, 매끄러운 시선 처리로 준비한 내용을 막힘없이 진행하는 모습을 볼 수 있었다. 후일담을 들어보니 수

업 전날 빈 거실을 교실 삼아 실제 강의라 생각하며 큰소리로 리허설을 반복했다고 한다. 그렇게 준비된 강의로 포문을 열었던 코치님은 이제 전문 강사로 자리매김하며 역량을 높이고 있다.

셋째, 강의를 마치면 '셀프 피드백(Self-feedback)'이 진행되어야 한다. 셀프 피드백은 강사로서 본인의 모습을 제대로 바라볼 수 있는 중요한 방법이다. 몇 년 전 함께 강의하던 강사가 식사하는 자리에서 "아이들은 사탕만 주면 좋아하더라고요. 사탕 줘가며 수업하니 강의도 별거 아니네요." 라며 동료 강사와 대화하는 모습을 보게 되었다. 마침, 나는 그 강사의 강의를 참관했고 내용 숙지도 제대로 안 돼 있는 모습에 황당하던 참이었다. 실제 본인의 모습을 제대로 바라보고 부족한 부분을 채워나가지 않는다면 소리만 요란한 빈 수레와 같다. 성장과 변화를 추구하는 내실 있는 강사가 되고 싶다면 셀프 피드백을 해보자!

이렇게 내용을 숙지하고, 리허설을 반복하고, 셀프 피드백까지 삼박자가 맞춰지면 두렵고 불안한 마음은 멀어지고 즐겁고 행복한 마음이 다가온다. 이러한 과정을 최소 3년가량 꾸준하게 해나가면 전문 강사로 거듭날 수 있다.

그러나 위기는 있다. 최근 한 방송에서 서울대 교수의 인터뷰를 보게 되었다. 사회자가 교수에게 제일 힘들었던 강의가 무엇인지 묻자, 중학생 강의가 가장 힘들었다며 아무도 자신을 쳐다봐 주지 않았다고 답했다. 나는 이 인터뷰를 보며 크게 공감했다. 사춘기 청소년을 대상으로 한 강의는 준비한 대로 진행되는 경우가 거의 없다. 포탄이 날아다니는 전쟁터에서 강의하는 것만큼 어렵 다해도 과언이 아니다. 그래서 많은 초보 강사가 강의 후에 좌절감을 느낀다. 그러나 아직 좌절과 절망은 이르다. 전문 강사가 명심해야 할 것은 '현장 경험'이다. 학교와 기관, 학원 등 다양한 장소에서 다양한 청소년들을 만나고 끊임없이 도전해야 한다. 어느 순간, 준비한 수업을 당황하지 않고 해낼 수 있게 되면 그때부터 아이들과 통(通)할 수 있다.

몇 년 전 지방 소도시 공업고등학교에 진로 특강을 가게 되었다. 지역 특성상 많은 학생이 공업단지에 취업하게 된다는 정보를 받았고 이에 맞는 강의를 준비했지만, 현실은 달랐다. 공업단지 취업 외에는 다른 미래가 존재하지 않는 아이들, 그조차도 취업이 불가해 이미 배달 아르바이트나 단순노동을 하는 아이들은 스스로 희망을 접은 듯했다. 이른 아침 교실 문을 열고 들어가 수업을 준비하는 몇 분간 단 한 명의 학생도 나에게 눈길을 주지 않았다. 비어 있는 책상 몇 개를 제외하고 전원이 모두 책상에 머리를 숙이고 숙면하고 있었다. 이 아이들과 함께 오늘 하루를 보내야 한다고 생각하니 내 마음에도 절망과 좌절이 차오르기 시작했다. 그러나 나는 20년 차 전문 강사다. 이 다짐과 동시에 오히려 밝은 표정과 따뜻한 미소로 인사를 건넸고 몇몇 아이들이 머리를 들어 주었다. 휴... 다행이다. 시선을 마주한 아이들을 중심으로 아이스브레이킹이 시작되었다. 마침, 전날 저녁 국가 대항전 축구 경기가 있었고 밤새 축구 보느라 매우 피곤하겠다며 대화를 시작하니 남학생들로 가득한 교실이 하나둘 잠에서 깨어나기 시작했다. 가장 좋아하는 선수가 누구인지, 어제 경기는 왜 패배한 것 같은지, 상대 국가는 실력이 어떤지 등 나의 쏟아지는 축구 질문에 아이들은 조금씩 입을 열기 시작했다. 패배의 열 받음을 욕설로 뱉어내며 흥분하는 아이들을 혼내기보다 적당한 비속어를 섞어 반응을 해주니 점점 눈빛이 반짝거리는 아이들이 늘어났다. 그리고 선생님이 서울에서 몇 시간 동안 KTX를 타고 내려와 너무 힘들다고 푸념하자 자신들이 더 힘들다며 신세 한탄과 함께 마음속 이야기를 꺼내기 시작했다.

그날 나는 준비한 수업을 절반도 진행하지 못했다. 그러나 이렇게 재미있는 수업은 고등학교 올라와 처음이었다는 아이들의 피드백을 듣고 행복한 마음으로 수업을 마칠 수 있었다. 배달 아르바이트가 새벽에 끝나 1, 2교시 내내 엎드려 자다 깨기를 반복하던 아이가 있었다. 잠이 깨자 이미 자신의 인생은 끝났다는 한탄과 함께 가장 불량한 태도를 보였던 아이는 모둠수업이 시작되자 커다란 손으로 조그만 크레파스를 쥐고 누구보다 열심히 전지 위에 나무를 그리고 꽃밭을 색칠했다. 쉬는 시간까지 반납하며 작품을 완성한 후 제일 먼저 발표까지 했다. 그리고 마지막 교시가 끝나자, 교단 앞으로 나와 나에게 악수를 청했다. "선생님, 오늘 진짜 끝내줬어요!" 나 역시 힘차게 손을 잡으며 "오늘 수업에서 네가 최고였어! 열심히 참여해 줘서 고마워!"라고 말해주었다. 활짝 웃으며 큰소리로 "감사합니다. 선생님!"하고 외치던 그 친구의 모습이 아직도 기억에 선하다. 이날 아이들은 절망이 아닌 희망이었다.

그 희망을 만나고 싶다면 두려워하지 말고, 부딪혀라.
그리고 강의하라!

제5장 **꿈은 이루어진다**

　(사)한국코치협회는 '모든 사람은 창의적(Creative)이고, 완전성을 추구하고자 하는 욕구(Holistic)가 있으며, 누구나 내면에 자신의 문제를 스스로 해결할 수 있는 자원을 가지고 있다(Resourceful)고 믿는다.'라는 코칭의 철학을 배경으로 '개인과 조직의 잠재력을 극대화하여 최상의 가치를 실현할 수 있도록 돕는 수평적 파트너십'이라고 코칭을 정의한다.

　나는 코칭을 통해 모든 사람이 자신의 문제를 스스로 해결할 수 있고 이를 통해 최상의 가치를 실현할 수 있다고 믿는다. 그리고 코치는 사람들이 코칭을 통해 이를 구현할 수 있도록 돕는 수평적 파트너이다. 유능한 강사로 살면서 채워지지 않았던 성장과 변화, 나눔과 채움이라는 삶의 가치를 코치로 살아가며 풍요롭게 채워지고 있음을 느낀다. 그리고 지금의 나는 '강의하는 코치'로 살아가고 있다.

2023년 7월, 뜻이 맞는 몇 명의 코치들과 함께 블로그를 개설하고 무료 특강을 시작했다. 그리고 전문 코치를 꿈꾸는 분들을 위한 다양한 모임을 만들었다. 이렇게 '꿈이룸코칭센터'가 태어났다. 이런 과정에서 많은 분의 응원과 지지를 받아 코치 양성 교육이 시작되었고 DISC 전문 강사 과정, 부모코치사 강사과정을 개설했다. 학교, 종교기관, 지역사회, 공기업 등의 외부 강의로 강사들의 일자리를 창출하는 성과도 있었다.

2024년 7월, 1주년을 맞아 워크숍 및 기념행사를 개최했으며 12월 송년회로 한 해를 마무리하는 감사의 순간을 맞이할 수 있었다. 또한 '기부 코칭'을 통해 새로운 기부 문화의 확산을 목표로 수익금의 일정 금액을 자립 청소년을 돕는 '아름다운 작당' 모임에 기부하고 있다. 이를 통해 더불어 살아가는 '사회적 연대'를 구현하고자 한다. '꿈이룸코칭센터'는 개인의 성장과 변화를 통해 모두의 꿈과 목표를 구현하고자 앞으로도 꾸준히 전진할 것이다.

그리고 두 번째 발걸음을 내딛게 되었다. 2025년 1월, '꿈이룸학습센터'를 개원하며 꿈을 이룰 수 있는 '공간'이 창출되었다. 교육과 코칭, 상담을 통해 자신이 좋아하고 잘하는 것이 무엇인지 스스로 발견하고 이를 통해 성장과 변화할 수 있다는 믿음으로 태어난 공간! 이곳에서 교육과 코칭의 콜라보를 통해 모두의 성장과 변화를 이루어 보고자 한다.

- 나는 지름길이 아닌 '진심길'을 향해 갑니다.
- 나는 코치로서 모두의 '변화와 성장'을 응원합니다.

- 나는 사회적 연대를 위한 '기부 코칭'을 이어갑니다.

'나는 모두의 꿈을 이루기 위해 강의하는 이룸코치 신혜섭입니다.'

'같이'의 가치 - 꿈을 설계하다

양혜숙
CS 파트너, 같이의 가치

제1장 **강사로서의 자기 이해**

10년 동안 워킹맘으로 바쁘게 일하며 온 마음을 다해 열정을 쏟았지만, 건강 문제로 인해 갑작스레 일을 그만둬야만 했다. 그 순간, 가던 길은 멈춰버렸고, 동시에 내 삶도 멈춘 것만 같았다. 모든 것이 흔들리는 순간이었다. 여러 일이 겹치면서, 힘듦을 견뎌야만 했다.

마음 한편이 텅 비어버린 느낌이었다, 어디에도 소속되지 않은 신분이라는 사실은 나를 더욱 힘들게 했다. 몸이 좋지 않았기에 우울한 감정은 깊어져만 갔다. '아이들에게 당당한 엄마인가'라는 생각이 꼬리에 꼬리를 물고 이어졌다.

하루하루 무기력했던 시간을 뒤로하고, 작은 목표부터 설정하기 시작했다. 도서관에 가서 책을 꺼냈다. 책 한 장 한 장 넘기며, 글자에 집중했다.

새로운 지식이 쌓이며 마음속 한구석에서 희망이 조금씩 되살아났다. 교육을 찾아 듣기 시작했다. 환경을 바꾸고, 변화하기 위한 용기가 필요했다.

평생직장이라는 개념이 희미해진 현대 사회에서 나의 이름보다 '누구의 엄마', '누구의 아내'로만 살아가는 것이 당연하다고 생각했다. 이 당연함에 도전하기로 했다.

새로운 도약을 준비하면서 주변에서는 "경단녀가 무슨 강사를 하겠어?"라며 핀잔을 주거나, "그런 도전이 성공할 수 있을까?"라는 의심 어린 시선을 보내기도 했다. 친한 친구조차 "굳이 힘들게 새 출발 해야 해?"라며, 걱정 어린 말을 건네기도 했다. '소극적이고 수동적이며 경단녀(경력 단절 여성)인 내가 과연 할 수 있을까?'라는 물음표가 따라다녔다.

그러나 나의 내면에서 솟아나는 의지와 아이들에게 당당한 모습을 되찾고 싶은 열망은 나를 강사의 길로 이끌었다. 다들 '굳이'라는 말을 던질 때 나에게는 한 걸음 더 나아갈 용기가 필요했다. 그리고 보여주고 싶었다. 해내고 싶었다. 나 자신에게, 아이들에게, 그리고 세상에 내가 어떤 사람인지 증명하고 싶었다. 내 안에 있는 가능성을 믿었고, 실패에 대한 두려움보다 도전의 가치에 집중했다.

지금의 나는 강사로서의 삶을 선택한 것을 후회하지 않는다. 오히려 그 과정에서 얻은 배움과 성장은 나를 더 단단하게 만들었다. 이제 나는 다른 사람들에게도 꿈꾸고 도전할 수 있는 용기를 심어주고 싶다. 나의 이야기가 누군가에게 작은 희망의 씨앗이 되기를 바란다.

강사로서 나의 강점은 삶의 경험을 바탕으로 한 공감 능력이다. 건강 문제로 인해 일을 그만두고 어려운 시기를 겪으면서 사람들의 아픔과 고민을 더 깊이 이해할 수 있었다. 교육을 받으러 다니는 동안 같은 고민이 있는 여성들과 이야기를 나누며 서로를 격려했던 경험은 강의 중 학습자들의 감정을 공감하고 지지하는 데 큰 도움이 되었다.

학습 중 한 수강생이 눈물을 보이며 자신의 상황을 이야기했을 때, 나 역시 비슷한 감정을 겪었던 경험을 나누며 서로 위로하고 희망을 키울 수 있었다. 어려운 시기를 겪으면서 많은 사람의 아픔과 고민을 이해할 수 있는 시각을 가지게 되었다.

또한 변화와 도전을 두려워하지 않는 용기가 강사로서 나를 성장하게 하는 원동력으로 작용했다. 반면, 나의 약점은 새로운 환경에 적응하는 데 시간이 걸린다는 점과 때때로 자신감 부족으로 인해 위축되기도 한다는 것이다. 그러나 이러한 약점을 극복하기 위해 꾸준히 학습하고, 실전 경험을 쌓으며 보완해 나가고 있다.

나의 목표는 교육을 통해 다른 사람들에게 긍정적인 변화를 일으키는 것이다. 특히, 나와 같은 상황에 있는 여성들이 자신의 가치를 되찾고 다시 사회로 나아갈 수 있도록 돕는 역할을 하고 싶다. 이를 위해 강의 기술을 연마하고, 다양한 교육 프로그램을 개발하며, 지속적인 자기 계발에 힘쓰고 있다. 나아가 지역사회에서 여성의 재취업과 자립을 지원하는 네트워크를 구축하고, 실질적인 도움을 줄 수 있는 커뮤니티를 만들어 나갈 계획이다.

강사로서 스트레스 관리는 중요한 요소다. 나는 명상과 운동을 통해 심신의 안정을 유지하려고 노력하고 있다. 가벼운 산책을 통해 스트레스를 해소하며 새로운 아이디어를 떠올리곤 한다. 제주 오름, 특히 사라봉, 별도봉 오름을 오르며 깊게 숨을 들이마시고 잡생각을 버리는 시간을 통해 마음의 안정을 찾는다. 자연의 소리와 바람을 느끼며 스트레스를 정리하고 내면의 평화를 되찾는다. 명상과 운동을 통해 심신의 안정을 유지하려고 노력하고 있다. 가벼운 산책을 통해 스트레스를 해소하며 새로운 아이디어를 떠올리곤 한다.

나만의 시간을 확보하여 책을 읽거나 자연 속에서 휴식을 취하며 에너지를 충전한다. 이러한 자기 돌봄은 강사로서의 전문성을 유지하고, 학습자들에게 긍정적인 에너지를 전달하는 데 중요한 역할을 한다. 때로는 같은 업계의 동료들과의 네트워킹을 통해 서로의 고민을 나누고 해결 방안을 찾으며 함께 성장해 나가기도 한다.

강사로서 새로운 가치를 창출하고, 나 자신과 주변 사람들에게 더 나은 미래를 제시하고자 한다. 내가 걸어온 길이 쉽지 않았던 만큼, 작은 변화부터 시작해 보라. 매일 하나의 목표를 세우고 그것을 달성하는 경험을 쌓아가다 보면, 어느새 자신감을 되찾고 새로운 가능성을 발견하게 된다. 같은 길을 걷고자 하는 이들에게 용기와 희망을 전할 수 있기를 바란다. 자신과 주변 사람들에게 더 나은 미래를 제시하고자 한다.

나와 같은 길을 걷고자 하는 이들에게 용기와 희망을 전할 수 있기를 바란다. 작은 변화 하나가 예상치 못한 큰 성장으로 이끌 수 있다. 새로운 시작을 향한 용기가 얼마나 큰 변화를 꾀할 수 있는지 스스로 경험해 보길 바라며, 두려운 마음보다는 기대감을 품고, 도전의 첫발을 내딛기를 추천한다.

제2장 **교육 콘텐츠 개발**

현대 사회는 스마트 기기와 디지털 기술이 학습 환경에 깊숙이 스며든 시대다. 학습자들은 휴대전화, 유튜브, 챗GPT 같은 도구를 통해 언제 어디서나 다양한 정보와 강의를 접할 수 있다. 강사는 변화하는 시대에 맞춰 교육 콘텐츠를 끊임없이 개발하고 발전시켜야 한다. 학습자들이 몰입하고 참여할 수 있는 구조와 자료 활용 능력이 핵심이다.

강의는 학습자들의 관심과 집중을 유지하는 것이 중요하다. 성인의 평균 집중 시간은 8분에 불과하다. 8분마다 주의를 환기할 수 있는 지점을 활용하거나, 동영상 같은 시각 자료를 활용해 흥미를 유지해야 한다. 10분 강의 시 도입 1분 30초에서 주제를 소개하고, 본론 8분 동안 핵심 내용을 전달한 후, 결론 1분으로 마무리하는 구성이 효과적이다.

스토리텔링과 사례를 접목한 강의는 감정적 공감과 흥미를 유발할 수 있다. 사람들은 이야기를 통해 배우고, 공감대를 형성하며 더 오래 기억한다. 활용할 수 있는 사례는 나의 경험뿐만 아니라 타인의 경험, 언론 기사, 드라마, 영화 등 다양하다. 학습자가 강의 내용을 자신과 연결할 수 있다. 학습자들은 강사의 이야기를 통해 자신의 상황을 되돌아보고 용기를 얻는다. 이러한 사례는 학습자가 강의를 개인적 경험과 연결해 더 깊이 이해하도록 만든다.

학습 목표는 강의 방향성을 제시하고 성취감을 부여하는 기준이다. 목표는 SMART 원칙에 따라 설정해야 한다. 구체적(Specific)이고, 측정할 수 있으며(Measurable), 달성할 수 있고(Achievable), 주제와 관련성(Relevant)이 있어야 한다. 일정 내 성과를 확인할 수 있도록 시간 기반(Time-bound) 목표를 설정하는 것이 중요하다.

재취업을 준비하는 학습자가 4주 내 이력서 작성 및 면접 대비 능력을 강화한다.' 같은 구체적 목표는 학습자들에게 명확한 방향을 제시한다. 한 수강생은 목표 설정 이후 구체적 계획을 세우고 이를 성취해 자신감을 회복했다. 목표가 명확할수록 학습자들은 과정에 몰입하고 성과를 높인다.

강의 자료는 학습자의 이해를 돕고 강의 효과를 극대화하는 도구다. 디지털 기술이 발달한 시대에는 동영상, 이미지, 퀴즈, 게임 등을 적극 활용해야 한다. 시각적 자료는 학습자의 집중을 유지할 뿐만 아니라 내용을 쉽게 기억하도록 돕는다.

자료 제작 시 중요한 점은 강의 흐름에 맞춰 적절한 도구를 배치하는 것이다. 도입 부분에서는 강의 주제를 소개하는 인상적 이미지를 활용하고, 본론에서는 핵심 내용을 설명하는 동영상을 삽입하며, 결론에서는 요약된 메시지를 강조하는 퀴즈를 활용하는 방식이다. 8분마다 학습자의 주의를 환기하는 요소를 배치해 몰입도를 유지해야 한다. 한 강의에서는 동영상을 활용해 학습자들의 흥미를 끌고, 이후 퀴즈를 통해 내용을 복습하는 방식이 큰 효과를 발휘했다. 학습자들은 실습과 이론을 연결하는 능력을 키운다.

디지털 도구 활용은 현대 강의에서 중요한 역할이다. 유튜브, 구글 클래스룸, 줌 같은 온라인 플랫폼을 통해 실시간 강의와 녹화 강의를 제공할 수 있다. Kahoot, Mentimeter 등 인터랙티브 도구를 활용하면 학습자들이 실시간으로 참여하고 피드백을 받을 수 있다.

언론 기사, 드라마, 영화 등 다양한 콘텐츠를 활용해 학습자들이 현실과 연결되도록 돕는다. 감성지수(EQ)를 자극하는 콘텐츠는 학습자들의 공감을 끌어내고 강의 내용을 더 오래 기억하게 만든다. 드라마 속 장면을 예제로 활용해 상황 분석 능력을 키웠다. 학습자들은 드라마의 장면을 분석하며 실제 상황에 적용하는 능력을 길렀고, 실습 결과를 공유하며 학습 효과를 극대화했다.

강의 계획은 철저한 준비가 필요하다. 강의 계획서는 강의 일주일 전에 완성하고, 최종 강의안은 4일 전까지 수정 완료해야 한다. 강의 흐름, 자료 배치, 실습 계획 등을 사전에 점검해 변수를 최소화해야 한다. 시뮬레이션 과 실습 계획을 구체화해 현장에서 즉각 적용할 수 있는 강의를 준비해야 한다.

강사로서 지속 가능한 성장은 필수 요소다. 창업의 경우 1년 생존율이 50%에 불과하고, 10년 생존율은 10% 이하다. 강사도 이와 마찬가지로 경쟁력과 적응력이 없다면 도태될 수 있다. 지속적 성장을 위해서는 강의 능력뿐만 아니라 디지털 도구와 응용력 활용 능력을 강화해야 한다.

특히, 적재적소에 스팟, 동영상, 게임을 활용해 메시지를 전달하고 이야기를 부여하는 기술은 강사의 경쟁력을 높인다. 이러한 기술을 통해 강의 완성도를 높이고 학습자들에게 깊은 인상을 남길 수 있다. 교육 콘텐츠 개발은 학습자의 참여와 몰입을 유도하는 구조와 디지털 도구 활용 중심으로 발전해야 한다.

스토리텔링과 게임 요소를 접목해 학습자들의 감성을 자극하고, 변화하는 학습 환경에 대응하는 유연성을 갖춰야 한다. 철저한 사전 준비와 명확한 목표 설정을 통해 강의 완성도를 높이고, 학습자들에게 긍정적 변화를 제공하는 강의로 자리매김해야 한다.

제3장 **학습자 중심의 접근**

강의의 성공은 학습자의 경험과 참여에 달려 있다. 강사가 학습자를 중심으로 생각하고, 그들의 요구와 기대에 부응하는 방향으로 강의를 설계할 때 강의의 영향력은 배가된다. 학습자들은 각기 다른 배경, 학습 스타일, 필요성을 가지고 있다.

어떤 학습자는 강의 도입부부터 강사의 한마디도 놓치지 않으려는 자세로 앞자리에서 집중하고, 또 다른 학습자는 수동적 태도로 뒷자리에서 시간을 보내며 의무적으로 강의를 듣는다. 강사는 이러한 다양한 학습자들을 파악하고 이해해야 한다.

첫 대면에서 학습자의 눈빛, 자세, 반응을 통해 각각의 태도와 참여 수준을 평가하는 것은 강사의 중요한 역할이다. 이를 기반으로 강의 내용을 조정하고 적절한 상호작용을 설계해야 한다. 학습자가 강의를 통해 무엇을 얻고자 하는지 파악하는 것은 맞춤형 학습 경험을 제공하기 위한 첫걸음이다. 학습자 개개인의 필요를 반영한 강의는 그들의 몰입과 만족도를 높인다.

학습 동기와 목표를 명확히 설정할 수 있도록 구체적인 사례와 실생활에 적용할 수 있는 내용을 포함한다. 한 강의에서는 "이 교육을 통해 어떤 변화를 기대하십니까?"라는 질문을 던지며 학습자들의 목표를 구체화하고, 이를 통해 강의 내용을 학습자의 기대와 연결했다. 이러한 질문은 학습자들이 강의의 필요성을 인식하게 하고, 더 깊이 참여하도록 돕는다.

강의 현장에서 학습자의 동기와 참여를 끌어내려면 강사의 순발력과 창의력이 필요하다. 학습자들이 흥미를 느낄 수 있는 이야기나 질문으로 시작하여 그들의 관심을 끌고, 교육 중간에 참여형 활동이나 소통을 유도하는 기법을 활용한다. "이 자리에서 여러분이 생각하는 가장 큰 도전은 무엇인가요?"라는 질문을 던지며 학습자들이 스스로 문제를 정의하고 해결 방안을 고민하도록 독려할 수 있다.

또한, 강사는 학습자들 간의 협업을 촉진하는 역할을 해야 한다. 그룹 활동이나 토론을 통해 학습자들이 서로의 아이디어를 공유하고, 다양한 관점을 접할 수 있도록 돕는다. 이러한 과정은 학습자들의 사고를 확장하고, 실생활에서 적용할 수 있는 해결 능력을 키우는 데 이바지한다. 한 강의에서는 팀별 문제 해결 활동을 통해 학습자들이 서로의 관점을 존중하

며 협력하는 경험을 쌓았다. 이 활동은 학습자들 간의 유대감을 높이고, 강
의 내용을 더욱 효과적으로 전달하는 데 도움을 주었다.

학습자 중심의 강의는 학습자들에게 지식 전달 이상의 가치를 제공한
다. 강의를 통해 자신감을 회복하고, 새로운 가능성을 발견하며, 목표를 설
정하는 과정을 경험하게 한다. 특히, 강사는 학습자의 잠재력을 끌어내며
그들과 함께 성장하는 멘토로 자리매김해야 한다. 학습자들은 강의를 통
해 자신에게 맞는 해결책을 찾아내고, 이를 실생활에 적용하며, 나아가 자
기 효능감을 높일 수 있다.

학습자가 학습 환경에서 심리적 안정감을 느끼는 것도 중요하다. 강사
는 학습자 개개인의 고민을 들어주고, 지지와 공감을 통해 강의에 대한 긍
정적인 태도를 끌어내야 한다. 한 학습자는 강의 중 자신의 어려움을 털어
놓으며 울음을 터뜨렸고, 공감 어린 조언과 사례를 나누며 학습자가 용기
를 얻을 수 있도록 도왔다. 이러한 순간은 단순한 강의 전달을 넘어 학습자
와 강사 간의 깊은 연결을 형성한다.

강의는 학습자들의 삶에 긍정적 변화를 만드는 기회다. 강의가 끝난 후
에도 학습자들이 지속해서 학습을 이어가도록 동기를 부여하고, 강의 내
용을 복습하거나 실습해 볼 수 있는 자료를 제공하는 것은 강사의 중요한
역할이다. 추가적인 학습 자료나 토론 주제를 제공하여 학습자들이 스스
로 학습 여정을 이어가도록 돕는다.

강사는 또한 피드백을 통해 학습자의 성장을 돕는 역할도 해야 한다. 구체적이고 건설적인 피드백은 학습자들이 자신감을 얻고, 부족한 부분을 개선하는 데 큰 도움을 준다. 피드백 과정에서 학습자의 장점을 강조하며 긍정적인 메시지를 전달하는 것도 중요하다. 이러한 과정은 학습자들이 더 나은 성과를 위해 노력하도록 동기를 부여한다.

학습자 중심의 강의는 그들의 요구와 기대에 부응하며, 강의를 통해 성장하고 변화할 기회를 제공하는 데 초점을 맞춰야 한다. 강사는 학습자들의 멘토이자 동반자로서 성장과 성공을 돕는 역할을 해야 한다. 학습자들이 강의를 통해 새로운 목표를 세우고, 자신만의 가능성을 발견하며, 긍정적인 변화를 만들어 나가도록 지원하는 것이 강사의 가장 중요한 임무다.

제4장 **강의 운영의 실체**

"항상 가수가 무대에 선다는 마음으로 준비하고 강의한다."

운영 중인 교육 서비스인 'CS 강의'를 할 때 항상 이런 마음가짐으로 임한다. 단순히 하나의 과정이라고 생각할 수도 있지만, 좋아하는 일을 오랫동안 하고 싶은 마음에 가수가 무대를 준비하듯 강의에 최선을 다한다.

강사로서 가지는 태도와 가수가 무대에 서기 전 준비하는 모습에는 몇 가지 공통점이 있다. 이는 앞서 1장에서 다룬 '강사로서의 자기 이해'를 실천으로 옮기는 과정이기도 하다.

첫째, 강사와 가수의 '콘셉트'

가수는 무대마다 자신만의 콘셉트에 맞춘 의상을 준비한다. 강사도 마찬가지다. 강의할 때는 보이는 모습이 깔끔함을 유지할 수 있도록 세심히 신경 쓴다. 강사가 학습자들에게 신뢰를 주기 위해 본인의 외모와 태도를 관리하는 것은 매우 중요하다. 이는 2장에서 언급한 '교육 콘텐츠의 비주얼 요소'와도 일맥상통한다.

둘째, 강의 내용 준비

가수는 공연할 곡과 안무를 철저히 준비한다. 그들은 연습을 통해 어떤 무대에서도 자신감 있게 공연한다. 강사도 강의의 기대효과를 달성하기 위해, 필요한 내용을 철저히 준비한다. 이론과 실습을 아우르는 강의 문서를 제작한다. 학습 자료와 교재를 작성한다.

강의 후 제공할 보조 자료를 제작한다. 학습자들의 수준과 관심사를 반영하여 교육 자료를 맞춤 제작한다. 강의 내용을 체계적으로 준비하며, 교육이라는 무대에 설 준비를 한다.

이는 2장에서 강조한 'SMART 목표 설정'과 강의 자료 활용 원칙을 실질적으로 구현하는 과정이다. 학습자가 자신의 강의 목표를 달성하도록 돕는 체계적 준비는 강사의 기본자세다.

셋째, 리허설

준비한 내용만으로 모든 무대가 완벽할 수는 없다. 공연 장소와 관객의 특성에 맞춰 세부적인 준비가 필요하다. 강의도 마찬가지다. 예상과 다른 환경에 직면할 때가 많다. 학습자의 수, 학습자들이 기대하는 결과, 학습자의 태도, 교육 환경 등에 따라 달라진다.

리허설은 이런 변수들을 미리 점검하고 대비하는 중요한 과정이다. 강의 도중 발생할 수 있는 돌발 상황을 최소화하고 학습자들에게 안정감을 줄 수 있다. 이 과정은 3장에서 다룬 '학습자 중심의 접근'을 더욱 구체화한 실천 방안으로 볼 수 있다. 무대에서 많은 사람의 주목을 받는 것은 가수에게도 강사에게도 긴장되는 일이다. 이 긴장을 극복하기 위해, 필요한 것은 철저한 준비다. 강의 시작 전에는 먹는 것을 자제하며 말하기에 불편함이 없도록 준비한다. 강의를 시작하면 학습자 모두가 높은 만족도를 느낄 수 있도록 노력한다.

준비된 교육 내용을 체계적으로 전달한다. 질문에 대해 명확한 안내를 한다. 학습자의 어려움을 세심히 살핀다. 학습자의 반응을 주기적으로 확인하며 강의 속도를 조정한다.

강사는 학습자들이 강의 내용을 실생활에 적용할 수 있도록 구체적인 사례와 활용 방안을 제공한다. 이러한 과정에서도 항상 아쉬운 점은 발견된다. 강의가 끝난 뒤 이를 다시 점검하며 다음 강의를 준비한다. 학습자들의 피드백을 기반으로 개선하는 3장의 학습자 중심 접근법과 연결된다.

강의 중 예상치 못한 상황이 발생할 수 있다. 이럴 때는 학습자의 요구와 강의 환경을 빠르게 파악하여 유연하게 대처해야 한다.

질문이 많아 시간이 부족할 때는 핵심 내용 위주로 정리한다. 기술적 문제가 발생할 경우, 대체 자료를 활용한다. 학습자의 집중도가 낮을 때는 분위기를 환기하는 방법을 사용한다.

위기관리 능력은 강사가 자신의 전문성을 보여줄 기회이기도 하다. 문제 상황을 해결하는 능력은 학습자의 신뢰를 얻는 데 중요한 요소다. 3장에서 언급된 '학습자와의 상호작용'을 실제로 적용하는 단계다.

세상에는 많은 강사와 가수가 있지만, 모두가 대중의 관심과 사랑을 받는 것은 아니다. 자기 일을 진정으로 좋아하고, 그 일에 최고가 되기 위해 노력하며, 주어진 기회에 최선을 다하는 사람들이 성공할 가능성이 높다. 강의 후 학습자들의 피드백을 철저히 분석하고 개선점을 도출하여 다음 강의에서 더 나은 모습을 보여줄 수 있도록 노력한다. 학습자들의 피드백 중 빈번히 언급된 점이나 요청 사항을 중심으로 강의 내용을 수정하거나 보완한다.

또한 강의의 성과를 구체적으로 측정하여 차후 개선에 활용한다. 학습자 설문조사를 활용하여 강의의 강점과 약점을 파악한다. 강의에서 전달된 핵심 내용을 학습자들이 얼마나 적용했는지 확인한다. 피드백을 반영하여 교육 프로그램을 업데이트한다.

이 과정은 2장에서 제시한 '교육 콘텐츠 개선'과 3장의 '학습자 맞춤형 피드백'의 연장선에 있으며, 강의 품질을 지속해서 높이고 교육안에서 소중한 인연을 오래도록 이어가길 기대한다. 강의는 학습자의 삶에 긍정적인 변화를 일으키는 도구가 되어야 한다.

제5장 **강사로서의 경영 전략**

강사로서의 비즈니스는 사람들과 연결되고 새로운 가치를 창출하는 여정이다. 처음 강사로 활동을 시작했을 때, 불러주는 곳조차 없었다. 누군가 어떤 일을 하냐고 물어봤을 때도 제대로 대답할 수 없었고, 자신감도 부족해 "할 수 있다."라는 말을 쉽게 꺼내지 못했다.

하지만 이제는 뭐든 할 수 있다는 마음가짐으로 성실히 노력하며, 당당히 대답할 수 있게 되었다. 기혼자이자 육아를 병행하며 경력 단절 여성이라는 이미지는 사회적으로도 쉽게 극복하기 어려운 부분이었다. 하지만 10년 동안 1,000회 이상의 강의를 진행하며 경험을 쌓다 보니, 그 모든 약점이 오히려 나만의 강점으로 변했다.

세상은 끊임없이 변하기 때문에, 꿈을 향해 멈추지 않고 나아가는 것만

이 성공으로 가는 길임을 배웠다. 포기하지 않고 끝까지 노력하면 결국 자신만의 무기가 만들어지기 마련이다.

비즈니스 모델의 첫걸음은 나에 대해 명확히 정의하는 것이었다. 강사로서의 첫 프로젝트를 맡았을 때 내 능력과 한계를 철저히 분석했다. 그 과정에서 나만의 강점이 무엇인지, 그리고 이를 어떻게 효과적으로 전달할 수 있을지를 구체적으로 고민했다.

이 경험을 통해 나의 핵심 가치를 발견하고, 고객과의 첫 만남에서부터 신뢰를 쌓을 수 있었다. 내가 왜 이 일을 해야 하는지, 그리고 이 일이 내게 어떤 의미인지에 대한 고민에서 출발했다. 고객이 누구인지, 그들이 무엇을 필요로 하는지 하나씩 파헤치다 보니 자연스럽게 내가 해야 할 일이 선명해졌다. 단순히 브랜딩의 시작일 뿐 아니라, 지속 가능한 비즈니스를 만드는 중요한 발판이 되었다.

사람들은 누군가를 떠올릴 때 두 가지를 궁금해한다. 첫째는 '그 사람은 어떤 직업이나 역할을 가지고 있는가?'이고, 둘째는 '그 사람은 어떤 성격이나 이미지를 가지고 있는가?'다. "그 사람 누구야?" 그리고 "그 사람 어떤 사람이야?"라는 이 두 질문에 대한 답이 명확히 떠오르지 않는다면, 브랜딩은 실패한 것이라고 할 수 있다.

누군가를 떠올렸을 때 직업이나 역할이 바로 떠오른다면, 그 사람은 자신의 정체성을 잘 확립한 것이다. 그리고 "그 사람 어떤 사람이야?"라는 질문에 신뢰나 성실함, 유쾌함과 같은 긍정적인 이미지를 남길 수 있다면, 그 사람은 감정적으로도 강렬한 인상을 주는 것이다.

브랜딩의 핵심은 이 두 가지 질문에 답을 명확히 제공하는 데 있다. 사람들에게 내가 어떤 사람인지 머릿속에 떠오르게 하고, 나와 함께 일하고 싶다는 마음을 품게 만드는 것이다. 하지만 현실은 단순히 나의 현재 모습을 드러내는 것만으로는 부족하다. 가진 데이터와 성과로 신뢰를 쌓고, 내가 이 분야에서 쓸모 있는 사람이라는 걸 증명해야 한다. 또한, 고객의 가슴에 감동을 남길 수 있는 메시지를 전달하는 것도 중요하다.

이를 실행하기 위해서는 디지털 마케팅과 콘텐츠 제작이 필수적이다. 블로그를 활용해 나의 강의 주제를 공유하거나, 슬라이드쉐어 같은 도구를 통해 강의 자료를 공개하는 방식이 효과적이었다. 기존 고객사와의 관계를 신뢰로 유지하며, 협력사와의 협업을 통해 새로운 기회를 창출할 수 있다.

강사로서의 성공은 지식을 전달하는 것에서 끝나지 않는다. 한 교육생은 처음에 자신감이 부족해 자신의 가능성을 믿지 못했지만, 꾸준한 멘토 역할과 지원을 통해 취업에 성공하며 새로운 커리어를 시작했다. 강사가 사람들의 인생에 긍정적인 변화를 만들어 낼 수 있음을 보여준다.

멘토 역할을 진행하며 매주 정기적인 1:1 상담을 통해 교육생들이 구체적인 목표를 설정하고 이를 달성할 수 있도록 도왔다. 교육생들은 자신감과 역량을 키우며 각자의 길을 개척할 수 있었다. 그 결과, 그들 중 몇몇은 취업에 성공하거나 새로운 도전을 시작하며 좋은 일들을 해내기 시작했다.

이런 순간마다 누군가에게 선한 영향력을 미칠 수 있디는 사실에 뿌듯함을 느낀다. 강의 후 피드백을 적극적으로 수렴하고, 각 고객사의 니즈에 맞춘 맞춤형 접근을 통해 높은 만족도를 유지하는 것이 중요하다. 또한, 멘토 역할을 통해 후배 강사들을 양성하며, 나 자신도 성장하고 네트워크를 확장할 수 있다.

리더의 역할도 중요하다. 프로젝트를 진행하며 팀원들과의 협력을 통해 강의의 방향성을 명확히 설정하고, 고객사의 요구를 효과적으로 반영한 사례가 있다. 명확한 비전을 제시하고, 팀원과 고객 모두에게 신뢰를 줄 수 있는 리더십을 발휘하며, 변화하는 환경 속에서도 자기 계발을 게을리하지 않는 자세가 필요하다. 이러한 노력은 브랜드로 만들어 가는 데 있어 필수적인 요소다.

강사로서의 길은 나 자신을 끊임없이 성장시키고 브랜드로 만들어 가는 과정이다. 청중 한 명 한 명의 삶에 긍정적인 변화를 만들어 가며, 그들의 성장 속에서 나 역시 함께 성장하는 과정을 통해 진정한 보람을 느낀다. 이러한 일정 속에서 얻은 신뢰와 감동은 나에게 가장 큰 자산이다.

처음 강의를 시작했을 때, 작은 지역 행사에서 단 몇 명을 대상으로 진행했던 강의가 지금은 최대 500명 이상이 참석한 대규모 행사로 확대된 경험이 이를 잘 보여준다. 한 행사에서는 열 명 남짓한 소규모 청중 앞에서 강의를 시작했지만, 그 강의가 입소문을 타면서 이후 비슷한 주제로 대규모 기업 행사에 초청받았다.

그 여정 속에서 매 순간 배운 점들을 나만의 방식으로 녹여냈고, 강의 내용이 더욱 풍부해지고, 청중의 마음에 깊은 인상을 남길 수 있었다. 내가 누구인지, 어떤 사람인지에 대한 명확한 정체성을 가지고 끝까지 포기하지 않고 나아간다면, 누구나 자신만의 무기를 가진 강사로 자리 잡을 수 있다.

'생각하게 하는 것'이 진짜 변화의 시작

염선임

심리발달 치료성장 멘토 행복한 진달래

제1장 아동 심리 발달 치료사에서 강사로, 나를 이해하고 나누는 법

나의 성장 여정의 시작

나의 사명은 정신건강이 필요한 사람들에게 소통, 유연성, 자기 확신을 바탕으로 가치 있는 삶을 살도록 돕는 것이다. 이 사명은 내 삶의 중심이자, 내가 강의하거나 상담을 진행할 때 가장 중요한 기준이 된다. 내가 강사로서 추구하는 가치 세 가지는 진정성, 소통, 긍정적인 변화다. 18년 동안 현장에서 치료사로 일하며 발달장애 아동과 그들의 가족, 그리고 정신건강을 위해 노크하는 내담자들을 만날 때는 '사람은 언제나 변화할 수 있다.'라는 믿음을 바탕으로 한다. 비장애, 발달장애, 경계선 지능 장애 등 다양한 대상자와 그 가족을 만나면서, 하나의 중요한 교훈을 얻었다. 바로 '생각하게 하는 것'이 진정한 변화의 시작이라는 점이다. 요즘 우리는 인공지능의 도움을 받으며 생각하지 않고도 많은 일을 할 수 있는 시대에 살고 있다. 하지만 학교, 가정, 일상에서 생각하지 않음으로써 점점 더 많은 문제를 겪고 있다.

　나를 만나는 대상자에게 가장 중요한 것은, 그들이 스스로 생각하는 능력을 키우는 일이다. 치료실에서나 강의실에서나 스스로 문제를 해결하고, 그 문제를 어떻게 풀어나갈지 생각하게 만드는 것이 나의 역할이다. 결국, 이 힘은 소통을 통해 발휘된다. '그들이 스스로 답을 찾고, 그 과정에서 자신감을 얻을 수 있게 도와주는 것' 이것이 내가 하고자 하는 일의 핵심이다.

나를 이해하는 첫걸음

　청소년 시절, 나의 꿈은 아동심리 상담사였다. 그 당시 아동 상담은 텔레비전에서나 가끔 보던 직업이었지만, 부모 교육을 하고 가족 상담을 통해 어려움을 해결해 나가는 전문가의 모습이 매력적이었다. 하지만 대학입시에 처절하게 실패하며 세상에 빛 한 줄기조차 보이지 않는 듯한 절망감 속에서 시간을 보냈다.

　그 후 조금씩 방향을 바꾸며 꿈을 향해 갔다. 그 여정 속에서 겪은 어려움과 실패는 오히려 나를 더 단단하게 하고, 지금의 강의에 깊이를 더하는 소중한 밑거름이 되었다. 상담 치료사로 18년간 현장에서 일하다 보니, 나의 강점과 약점을 잘 분석하는 것이 얼마나 중요한지 알고 있다. 심리치료 수련 과정에서 '어린 나와 직면하는 과정'은 어린 시절의 경험을 통해 현재의 감정적, 심리적 상태를 분석하고 치유하는 데 중요한 역할을 했다. 이 과정을 통해 내가 가진 강점과 약점을 더욱 명확히 인식하고, 강사로서 스스로 나를 더 잘 다룰 수 있는 방법을 찾아갈 수 있었다.

나의 목표와 비전에 한 걸음씩 다가간다.

강사로서 내가 가장 자랑할 수 있는 강점은 바로 '공감 능력'과 '적응력'이다. 치료사로서, 감정을 이해하고 공감하는 것은 중요한 부분이다. 말로는 표현할 수 없는 감정을 아이들의 표정이나 행동을 통해 읽어내는 능력이 필요하다. 그런 미세한 감정의 변화를 놓치지 않고, 그 아이가 무엇을 필요로 하는지, 무엇을 느끼고 있는지 알아가는 과정은 나에게 큰 의미를 준다. 그런 공감 능력 덕분에, 아이들과 더욱 깊은 신뢰를 쌓을 수 있었고, 치료 효과도 높아졌다.

내가 가진 또 다른 강점은 바로 '적응력'이다. 내가 일하는 현장에는 다양한 아이와 그 가족이 있다. 아이들은 각기 다른 속도와 방식으로 학습하고, 성장하기 때문에, 그들의 특성에 맞춘 개별화 접근이 필요하다. 나는 그들의 속도와 상황에 맞춰 유연하게 대처하면서, 그들에게 가장 적합한 방법을 찾아내려고 노력한다. 이와 같은 적응력 덕분에, 다양한 환경에서 여러 가지 상담과 강의를 진행하며 많은 경험을 쌓을 수 있었다.

하지만, 나에게도 약점이 있다. 그건 바로 '완벽주의' 성향이다. 내가 하는 일에서 조금이라도 부족한 점이 있으면 지나치게 에너지를 소비하고 시작이 늦어진다. 그래서 최근에는 '완벽하지 않아도 괜찮다.'라는 생각으로 변화를 위해 시도해 보는 과정에 중심을 두며 나에게 맞는 페이스를 찾아가고 있다.

나는 강사로서 만나는 사람들에게 '생각하게 하는 힘'을 전달하고 싶다. 그들이 나의 강의를 통해 스스로 생각하고, 그 생각을 바탕으로, 긍정적으로 변화할 수 있도록 돕는 것이 나의 비전이다. 이 비전을 위해서는 꾸준한 자기 성장과 학습이 필수적이다. 나 자신이 계속 발전하고 변화하는 모습은 진정성 있는 강의로 청중에게 전달될 수 있어야 한다. 이론만이 아니라 경험을 바탕으로 한 진짜 변화가 필요하다.

나에게 진정한 변화는 애매모호한 것이 아닌, 확실하고 긍정적인 삶의 변화를 일으키는 것이다. 이를 위해 강의 현장이나 치료실에서 전달하는 지식은 항상 나의 경험과 검증된 사례에 근거한 것이다. 그래서 나의 강의를 들은 사람들은 그저 이론적인 지식을 얻는 데 그치지 않고, 실제로 자기 삶을 변화시키는 방법을 배우게 된다.

강사도 돌봄이 필요하다

프리랜서로 일하는 삶은 자유롭고 창의적인 동시에, 나 자신을 잘 관리해야 하는 책임이 따른다. 치료사나 강사로서 역할을 충실히 수행하기 위해서는 정신적 신체적 자기 보살핌(self-care)이 정말 중요하다. 나는 늘 나의 몸과 마음의 상태를 점검하며, 필요할 때마다 자기 관리의 시간을 가지려고 노력한다. 내가 주력하는 스트레스 관리 방법의 하나가 운동이다. 운동은 정신적, 신체적 건강을 유지하는 데 필수적인 요소다. 수영, 테니스, 핫 요가, 필라테스, 헬스, 줌바 피트니스 등 다양한 운동을 시도해 보면서 내 몸에 맞는 운동을 찾았다. 배움과 운동의 공통성은 다양한 연령대와 소통하면서 얻을 수 있는 즐거움과 성취감이 있는 것이다. 이것은 강사로서 에너지를 재충전하는 시간이다. 그리고 프리랜서 강사로 일할 때 가장 중요한 것은 에너지 관리다. 내가 낼 수 있는 에너지의 총량을 잘 알고, 나의 에너지가 고갈되지 않도록 자기 조절을 잘해야 한다. 이를 위해 나는 자기 보살핌(self-care)의 시간을 확보하고 있다. 치료사, 강사로서 장기적인 역할을 수행하려면 자기 인식, 자기 조절, 그리고 자신을 돌보는 시간을 정기적으로 확보하는 것이 중요하다.

강사로서 살아가려면 메타인지 능력은 필수다. 내가 무엇을 잘하고 무엇을 개선해야 하는지 아는 능력이 프리랜서 강사로서의 삶을 지속 가능하게 만든다. 나를 잘 아는 것, 자기 조절력이 프리랜서 강사의 성공을 위한 핵심이다. 강사는 자기 주도적인 배움과 지속적인 자기 수련이 필요하다. '프로'는 단지 유명하거나 경험이 많은 사람이 아니라, 끊임없이 자신의 오류를 수정하고 조절해 가는 사람이다. 진정으로 강의를 잘하는 사람은 본인의 경험과 지식을 바탕으로 실제 사례를 통해 변화를 만들어 가는 사람이다. 학습자, 청중을 변화시키는 데 필요한 가장 큰 요소는 나 자신이 변화하는 과정을 끊임없이 겪는 것이다. 그 과정에서 얻은 교훈을 나누는 것이 진정한 교육이라고 믿는다.

이 글에서 전달하고 싶은 핵심은 내가 나를 제대로 알 때, 비로소 진정한 변화가 시작된다는 것이다. 상담 공간에서도, 강의 현장에서도 진정한 변화는 나 자신을 잘 이해하고 관리하는 데서 비롯된다고 생각한다.

제2장 아이들의 마음을 열고 성장시키는 강의 콘텐츠 설계

각기 다른 속도와 방식으로 배우는 학습자들

교육, 강의, 상담 콘텐츠를 개발하는 일은 정보 전달에만 초점을 맞추지 않는다. 특히 발달장애나 경계선 지능 장애 학습자를 대상으로 한 교육은 그들이 겪는 다양한 어려움을 해결할 수 있는 맞춤형 콘텐츠가 필요하다. 나도 강사이자 아동 심리 재활 치료사로서, 다양한 학생들에게 실제로 도움이 되는 교육 콘텐츠를 만드는 데 집중하고 있다. 2장에서는 효과적인 커리큘럼 설계, 학습 목표 설정, 디지털 콘텐츠 활용 방법에 관해 이야기하려 한다.

커리큘럼은 학생 혹은 청중이 어떤 지식을 배우고, 그 지식을 어떻게 실생활에 적용할 수 있을지에 대한 로드맵이다. 발달장애, 경계선 지능 장애, 학습장애를 가진 대상자들에게는 그들의 특성과 능력에 맞춘 유연한

접근이 필요하다. 학습 목표 설정뿐만 아니라 그 목표를 달성하기 위한 실
질적인 방법을 제시하는 것이 중요하다. 내가 생각하는 커리큘럼 설계의
핵심은 크게 세 가지다.

각 대상이 가진 발달 단계나 학습 능력에 맞는 목표를 설정해야 한다.
각기 다른 속도와 방식으로 학습하므로 개별적인 목표 설정이 필요하다.
학습 목표는 너무 추상적이지 않게 아동이 실제로 경험하고 실천할 수 있
도록 구체적이어야 한다. '아는 것'보다는 '할 수 있는 것'을 목표로 설정
한다. 학습자는 그날그날, 상태나 기분에 따라 다르게 반응한다. 따라서 커
리큘럼은 일정한 유연성을 가져야 한다. 한 가지 방법만 고수하기보다는
다양한 접근을 시도하는 것이 중요하다.

같은 PPT나 프로그램을 사용하더라도 대상자와 기관의 특성에 따라
접근 방식은 무궁무진하게 달라진다. 개인의 요구와 선호도, 기관의 목표
와 자원, 환경 등을 고려하여 세밀하게 조정된다. 이를 통해 대상자와 기관
의 요구를 만족하는 효과적인 결과물을 도출하는 것이 관건이다. 나는 종
종 전문가의 상황이 아닌 학부모, 양육자의 관점에서 학교 교육 과정 등에
참여한다. 이렇게 함으로써 전문가 과정과는 다른 시각과 배움의 통로를
경험할 수 있다.

실생활로 이어지는 목표 설정의 힘

강의 목표, 치료 목표는 방향을 잡아주는 나침반이다. 발달장애 아동을
지도하며 목표를 설정할 때 중요한 점은 크고 작은 '실생활에서의 변화'
다. 발달장애 아동에게 언어 표현을 지도한다고 할 때, 그 목표는 '말하기'

가 아니라 '다른 사람과의 대화에서 자기 생각을 표현할 수 있는 능력'을 키우는 것이다. 또 그림책을 통해 줄거리만 요약하는 것이 아니라, 자기 경험을 바탕으로 문제 해결 전략을 고민해 보는 것은 일상 상황과 연결 지어 사고하는 방식을 발전시키는 데 효과적이다.

이렇게 구체적인 장단기 목표를 설정하고 그 목표를 성취해 나가는 과정에서 학습자는 성장하고 자신감을 얻게 된다. 수학적 개념 향상이 목표라면 단순히 문제를 푸는 것뿐만 아니라 실생활에서 수학적 사고를 적용할 수 있는 능력을 키우는 것이 중요하다. 이는 치료 과정에서도 같다. 불안장애가 있는 내담자와 함께하는 치료사는 '불안장애 내담자가 불안을 인식하고, 대처 전략을 사용하여 일상에서 적응력을 향상하도록 돕는다.' 이렇게 구체적인 목표를 설정하면, 치료사는 어떤 접근법을 사용할지 결정할 수 있고 내담자의 진전을 평가할 수 있는 기준을 마련할 수 있다.

기관 강의에서도 강의 목표가 중요한 이유는 강의가 기관의 목표와 목적에 부합하도록 보장하기 위해서다. 성교육 강사가 중독에 대해 강의할 때, '미디어와 음란물 중독의 부정적인 영향과 중독을 해결하기 위해서 어떻게 해야 하는가?'에 대해 청중이 함께 참여할 방법을 사용하는 것이 중요하다. 디지털 원주민의 특징과 위험성, 음란물 예방을 위한 실질적인 방법에 관한 내용을 포함하면서, 강의 목표에 부합하도록 구성해야 한다. 이는 강의의 효율성을 높여주어 기관과 학습자 모두에게 효과적이다.

가치 있는 콘텐츠를 만들기 위해서는 좋은 자료와 교구가 필요하다. 나는 다양한 자료를 만들고 국내와 해외에서 교재 교구를 구매해서 테스트 하기도 한다. 그 과정에서 중요한 것은 '대상자들이 얼마나 잘 받아들일 수 있을지'에 대한 고민이다. 발달장애 대상자를 위한 교구를 제공할 때는 그들의 특성에 맞는 시각적 자료와 촉각적 자극을 결합한다. 이런 접근은 대상자에게 더 나은 학습 효과를 준다.

그리고 교재 교구는 계속해서 개선해야 한다. 교재가 너무 복잡하거나 이해하기 어렵다면, 학습자의 반응을 보고 수정하는 과정이 필요하다. 중요한 것은 '실용성'과 '적합성'이므로 이 두 가지를 충족하는 자료가 효과적이다. 디지털 콘텐츠는 현대 교육에서 매우 중요한 역할을 한다. 특히 학습자가 직접 참여하여 상호작용을 하는 학습 콘텐츠는 학습의 흥미를 높이고, 자주 반복할 수 있어 효과가 높다.

나는 최신 연구 동향과 치료 기법에 관한 연구를 위해 학회 세미나나 다양한 교육 과정을 수강한다. 디지털 콘텐츠를 치료교육에 더 효과적으로 적용하기 위해 인공지능(AI) 강좌를 수강했다. 배운 내용을 치료, 부모 교육, 강의에 적용하며 '아빠력'과 관련한 전자책을 출간하면서 경험을 넓혔다.

그림책과 관련된 교육에 대한 열정과 현장의 기대에 부응하기 위해, 1년 이상 그림책 과정을 공부했다. 치료와 상담으로 활용하기 위해 개인 출판한 그림책 '보라색 별'은 장애 인식 개선 및 가치에 대한 그림책으로, 내담 아동과 학부모님, 청중과 소통하며 그림책의 힘을 나누고 있다.

18년 동안 아동 청소년과 그 가족을 만나며 실제 사례들을 통해 예방적인 성교육의 중요성을 깨달았다. 치료, 강의를 진행하면서 성경적 성 가치관을 가진 부모님과 학생들을 만날 기회가 많았고 그들의 어려움을 돕고 싶은 나의 욕구와 가치관이 결합하여, 성교육 전문 기관에서 제공하는 '성교육 전문 코칭 강사' 양성 과정과 교육부 주무 부처가 주관하는 '통합 폭력 예방 지도사' 교육 과정에 도전하여 공부했다. 다양한 주제를 다루며 생명의 소중함, 경계 존중, 남녀의 특별함, 성폭력 예방, 스마트 폰 디지털 폭력, 음란물과 마약 중독 예방 등을 교육하고 있다. 이러한 노력이 아이들과 가정, 그리고 미래 세대에게 바른 가치관을 심어주는 데 큰 보람을 느낀다. 나는 계속해서 다양한 배움과 도전을 통해 콘텐츠를 통합하고 수정하며, 더 나은 교육을 위해 노력하고 있다. 현장에서 실제 경험한 것들을 학습자와 소통하며 나누는 시간을 갖고 다양한 대상자에게 언제 어디서든 능동적으로 주도적인 학습에 참여할 수 있는 환경을 제공하고 있다.

끝없는 학습과 개선을 통한 변화

프리랜서로 일하는 강사에게는 끊임없이 학습하고 발전해야 한다는 책임이 따른다. 나는 현장에서 일하지만, 늘 고수에게 비용을 드려 다양한 경험과 배움을 통해 최신 교육 관련 방향을 배우고, 이를 실제 현장에 적용하고 있다. 발달장애 관련 대상자를 위한 콘텐츠를 개발하고 수정할 때는 시행착오를 겪기도 하지만, 그 과정에서 얻은 경험들이 나의 강의에 큰 도움이 된다. 이런 배움의 과정에서 가장 중요한 점은 '직접 테스트해 보는 것'이다. 내가 만들거나 배워서 각 대상에 맞게 수정한 교재나 교구를 학생들에게 실습해 보고, 그들의 반응을 통해 다시 수정한다. 이렇게 하면 실질적으로 대상자들에게 효과적인 콘텐츠를 제공할 수 있다.

효과적인 콘텐츠는 대상자들이 실제로 변화를 경험할 수 있도록 도와준다. 이를 위해서는 지속적인 학습과 콘텐츠 개선이 필요하다. 나는 나만의 방법으로 계속해서 콘텐츠를 개선하고, 대상자들이 진정으로 필요한 것을 제공하려 노력한다. 그리고 그 과정에서 얻는 교훈은 모두 내 자산이 된다.

제3장 학습자가 주인공인 강의, 어떻게 만들까?

학습자의 특성, 그게 바로 핵심!

강의에서 가장 중요한 하나는 바로 학습자 중심으로 접근하는 것이다. 강사는 학습자의 특성에 맞춘 강의 계획을 세워야 한다. 18년 동안 아동 심리 발달 치료사로 활동하면서 학습자의 유형을 파악하고 그에 맞는 맞춤형 학습 경험을 제공하는 것이 얼마나 중요한지 깨달았다. 그런데도 가장 중요한 것은 학습자가 스스로 생각하고, 적극적으로 참여하며 협업하는 과정이다. 학습자는 강사가 시키는 대로 따르는 것이 아니라, 자신의 의견을 내고 생각을 공유하는 것이 강의 효과를 높이는 핵심임을 잊지 말아야 한다.

센터에서 아동 심리 발달 치료를 할 때도 마찬가지다. 치료 계획을 세울 때, 각 아동의 기질과 발달 상태에 맞추어 접근해야 한다. 발달이 느린 아동은 신체 활동을 통해 모방과 모델링을 더 효과적으로 배운다. 반면, 내향적인 아동은 구체적인 언어적 설명과 논리적인 접근이 필요할 수 있다. 치료 계획을 세울 때 아이들이 스스로 이해하고 생각할 기회를 제공하는 것이 매우 중요하다. 강의에서도 학습자가 능동적으로 참여하고 스스로 생각할 수 있는 환경을 만들어줘야 한다. 기관에서 성교육 강의를 요청할 때도 마찬가지로 학습자의 특성을 파악하는 것이 중요하다. 어떤 기관에서 강의를 요청했는지, 그 기관의 목표는 무엇인지, 강의를 듣는 대상이 누구인지 미리 파악해야 한다. 아동들에게 성교육을 제공하는 기관과 성인들에게 예방 교육을 하는 기관의 요구 사항은 다르다. 각 기관의 특성과 성격을 이해하고 그에 맞춰 강의를 준비해야 한다. 그리고 기관의 목표를 잘 파악하고 강의 계획을 세운다면, 강의의 효과는 더욱 커진다.

강의는 참여와 사고의 공간, 어떻게 소통할 것인가?

학습자 중심의 접근에서 늘 중요하게 여기는 부분은, 학습자가 자기 생각을 끌어낼 기회를 제공하는 것이다. 아동들이 참여하는 강의에서는 단순히 앉아서 설명을 듣는 것보다 활동을 통해 자신이 배운 내용을 체득할 수 있도록 돕는다. 신체 활동을 포함한 실습형 강의가 효과적인 이유도 여기에 있다. 아동들이 직접 역할을 해보며 강의 내용에 대한 기본적인 개념의 이해를 쌓을 수 있도록 돕는 것이 중요하다. 이런 방식으로 학습자가 제 생각을 정리하고 행동으로 옮길 기회를 제공하면, 강의의 효과가 높아진다.

반면, 성인 학습자에게는 조금 다른 접근이 필요하다. 성인들은 실제로 자신들의 경험과 연결할 수 있는 내용을 더 중요하게 생각한다. 따라서 강의 중간중간 실습을 포함하거나, 실생활에서의 적용 방법을 다루는 것이 효과적이다. 성인 학습자들이 적극적으로 참여할 수 있도록 하려면 그들이 실제로 겪고 있는 문제와 연결된 사례를 들어주는 것이 좋다.

실제로 나는 아동 대상 성교육 강의를 진행하면서 이러한 접근이 얼마나 중요한지를 몸소 경험했다. 한 번은 아동들에게 '나는 누구일까?' 라는 주제로 역할놀이를 하도록 했을 때, 아이들은 자신이 맡은 역할을 통해 성에 대한 기본적인 이해를 자연스럽게 얻을 수 있었다. 아동들은 역할을 통해 스스로 생각하고 경험하면서 학습한다. 이와 같은 활동을 통해 아동들은 강의에서 배운 내용을 몸으로 느끼며, 그 경험을 서로 나누는 기회를 가질 수 있었다.

아동 심리 발달 치료사로 깨달은 맞춤형 접근법: 참여형 활동으로 학습자들의 몰입을 끌어내기

강의를 준비할 때 학습자가 참여할 수 있는 프로그램을 계획하는 데 있어, 자료를 찾고 준비하는 데 시간이 많이 소요될 때가 있다. 강의 준비는 생각보다 큰 노력과 시간이 필요하고, 참여자들이 적극적으로 참여할 수 있도록 다양한 자료를 준비하는 것도 중요하다.

상황에 따라 강의 중 실습을 포함하거나, 그룹 활동을 통해 학습자들이 자연스럽게 참여하고 협업할 수 있도록 돕는 것이 강사의 중요한 역할이다. 실습과 참여형 프로그램은 강의의 효과를 높이는 데 큰 도움이 된다. 대학원 과정과 센터 근무의 경험을 통해 가족이나 집단 프로그램을 다양하게 진행한 것이 강의에 큰 도움이 되었다.

한 강의에서 집단 프로그램 활동을 활용했을 때, 학습자들이 더 적극적으로 참여했고, 서로 의견을 나누며 협업하는 모습을 볼 수 있었다. 다양한 프로그램에서 얻은 경험이 강의에 활용될 때, 학습자들은 더 큰 동기 부여를 받고, 자연스럽게 참여를 촉진하는 데 도움이 되었다.

나는 강의를 준비할 때 학습자들이 궁금해할 만한 질문들을 사전에 받아, 대표적인 질문을 공통 내용으로 정리해 강의에 반영한다. 현장에서 바로 대답하기 어려운 질문들도 미리 준비해 두고, 이를 강의 중에 자연스럽게 녹여내면 학습자들의 궁금증을 해소할 수 있고 학습자들의 참여 유도에 효과적이다. 그리고 강의 후에는 사후 질문과 만족도를 받아 개인적인 궁금증은 이메일이나 유선 상담으로 해결해 드린다.

강의 환경에 따라 학습자들의 참여 유도 방법이 달라진다. 낯선 사람들이 모인 강의 상황과 이미 잘 알고 있는 사람들이 모인 강의 환경에서는 참여도와 동기 부여가 다를 수 있다. 모르는 사람들이 모인 강의 환경에서는 강사가 참여를 유도하기 위해 질문을 던지거나 학습자들 간의 소통 기회를 제공해야 한다. 반면에, 이미 서로 친숙한 사람들이 모인 강의 환경에서는 자연스럽게 의견을 나누고 참여하기가 비교적 더 쉽다.

성교육 강의도, 맞춤형 전략이 필요하다.
협업과 소통 역시 강의의 성공에 중요한 역할을 한다. 강사와 기관 직원 간의 협력이 부족하면 강의가 원활히 진행되지 않을 수 있다. 몇 년 전, 한 기관에서 발달장애인 양육자 성교육을 요청했을 때, 기관 직원이 갑자기 퇴사하여 강의 계획에 혼선이 생겼던 경험이 있다. 하지만 강의 전에 기관과 충분히 상의하고, 그들이 원하는 강의의 목표와 방향을 명확히 했을 때, 학습자들의 반응이 훨씬 긍정적이었다. 이처럼 강의 전후로 기관과의 협력이 얼마나 중요한지 실감할 수 있었다.

기관에서 성교육 강의를 진행할 때, 강사가 강의 계획을 세울 때부터 학습자들의 성향과 요구를 고려하는 것이 중요하다. 강의 전 기관과의 협의를 통해 학습자들의 성격과 특성에 맞춘 계획을 세운다면, 강의의 효과는 더욱 높아진다. 여러 명이 참여하는 강의에서는 참여 유도를 위한 방법이 중요하다. 그룹 활동이나 참여형 활동을 통해 학습자들이 능동적으로 참여할 수 있도록 유도하는 것이 중요하다. 강의 중간에 실습을 통합하거나, 학습자들이 직접 손으로 참여하는 활동은 참여율을 높이는 데 도움이 된다. 또한, 강의 시간이 길어지면 집중을 유지하기 어렵기 때문에 강의 실습이나 휴식 시간을 포함하는 것이 좋다. 나이가 어린 집단이라면 특히 신체 활동을 통한 참여가 중요하다. 짧은 시간 동안 신체를 움직이게 하여 학습자가 피로감을 덜 느끼게 하고, 다시 집중할 수 있도록 도와주는 방식이 효과적이다.

강사의 역할은 학습자들이 스스로 생각하고 참여할 기회를 마련하는 것이다. 학습자들이 강사의 지시에만 따르는 것이 아니라, 스스로 생각하고 협력하며 배울 수 있는 환경을 조성하는 것이 중요하다. 학습자가 자기 생각을 나누고 참여형 활동으로 다른 사람들과 협력하는 과정은 강의 효과를 높이는 데 도움을 준다.

제4장 강의 준비부터 위기관리까지

강의 준비, 실수를 줄이는 점검표로 완벽하게

강의를 준비하는 과정은 그 자체로 강사에게 중요한 자기 성장의 시간이기도 하다. 강의는 내가 준비한 자료를 전달하는 시간이 아니다. 기관의 특성과 강의 의뢰 목적에 맞춰 내용을 수정하고 보강하는 과정이 중요하다. 나는 강의 의뢰가 오면 다양한 매체를 통해 기관 특성을 이해한다. 그리고 기관 담당자와 충분히 상의한 후 강의 내용을 준비한다. 강의를 잘 운영하기 위해서는 무엇보다 강사 자신의 준비가 중요하다. 강의 대상자의 나이, 참여자 수, 특성 등을 충분히 고려해야 한다.

강의 내용이 청중에게 적합하며 해당 기관의 목적과 일치하는지 확인하는 것이 중요하다. 내가 제시하는 퀴즈나 참여 활동들이 각 연령대에 적합한지 고려하고, 이를 통해 대상자들과 효과적으로 소통하는 것이 중요하다. 현재의 사회적 이슈나 최근의 변화를 강의에 반영하여 학습자들의 관심과 관련성을 높인다.

강의 주제와 관련 없는 내용은 과감히 삭제하고, 강의 대상에 맞는 맞춤형 자료를 새롭게 만들거나 수정한다. 집중력 유지를 위해 중간에 활동적인 참여식 활동을 포함한다.

"어떠신가요? 이번에는 O, X 퀴즈를 함께 풀어볼까요?"

"강의는 제가 말하는 시간이 아니라, 여러분과의 소통의 시간이 되어야 합니다."

나 혼자 떠드는 강의는 좋지 않다. 내가 아무리 좋은 강의를 준비했다 해도 강의가 일방적이면 그 자체로 효과가 떨어진다. 나 또한 강의 예행연습을 매번 한다. 강의 내용이 자연스럽게 전달될 수 있도록 녹음과 영상 녹화를 통해 내 자세나 목소리 톤을 점검하고, 부자연스러운 말투나 문장을 수정한다. 운전 중에도 강의 내용을 반복적으로 듣고 숙지하면서 언어 습관을 다듬는 일은 강사로서 빠질 수 없는 준비 과정이다. 처음에는 내 강의 녹음을 2시간씩 듣는 것이 낯간지럽고 어색해서 회피하고 싶었다. 하지만 자기 피드백이 가장 정확하고 성장에 큰 도움이 된다는 것을 알기에 모니터링을 통해 개선할 점을 찾았다. 강사로서 지속해서 개선하고 성장하는 방법이 바로 자기 피드백이기 때문이다.

강의 중 돌발 상황? 준비가 답이다!

강의 진행 시, 시스템적인 오류가 발생할 수 있다. 내가 강의 준비를 할 때는 노트북, 모니터, 마이크 등 장비를 점검한다. PPT가 열리지 않으면 당황할 수 있어서 나는 항상 PPT 파일을 메일로 미리 보내놓고, 개인 노트북을 지참해 강의에 대비한다. 또한 마이크 상태, 소리 크기, 볼륨 조절, HDMI 연결 등 시스템 점검을 미리 끝내고, 스피커가 없는 강의실에서는 무선 마이크와 스피커를 항상 가지고 다닌다.

한 기관 강의에서 PPT가 열리지 않아 시스템 관리자가 찾아왔지만, 문제가 해결되지 않아 강의 시간이 지연되었다. 당황한 순간, 머릿속에 떠올린 생각은 '블로그에 기록한 강의 자료'였다. 블로그에 강의 자료뿐만 아니라 영상까지 저장해 둔 덕분에 안전하게 강의를 마무리할 수 있었다. 나의 습관성 기록이 위기를 벗어나게 해준 셈이다. 이런 경험을 통해 나는 기록의 중요성과 위기관리를 배웠다. 실시간 강의에서는 예기치 못한 변수나 불편한 상황이 발생할 수 있다.

한 기관에서는 마이크 고장으로 인해 큰 목소리로 50여 명의 청중을 대상으로 강의를 진행했는데, 목이 힘들고 집중력이 떨어지는 것을 느꼈다. 만약 100명 이상의 인원이었다면 더 큰 문제가 생길 수 있었기에, 이후로 나는 마이크, 스피커, 블루투스를 매번 강의마다 차에 싣고 다니며 시스템 오류를 대비하여 이중 점검을 필수로 한다. 그럼에도 시스템 오류나 불편한 상황은 언제든지 발생할 수 있으므로 침착하게 대처하고 상황에 맞게 강사의 역량을 발휘하여 유연성을 보여주는 것이 중요하다.

하지만 강의는 시스템적 준비와 예행연습만으로는 끝나지 않는다. 강

의에 참여하는 청중, 발달장애가 있는 학습자들의 경우, 강의 중 돌발 상황
이 발생할 수 있으므로 이를 예방하고 원활한 진행을 위해서는 기관 담당
자와의 사전 협의가 필요하다.

보조해 주실 분들이 있는지 학습자의 상태를 미리 파악하는 것이 강사
의 중요한 준비 과정이다. 발달장애가 있는 학습자가 갑자기 자리를 떠나
면 이를 원활히 대처하는 방법을 생각해야 한다. 나 역시 강의 중에 발생할
수 있는 돌발 상황을 예측하고 준비한다. 위기관리는 강사에게 매우 중요
한 시간이다. 돌발 상황이나 변수가 생기더라도 강의 시간이 지나치게 늦
어지지 않도록 유연하게 대처해야 한다.

강의 준비와 진행에서 중요한 또 하나는 학습자의 감정과 경험에 민감
하게 반응하는 것이다. 성교육 강의를 진행할 때, 학습자의 개인적인 경험
이나 감정이 개입될 가능성이 크다. 불편한 질문이나 상황이 발생했을 때
는 민감하게 받아들이고 적극적으로 다루어야 한다. 강사는 학습자가 불
편한 질문을 하거나, 어려운 상황에 직면했을 때 그것을 처리할 방법을 선
택해야 한다. 나는 이러한 상황에 대비해 강의 후에 개별 답변을 하거나,
시간이 부족할 경우 메일 등을 통해 해결해 주는 방법을 선택한다.

강의 후 피드백으로 성장하는 법, 잘 듣는 법은 따로 있다.
피드백을 받는 일은 강의 준비의 중요한 한 부분이다. 나는 항상 강의
후 설문지를 통해 학습자들의 피드백을 받고 있다. 강의 후 학습자들의 피
드백을 바탕으로 강의 내용을 개선하면 나의 성장에도 큰 도움이 된다.

강의 피드백을 통해 강의력을 개선하는 것도 중요하지만, 강의의 발전을 위해서는 자기 성장을 추구하는 것이 중요하다. 습관 변화의 핵심은 임계점을 넘는 것이며, 이는 1만 시간의 법칙처럼 다양한 분야, 특히 프로 강사들에게도 적용된다. 알베르트 아인슈타인의 '모든 사람은 각자의 이해와 인식의 한계 내에서 세상을 바라본다'라는 생활 철학은, 위기 상황에서 나를 되돌아보게 하며 알 속에서 깨어나게 하는 열정과 함께 두려움도 찾아오기에 늘 새로운 방식으로 도전하게 한다.

인식의 한계를 넓히기 위해 나는 유료 강의, 대학원 진학, 고수와의 만남, 자격증 취득 등의 다양한 경험을 쌓으며, 가장 저비용이고 꾸준한 방법이 책 읽기임을 알아간다. 그리고 다양한 분야의 사람들을 만나면서 한 가지 중요한 사실을 알았다. 어느 분야에서 성공한 사람, 부자가 된 사람들은 모두 독서의 중요성을 알고 있었고, 그들의 독서량은 상상을 초월했다. 내가 그동안 눈여겨보지 않았을 뿐, 그들의 성공 뒤에는 어마어마한 독서가 있었다. 나는 자발적으로 독서 모임에 가입했고 시간을 내어 책을 읽기 시작했다.

예전의 나는 필요한 책만 읽었으나, 지금은 이동 중에도 책과 함께한다. 또한 독서 모임에서 추천받은 도서를 읽으며, 다양한 분야의 책을 접함으로써 한정적이었던 독서의 한계를 깨고 있다. 이제는 잠시라도 여유가 생기면 즉시 책을 펼쳐 읽도록 의식적으로 습관화하고 있다. 손님들로 북적이는 약국에서 책을 읽고 있는 약사 선생님이 떠오른다. 시끌벅적한 약국 안에서 짬을 내어 책을 읽고 있는 그 모습은 나에게 큰 인상을 남겼다.

강사의 독서 습관은 배경지식을 쌓는 도구일 뿐만 아니라, 개인에게는 삶의 전환점이다. 오늘도 나는 인식의 한계를 넓히기 위해 또 다른 책을 펼치며 더 나은 강사가 되기 위해 나의 임계점을 넘는다.

제5장 소통의 미학, 나의 강의 이야기

나만의 강의와 상담 시스템 만들기

강사로서 중요한 것은 단순히 콘텐츠와 커리큘럼을 만드는 데 그치지 않는다. 내가 고민하는 첫 번째 문제는 '어떻게 내 경력과 브랜드를 쌓을 것인가'이다. 이를 위해서는 나만의 비즈니스 모델이 필요하다. 강의나 상담에만 국한되지 않고 고객에게 지속해서 가치를 제공하는 시스템을 만들고 싶었다. 내가 제공하는 서비스의 본질을 명확하게 정의하고, 그 특성을 살려 나만의 길을 만들어 갔다. 그 과정에서 항상 염두에 두는 질문은 "이 강의나 상담이 진정으로 학습자에게 도움이 될까?"다. 강사로서 내가 해야 할 일은 청중에게 도움이 되는 것이다. 발달장애 아동과 청소년들에게는 그들의 발달 상황에 맞는 성교육이 꼭 필요하다. 나는 이들에게 맞춤형 성교육을 제공하려고 노력한다. 이처럼 나만의 특화된 모델을 만들어 가면서, 계속해서 학습자들에게 필요한 서비스를 제공하고 있다.

마음의 연결, 깊이 있는 대화로

마케팅은 강사로서 빠질 수 없는 부분이다. 상담한 학습자들과의 관계를 중요하게 생각하고, 그들의 연락처를 분류해 다양한 채널로 소통한다. 카카오톡의 멀티프로필 기능을 활용하고, 프로젝트나 수업에 대해서는 네이버 카페를 활용한다. 개별 상담 치료의 경우는 개인 밴드를 활용하여 더욱 밀접하게 소통하고 있다. 고객 관리가 잘되면, 자연스럽게 더 많은 사람에게 도움이 될 기회가 생긴다.

강사로서 '어떻게 더 많은 사람에게 도움이 될 수 있을까?' 이 질문을 늘 생각하면서, 강의뿐만 아니라 성교육이 필요한 아동 청소년, 양육자, 기관 담당자분들께 직접 교육을 제공하는 것에 큰 의미를 두고 있다. 발달장애 학습자와 치료실에서 만나면서 바른 성교육의 제공이 얼마나 중요하고 그들의 어려움이 무엇인지 알기에 이들에게 맞는 상담과 교육을 함께 제공하는 방법을 고민했다.

강의 이후 종종 기관 담당자분들로부터 쪽지나 이메일을 통한 그들의 고충을 듣곤 한다. 그들의 이야기를 들을 때마다 정말 마음이 아프다. 기관의 직원들은 고통을 참으며 직장에서 겪는 어려움을 계속 참고 넘기고 있지만, 그들의 고통은 사라지지 않고 어느 순간 한계에 다다를 때가 온다. 이것은 내가 발달장애 아동과 양육자분들을 치료실에서 만났던 경험으로서 공감되는 부분이기에 현장의 실제 경험이 없으면 강의로 이해할 수 없다.

이러한 현실을 마주할 때마다, 고충을 너무 잘 안다. 그래서 나는 강의 이후 따로 연락을 주신 기관 담당자분께 가능한 대안을 몇 가지 제안했다.

이후, 기관 담당자분께서 연락을 주셔서 직장 생활이 조금씩 개선되고 있다고 말씀해 주셨다. 이러한 경험을 통해 나는 내 일이 학습자와 그들을 돕는 이들의 어려움을 함께 나누고 해결하는 것임을 느꼈다. 화려하고 거창한 방법이 아니라, 작은 실천과 노력이 가정을 살리고 공동체를 살리는 길이 될 수 있다고 생각한다.

말의 향기, 내 안의 진심을 담는다

강사는 자신의 향기를 가진 말을 통해 상대방과 소통하는 것이 중요하다. 이기주 작가의 도서 《말의 품격》에서 저자는 '사람이 지닌 고유한 향기는 말에서 뿜겨져 나온다'라고 언급한다. 나는 내 말이 어떤 향기를 가졌는지 고민하며, 존중과 배려로 상대방이 자기 생각을 편안하게 표현할 수 있도록 노력한다.

내가 강의나 상담을 할 때 가장 중요하게 여기는 것은 "소통"이다. 상대방을 먼저 공격하지 않고, 편안하게 해주는 물처럼, 나는 말을 통해 사람들에게 안전한 느낌을 주고자 한다. 학습자가 나의 말을 통해 불안이나 긴장을 느끼지 않도록 항상 신경 쓰며, 열린 마음으로 소통할 수 있는 환경을 만들고자 한다.

강의와 상담 치료 그 미세한 선율을 찾는다

강의와 상담 치료의 균형을 맞추는 것은 중요한 일이다. 두 역할은 각기 다른 요구와 접근이 필요하다. 강의는 집단을 대상으로 하여 정보를 전달하는 데 초점을 맞추고, 상담 치료는 개별 학습자의 상황과 문제를 깊이 다룬다. 나는 이 두 가지를 어떻게 균형 있게 결합할 수 있을지 고민한다. 강사로서 강의가 중요한 만큼, 상담 치료의 접근도 동시에 제공할 수 있는 방법을 찾고 있다. 이를 통해 나를 만나는 청중, 그리고 학습자들에게 더욱 효과적인 지원을 제공하려 한다.

끊임없는 탐색의 길, 나를 성장시키는 여정

강사로서 중요한 것은 자격증이나 자격 번호가 아니라, 끊임없이 배우고, 수정하고, 확장하는 과정에서 진정한 가치를 제공하는 것이다. 시대는 계속 변하고, 학습자들의 요구도 다르다. 그래서 나는 나의 서비스를 지속적으로 개선하며, 다양한 학문적 성장을 추구하고 있다. 학회와 협회에서 꾸준하게 공부하고 새로운 분야에 대해 배우며, 다양한 분야의 전문가들과 교류하고 있다. 이를 통해 내가 할 수 있는 일을 효과적으로 제공하고 내 지식과 경험을 넓혀간다. 또한 해당 분야의 최고 전문가에게 배움을 받고, 그 지식을 확장한다. 그리고 다른 분야의 전문가들과의 교류는 나의 시야를 넓히고, 더 나은 교육을 제공하는 데에 큰 도움이 된다. 강사로서 성장하는 것은 학습자들에게 진정한 가치를 전달하는 과정이기 때문이다.

소통의 힘, 여유와 공감을 추가하다

나는 빠르게 반응하며 언어적 순발력이 뛰어난 강사보다는 부드럽고 여유롭게 소통하는 강사의 말에서 진정한 마음을 움직인 경험이 있다. 강의에서 중요한 것은 '학습자의 마음을 어떻게 움직일 수 있을 것인가'이다. 여러 연구에 따르면, 사람의 집중력은 일반적으로 20분에서 30분 사이로 유지되며, 그 이후에는 집중력이 저하되는 경향이 있다. 특히, 캘리포니아 대학교의 2023년 연구에서는 사람들이 약 25분 동안 집중할 수 있고, 이후에는 뇌의 에너지가 고갈되어 집중력이 떨어진다고 언급하고 있다. 다니엘 골먼의 연구에서도 비슷한 결과를 제시하며, 사람들의 집중 시간은 20분에서 30분 정도로 유지되며, 그 이후에는 피로와 산만함이 증가한다고 설명한다. 이러한 연구들은 강의에서 학습자의 집중력과 마음을 고려해야 한다는 점을 강조한다. 강사가 너무 많은 정보를 한 번에 전달하려고 하면 오히려 청중의 이해도를 떨어뜨리고 사람의 마음을 멀어지게 만든다.

강의를 듣는 사람의 마음을 움직이는 데 중요한 것은 정보를 주는 것뿐만 아니라 그들의 마음을 어떻게 열게 할 것인가이다. 나는 빠르게 변화하는 세상에서 학습자들이 스스로 생각하고 유연하게 대처할 수 있는 능력을 갖출 수 있도록 도울 것이다. 그리고 이러한 능력이 결국 공동체와 세상을 살리는 길이라고 믿는다.

강사의 비전, 나만의 답을 찾다

이이슬
학습자의 감동과 공감을 끌어내는 긍정적 동기부여가

제1장 강사로서의 자기 이해

어렸을 때 나의 꿈은 국어 선생님이었다. 중학교 때 만난 담임 선생님과 국어 선생님이 좋았고, 두 선생님의 영향으로 나도 선생님이 되고 싶다는 생각으로 꿈을 키워 나갔다. 중학교 2학년 때부터 나에게 꿈을 물어보거나 커서 뭐가 되고 싶냐는 질문에 한결같이 "국어 선생님이요!"라고 대답했다.

처음 학생들을 만나 수업을 하는 강사가 되었을 때, 설렘도 있었지만 답답함이 더 강했다. 아이들이 너무 좋지만 잘 따라오지 못하는 모습을 보면서 답답함을 느꼈고, 나의 기준에서 이해가 되지 않는 행동을 할 때는 스트레스가 되기도 했다. 내가 만나는 학생들은 상위권보다 대부분 중하위권의 학생들이었고 진로도 정하지 못한 학생들이 보통이었다. 그러던 어느 날, 한 학생에게 "선생님은 모범생이어서 저를 잘 이해하지 못할 거예요. 선생님은 네모 같아요." 라는 말을 들었다. 적잖은 충격이었다. 나는 최선을 다해 학생을 이해하려고 했고, 그들의 눈높이에 맞춰 수업하고 있다고 생각했는데, 학생들은 그렇게 느끼지 못하고 있었다는 사실이 충격적이었다. 나의 답답함을 학생들도 느끼고 있었다는 것에 두려움도 느껴졌다. 네모라는 내가 만든 틀 안에서만 생각하고, 그 안에 나의 강의도 억지로 끼워 넣으려고 한 것은 아닌가 등 깊은 생각에 잠기게 되었다. 내가 무엇을 놓치고 있었는가 다시 처음부터 돌아보게 되는 사건이었다. 나는 내가 알고 있는 내용을 당연히 학생들도 알고 있다고 생각하며 강의하고 있었다. 지식의 저주였다. 또 내가 정해둔 규칙과 선만을 생각하며 강의하고 있었다. 나의 수업을 듣는 학습자의 입장보다는 강의하는 강사로서의 입장을 더 중요시했던 것 같다. 가장 큰 것을 놓치고 있었다는 것을 깨닫는 계기였다.

그 사건 이후, 나는 내 자신보다 강의를 듣는 사람들에게 집중하기 시작했다. 내가 알고 있는 내용들을 바탕으로 어떻게 하면 학생들에게 더 효율적으로 강의를 할 수 있을까 고민하게 되었고, 나의 수업을 듣는 학생들에 대해 이해하고자 노력하였다. 아이들의 성향, 학년, 현재 상황 등을 먼저 알아보고 그 상황에 맞는 수업을 하기 위해 신경을 쓰기 시작했다. 나의 기준에 아이들을 맞추려고 하기보다는 학생들의 기준에 다가가려고 노력했다. 그랬더니 변화가 생겼다. 아이들이 나를 따르기 시작했고, 나도 수업하면서 즐겁기도 하고 때로는 학생들이 내게 위로가 되기도 했다. 우스운 일이지만 나는 내가 잘 알고 있는 지식만을 전달하는 콧대 높은 강사였음을 마주하게 되었다. 내가 알고 있는 지식이 중요한 것이 아니라, 나의 강의를 듣는 학습자를 이해하고 그에 맞춰 배우려는 나의 자세가 중요하다는 것을 깨달았다.

강사에게 가장 필요한 것은 학습자에 대한 이해다. '청소년이니 이렇겠지', '학부모니까 저렇겠지' 등의 막연한 생각과 획일적인 특징이 아니라 각각의 학습자가 지닌 특징과 그들의 배경지식과 경험, 그리고 나의 강의에서 얻고 싶은 것이 무엇인지 등을 파악하는 것이 첫 번째라고 생각한다. 아무리 좋은 콘텐츠이고, 도움이 되는 내용일지라도 나의 강의를 듣는 학습자가 강의에 집중하지 못하고 필요성을 느끼지 못한다면 그 강의는 좋은 강의가 될 수 없다. 학습자를 이해하지 못한 채 강사가 알고 있는 내용을 전달하는 것은 강사의 욕심이라는 생각이 든다.

강사에게 필요한 두 번째 요소는 지속적인 학습이다. 국어 선생님을 꿈꾸던 나에게 국어 관련 내용을 강의하기란 쉬울까? 그렇지 않다. 시대마다 강조되는 강의 경향이 있고, 상황에 맞는 강의가 필요하다. 매번 같은 콘텐츠로 강의할 수 없으므로 늘 고민하고 학습하게 된다. 강의에 대한 이런 고민과 학습은 강사에게 꼭 필요한 요건이기도 하다. 앞서 이야기한 학습자에 대한 이해에도 학습이 필요하다. 빠르게 사회가 변화하고 있는 만큼 학습자들이 원하는 것도 빠르게 변화하고 있고, 그 사회의 변화에 맞춰 학습자들의 특징도 달라지고 있다. 또한 그만큼 다양한 방법으로 학습을 할 수 있는 환경에 놓여 있어서 학습자들은 매우 똑똑하고 자신에게 도움이 되는 것만을 선택하게 된다. 이런 학습자를 만족시키는 강의를 하기 위해서 강사는 다방면으로 학습이 이루어져야 한다. 학습하는 강사가 학습자의 앞에 설 수 있지 않을까.

　마지막으로 강사에게 필요한 것은 자기 이해다. 어찌 보면 가장 어려운 것일 수 있다. 강사 개인의 장단점을 알고 장점은 극대화, 단점은 극복 및 개선을 할 수 있어야 한다. 내가 생각하는 장단점도 있겠지만, 타인의 시선에서 파악하는 것도 좋다. 강사도 사람인지라 가끔 자기 합리화를 하게 되기 때문이다. 강사들은 다른 사람을 통해 피드백을 받는 기회가 많지 않다. 또한 발전적 피드백을 꺼리기도 한다. 성공적인 강의를 위해서는 발전적인 피드백도 받아들일 수 있는 용기가 필요하다. 선배·동료 강사에게 피드백을 받을 수 있는 자리가 있다면 나는 적극적으로 부탁을 한다. 그리고 그 부분을 수정하고 보완하기 위해 노력하고 있다. 내가 생각하지 못했던 부분을 피드백 받았을 때는 놀랍기도 하다. 그리고 자기 이해를 위해 내가 무엇 때문에 스트레스를 받으며, 또 어떤 것에 에너지를 받는지도 알아야 한다.

　나는 내 생각을 정리하고 충분히 고민할 수 있는 시간이 주어지지 않으면 스트레스를 받는다. 어떤 일을 시작할 때 큰 틀에서 세부적인 사항들까지 정리가 되고 머리로 이해가 가야 움직이는 편이다. 그래서 빠르게 무엇인가를 시작하는 것을 힘들어하기도 한다. 그러나 호기심이 많아 새로운 일을 시작하면 그 일에 바로 재미를 느낀다. 강사는 많은 사람 앞에 서기 때문에 스트레스 관리는 필수적이다. 스스로 스트레스 요인과 함께 해소 방법을 안다면 건강하게 학습자 앞에 설 수 있고, 학습자에게 믿음과 신뢰를 줄 수 있다.

제2장 **교육 콘텐츠 개발**

강의에서 학습자에 대한 이해와 함께 중요한 것이 학습 목표 설정이다. 강사는 강의를 통해 무엇을 전달하고자 하는지, 그리고 학습자에게 오늘 강의로 무엇을 얻어갈 수 있을지를 알려주는 나침반이 바로 학습 목표다. 강의를 준비할 때 학습 목표를 설정하는데 고민을 많이 한다. 그 목표에 맞춰 강의 커리큘럼을 설계하고 자료의 제작도 할 수 있기 때문이다. 학습 목표가 불분명하면 강사는 욕심을 부리게 될 때가 있다. 내가 잘하는 것, 내가 전달하고 싶은 것에 초점이 맞춰지면서 결국 학습자에게 '저 강사는 무엇을 말하고 싶은 것일까?'라는 의문이 생기는 강의로 남게 된다.

중학교 때 '교과서 읽기'라는 수업이 있었다. 국어 교과에 있었던 수업인데 말 그대로 교과서를 어떻게 읽어야 하는 지를 설명하는 단원이었다. 교과서의 구성을 알아보고, 공부할 때 무엇을 보고 어떤 식으로 공부해야 하는지를 배울 수 있었다. 교과서를 읽을 때 가장 먼저 해야 하는 것이 학습 목표를 확인하는 것이다. 학습 목표는 학생이 달성해야 할 목표다. 이 과목을 공부함으로써 무엇을 얻을 수 있는지, 성취를 위해 어떤 노력 해야 하는지를 알 수 있다.

학습 목표는 첫째, 동기부여의 원천이 된다. 학습자가 스스로 원하여 강의를 듣는 때도 있지만, 그렇지 않은 경우가 더 많다. 학교에서 진행하는 특강, 회사에서 진행하는 직무 교육 등 학습자가 희망하지 않지만, 의무적으로, 때로는 억지로 강의를 들어야 할 때가 있다. 이때 명확한 학습 목표를 제시하여 동기부여를 해야 한다. 학습 목표가 구체적이고 명확하다면, 학습자는 강의를 통해 성취를 느낄 수 있다. 그러므로 강의 시작 전 학습 목표를 정확하게 학습자에게 전달하고 어떤 부분에 집중해야 하는지 알려주어야 한다. 학생들을 자주 만나는 나는 특성화 고등학교 강의 갈 때 강의 전 학습 목표를 전달함에 더 신경을 쓴다. 실무적인 내용을 다룰 때도 있지만, 간혹 본인의 상황과 맞지 않는다고 생각하며 억지로 강의에 참여해야 하는 학생들도 있다. 그래서 오늘 강의를 통해 우리가 집중해야 할 포인트를 짚어주고 그 과제를 해결할 수 있도록 안내를 정확하게 하면 학생들이 그 시간만큼은 집중하도록 동기부여를 할 수 있다.

둘째, 학습 목표는 강의 커리큘럼 설계의 기초가 된다. 강의를 통해 도달해야 할 목표가 뚜렷하다면, 그 목표를 달성하기 위해 무엇을 해야 하는지 명확해진다. 강의 계획할 때 주제와 함께 나는 이 강의를 통해 무엇을 전달하고 싶고, 학습자는 강의를 통해 무엇을 달성해야 하는가를 먼저 분석한다. 그 이후에는 강의의 도입부터 전개, 마무리까지 학습 목표를 달성하기 위한 빌드업을 한다. 이 과정이 제대로 이루어지지 않으면 아무리 좋은 주제를 강의하더라도 학습자에게 전달되지 않을 때가 있는데, 강의에 사용하는 자료는 학습 목표에 맞춰 준비해야 한다.

셋째, 학습 목표는 자기 평가와 피드백의 기회가 된다. 강의 이후 자기 평가와 피드백은 중요한 과정이다. 근데 무엇을 평가하고 피드백할 것인가? 학습 목표가 바로 그 기준이 될 수 있다. 학습 목표에 맞춰 강의가 진행되었는지, 학습자들은 학습 목표에 도달하였는지 등을 확인하면서 강의에서 개선이 필요한 부분은 없는지 점검할 수 있다. 강의를 준비할 때 매번 노트에 강의 주제와 목표, 단계별로 전달할 내용 등을 적는다. 강의 후에는 그 노트를 보면서 내가 제대로 전달했는지 살펴보며 피드백한다. 내가 예상한 반응이 실제 학습자에게 나왔는지, 그리고 강의 후 학습자들은 학습 목표에 도달하였는지 등을 점검하면서 개선할 부분과 좋았던 점들을 적어두고 다음 강의에 활용한다. 학습 목표는 나의 강의를 꾸준히 성장시키는 도구이기도 하다.

교육 자료의 활용은 학습자가 학습 목표에 도달할 수 있도록 돕는다. 최근 학습자들을 보면 시각적인 요소에 많이 노출되어 있어 자료를 잘 활용해야 한다. 가장 기본적으로 PPT 활용을 예로 들 수 있다. PPT를 제작할 때 글이 너무 많으면 가독성이 떨어짐과 동시에 집중도를 낮춘다. 강의의 핵심 내용을 간략하게 다루며 학습자의 주의를 끌 자료를 활용한다면 몰입도를 높일 수 있다. 그러나 너무 많은 것을 주려고 하면, 오히려 많은

것을 놓칠 수 있다. 학습자가 듣지 않고, 집중하지 못하는 강의가 되지 않
도록 교육 자료와 PPT를 구성할 수 있어야 한다. 자료를 제작하고 활용할
때 고려할 점은 자료의 시의성이다. 2025년인데 2000년의 자료를 활용할
수 없지 않은가. 변화의 속도가 빠른 만큼 그 시대와 상황에 맞는 자료의
활용이 중요하다. 강사는 사회적 이슈에 민감해야 하며 각 세대에서 유행
하는 것은 무엇인지 관심을 기울여야 한다. 그래야 강의에서 단 한 장의 사
진으로도 학습자를 설득할 수 있고, 학습자를 몰입시킬 수 있다. 평소 나는
드라마, 영화 등 미디어 매체를 많이 본다. 쟁점이 되는 프로그램이 있다면
꼭 보는 편이고 강의에서 활용한다. 유행하고 쟁점이 된다는 것은 많은 사
람이 관심을 가지고 알고 있다는 것이다. 강의 중 내가 아는 내용이 나온다
면 학습자는 자연스럽게 강의에 집중한다.

최근에는 AI를 활용하여 다양한 자료를 제작할 수 있다. 나도 강의에
필요한 그림이나 영상을, AI를 활용하여 만들기도 하고, 실제 강의에서 학
습자들과 함께 AI를 활용하여 체험하기도 한다. 이 과정에서 우리가 주의
해야 할 부분이 있다. 바로 디지털 리터러시다. 디지털 리터러시는 디지털
(Digital)과 문해력(Literacy)의 합성어로 디지털 플랫폼을 활용하는 능력을 말
한다. 기술적인 능력을 넘어 디지털 환경에서 정보를 찾고, 분석하고 활용
하며 책임감 있게 소통하고 문제를 해결하는 능력을 의미한다. 즉, 강사는
자료를 정확하게 읽고 활용해야 한다. 내가 사용하는 자료를 비판적인 눈
으로 바라볼 줄 아는 균형 잡힌 시각이 필요하다. 자료 출처의 신뢰성을 판
단하고. 사실과 의견을 구분하는 것이다. 특히 AI 등의 발전은 가짜 뉴스와
진짜 뉴스라는 객관적 사실과 주관적 의견을 판단하는 능력이 필요하다.

자료 활용은 이렇듯 윤리적인 문제들도 생각할 수 있어야 한다. 저작권뿐만 아니라 AI 생성 여부 등을 따져 물어 정확한 자료를 활용하는 것이 강사의 자세다. 그리고 자료를 제작하고 활용하는 데 우리는 인지적 구두쇠가 되면 안 된다. 인지적 구두쇠란, 구두쇠가 한 푼의 돈을 아끼듯이 생각을 아껴 충분한 생각을 하지 못하거나 하지 않는 사람을 의미한다. 편협한 생각으로 자료를 제작하거나 활용하지 않도록 주의해야 한다. 또한 자신의 가치관이나 기존의 신념 혹은 판단 따위와 부합하는 정보에만 주목하고 그 외의 정보는 무시하는 확증 편향을 조심해야 한다. 즉, 강사에게는 유연함이 필요하다. 다양한 학습자를 만나는 만큼 강사는 유연한 사고와 가치관을 가져야 한다. 한결같음과 특수성은 그 강사의 무기가 되고 개성이 될 수 있지만, 고집이 되어서는 안 된다. 이를 기억하며 학습 목표를 명확히 하고 그 학습 목표에 학습자가 달성할 수 있도록 도움을 주는 자료 제작 및 활용할 수 있는 역량을 키워야 한다.

제3장 **학습자 중심의 접근**

　인터넷의 발달로 시·공간을 초월한 새로운 교육 패러다임이 발생하고 있다. 기존의 물리적 환경을 벗어나 학습자가 지닌 다양한 흥미와 필요를 고려한 교육들이 등장과 함께 쏟아지고 있다. 좋은 강의는 강사 중심이 아닌, 학습자 중심의 강의다. 학습자 중심의 접근은 강의의 핵심이다. 우리는 강의의 주인공이 강사가 아님을 알아야 한다. 당연한 이야기지만, 학습자가 없다면 강의도 없다.

　강사의 경험이 녹아있는 강의가 생동감이 있는 것은 사실이지만, 무게중심이 강사에게만 있다면 학습자의 공감을 끌어오기 쉽지 않다. 그러므로 강사는 학습자를 분석하고 학습자 중심으로 강의에 접근해야 한다. 학습자 중심의 강의에서 가장 중요하게 추구해야 하는 방향은 학습자에 대한 올바른 이해다. 강사의 역할은 학습자에게 기존의 지식은 전달하는 것이 아니라, 각 학습자의 고유한 특성과 요구를 이해하고 그에 맞는 학습 경험을 제공하는 것이다.

먼저 강사는 학습자 유형을 이해해야 한다. 모든 학습자는 고유한 학습 스타일과 선호를 가진다. 청소년 강의를 주로 하는 나는 MBTI 성격유형을 자주 사용한다. MBTI가 유행하면서 다양한 곳에서 활용되고 있다. 16가지로 사람의 성격을 모두 나눌 수는 없겠지만, 강의 현장에서 학습자의 유형을 어느 정도 이해할 수 있다. 모둠 활동을 많이 해야 할 때, 에너지 방향이 외향적인 학습자 대부분과 내향적인 학습자가 한 명 있다면 내향적인 학습자는 소외감을 느낄 가능성이 높다. 강의 전에 학습자의 MBTI 유형을 파악하기 쉽지 않지만, 아이스 브레이킹을 통해 빠르게 학습자 유형을 이해하고 적절하게 모둠을 구성할 수 있다. 그리고 판단 기능에 따라 강사가 학습자와 대화하는 스타일도 조율하면 좋다. 감정형 학습자에게는 조금 더 감정을 담은 대화를 할 수 있도록 하는 것이다.

활동형 강의에서는 이렇게 학습자 유형을 세분화하여 강의에 참고하는 것을 추천한다. 활동에 대한 피드백도 학습자의 유형에 맞춘다면 강의에 대한 동기부여도 높일 수 있다. 학습자를 강의에 참여하도록 동기부여하는 방법은 다양하겠지만, 학습자가 강사가 나에 대해 잘 안다는 느낌을 받고 나와 강사가 잘 맞는다는 생각이 든다면 자연스럽게 동기부여가 된다. 또한 학습자가 시각적, 청각적 학습자 등 다양한 유형이 존재할 수 있기에 그 특성을 이해해야 한다. 예를 들어 시각적 학습자라면 PPT 디자인이나 글씨, 그림 자료 활용 등에 신경을 쓸 수 있다. 물론 모든 학습자 입맛에 맞출 수 없겠지만, 모든 사람이 편안하게 볼 수 있는 강의 자료를 활용할 수 있도록 강사는 신경을 써야 한다.

앞서 말한 것처럼 강사의 경험 공유는 강의에 생동감을 부여할 수 있다. 하지만 강사만의 경험보다 학습자의 경험도 될 수 있는 것을 공유해야 한다. 학습자 세대를 고려하고 학습자의 수준, 속도, 관심사에 맞춘 개인화된 학습 경험을 제공한다면 활력 넘치는 강의가 될 것이다. 강사가 조심해야 하는 것 중 하나가 "라테는 말이야"이지 않을까. 특히 학습자가 강사보다 나이가 어린 경우 더욱 강사의 경험을 공유할 때 조심해야 한다. 세대에 대한 이해와 학습자에 대한 이해로 맞춤형 학습 경험을 제공할 수 있도록 노력해야 한다.

그리고 강의는 재미있어야 한다. 강의가 재미있다면 학습도 즐겁게 할 수 있다. 학습이 즐겁다면, 자연스럽게 학습자는 강의의 주체가 되어 참여하게 된다. 게임화 요소를 강의에 곁들여 학습을 더 재미있고 도전적으로 만들 수 있다. 하지만 재미만 있어서는 안 된다. 재미와 함께 의미를 부여해야 한다. 게임을 진행한 뒤 아무런 피드백이 없다면, 그 강의는 그냥 게임으로 마무리가 된다. 그러나 게임 이후 이 게임을 왜 했는지, 강사가 어떤 메시지를 전달하고 싶은지 의미를 부여한다면 더욱 기억에 남는 강의가 될 것이다. 나는 강의를 준비할 때 같은 게임이더라도 학습자에 따라, 강의 주제에 따라 다른 의미를 부여한다. 의미 전달을 위해 명언과 다양한 영상 자료를 활용하고는 한다. 평소 책 한 권을 읽어도, 영화 한 편을 보아도 강의에 어떻게 활용할 수 있는지 생각하는 시간을 갖는다. 가끔은 직업

병이라는 생각이 들 때도 있지만, 이런 과정에서 강의를 더 재미있게 구성하여 몰입력을 높일 수 있다.

대부분 재미있는 강의가 무엇인지 생각해 보라고 하면, 활동형, 게임형 강의를 먼저 떠올린다. 이는 '지식 전달형 강의 수업은 재미없다.'라는 생각을 바탕으로 한다. 정답이 아니다. 활동형, 게임형의 강의가 아니더라도 강사의 화법, 스타일, 강의 내용에 따라 재미있는 강의가 될 수 있다. 재미있는 강의를 만들기 위해 강사는 학습자 앞에서 억압적인 태도를 내려놓아야 한다. 전문적인 모습, 단정한 모습 등이 필요하지만, 권위적인 태도는 간혹 강의에 대한 집중도를 낮추게 된다. 강하게 말하지 않아도 카리스마가 느껴질 수 있는 태도를 갖추어 강의를 압도할 수 있도록 노력해야 한다. 이는 강의가 시작하기 전, 강의장에 들어서는 모습, 학습자에게 인사할 때, 강사의 목소리와 복장 및 표정, 강의 중 강사의 자세 등에서 나타난다. 가끔 우리는 기본의 힘을 간과할 때가 있는데 기본을 지키는 것이 중요하다. 이런 기본적인 것이 갖춰진다면, 그다음은 학습자가 알아서 따라오게 된다. 학습자를 동기 부여하고 참여를 끌어내고 싶다면, 명확한 목표 설정이 필요하다. 오늘 강의의 학습 목표를 명확하게 전달하여 학습자의 학습 효과를 높인다면 더욱 강의에 집중할 수 있고 참여를 유도할 수 있다.

학습은 개인적인 과정이기도 하지만 동시에 사회적 의사소통 활동이다. 하나의 강의를 강사와 학습자가 협업하고 소통하면서 만들어 간다고 볼 수 있다. 강사와 학습자의 협업은 학습자 중심의 접근으로부터 시작된다. 학습자 중심의 접근은 유행하는 어떤 경향이 아니라, 교육의 본질적 가치의 실현이다. 강사는 학습자 개개인의 특성을 존중하고, 그들이 강의에 집중할 수 있는 최적의 환경을 만드는 것이 역할임을 알아야 한다. 그러기 위해서 강사는 지속해서 학습하고, 새로운 강의 방법과 기술적인 면을 탐구해야 한다. 중요한 것은 눈에 보이지 않는다. 눈으로 보이는 학습자의 유형만을 보고 판단하거나 편견을 가지면 안 된다. 학습자를 살아있는 존재로 보고 꾸준히 학습자의 유형을 이해하도록 힘써야 한다. 학습자 중심의 교육은 학습자의 개별적 잠재력을 끌어올릴 수 있다. 결국 강의의 질적 향상으로 이어진다.

사회가 급속도로 변화하며 지식의 효용 시기가 점점 짧아지고 있다. 평생학습이 필요한 사회에서 강의의 학습자 중심 접근은 매우 중요한 영역이다. 학습자가 다양한 플랫폼 중에서 나의 강의를 선택할 수 있는 기반을 마련해주어야 한다.

제4장 강의 운영의 실제

2024년 하반기에는 가천대 명강사 최고위 과정을 수료했다. 그곳에는 좋은 강사님들을 만났고, 많은 것을 배우고 느낄 수 있는 시간이었다. 어느 날 강사님 한 분이 "강사님은 강의 전에 연습을 하나요?"라고 질문을 하셨다. 강의 전에 연습이라니 너무 당연한 일이어서 바로 대답하였다. 그랬더니, "얼마나 연습을 하나요?"라고 다시 질문을 하셨다. 얼마나 연습하는가에 대해서는 한 번도 생각을 해본 적은 없는데 강의가 시작되기 전까지 계속 연습한다고 말씀드리니, "그렇다면 대본을 써서 다 외우나요?"라고 다시 물어보셨다.

처음 강의할 때는 시작 인사부터 마무리 인사까지 대본을 써서 보고 또 보면서 연습하고 외우기도 하였다. 하지만 실제로 강의 대본을 모두 외우기란 쉽지 않다. 사실 대본을 외우기 힘든 이유는 따로 있다. 나의 성향은 정해져 있는 것과 주어진 일을 할 때 편안함을 느끼는 편이다. 새로운 것에 대해 호기심도 많고 즐거움을 느끼기도 하지만, 나의 예상을 벗어나는 돌발 상황에 대해 스트레스를 많이 받기도 한다. 그래서 처음 강의할 때 매우 힘들었다. 내가 예상한 학습자의 반응이 있고, 내가 준비한 강의 내용이 있는데 그대로 진행되지 않을 때 체온이 올라가도 송골송골 땀이 났다.

강의 현장은 나의 예상대로 내가 미리 작성한 대본대로 흘러가지 않는다는 것을 경험하며 깨달았다. 그래서 그 뒤로는 강의 대본을 작성하고 외우지는 않는다. 대신 PPT 슬라이드를 보면서 이 슬라이드에서는 어떤 내용을 전달해야 하는지, 무슨 말을 해야 하는 지 등에 대해 생각하고 연습한다. 그 전에 강의를 준비하기 위해 3장에서 설명한 학습 목표를 명확하게 하고, 강의 계획서를 작성하여 전체 강의의 뼈대를 세운다.

강의 내용이 정해져 있는 경우에는 강의 노트를 따로 작성하기도 한다. 청소년 강의를 진행할 때 특강 형식이 아니라면, 한 반을 담당하여 3교시 이상 강의를 진행하게 된다. 그럼 1교시부터 마지막 교시까지 전달해야 하는 강의 내용과 학습지 작성, 학생들의 모둠 활동 및 개인 활동까지 세세하게 작성한다. 그리고 강의를 준비하고 PPT를 만드는 과정에서도 여러 번 바꾸고 상황에 맞는, 학습자에 맞춘 내용들도 수정하고 추가하면서 강의를 준비한다.

이런 과정을 여러 번 거치게 되어 강의 준비시간이 긴 편이다. 나의 강의 노트는 대단한 것은 아니지만, 드라마를 보다가도 책을 읽다가도 강의에 사용할 수 있는 내용이나 갑자기 떠오르는 내용을 적어두어 어지럽기도 하다. 하지만 이 노트를 보면 내가 얼마나 강의를 열정적으로 준비하였는지 알 수 있고 강의 후에는 내가 준비한 내용들을 다시 점검하면서 부족한 부분은 없었는지, 너무 많은 것을 담으려고 욕심을 부리지는 않았는지 등을 파악할 수 있는 이정표가 된다. 그리고 셀프 피드백을 위한 기준이 된다. 그래서 강의 노트를 작성하는 것을 다른 강사님들에게도 추천하고 싶다. 내 강의의 시작부터 마무리까지 기록할 수 있어 언제, 어느 강의이든 강의를 준비할 수 있고 기존의 강의를 향상할 수 있다.

강의 전 예행연습(리허설)은 강의의 완성도를 높인다. 먼저, 강의 전 전체 강의를 연습하면서 PPT 작동을 확인하고 강의에 필요한 매체 자료들이 잘 재생되는 지도 살펴보아야 한다. 가능하다면 소리를 내어 연습하고, 편안한 자세나 복장보다 강의 당일 입을 의상을 입어보거나 서서 연습하는 것도 많은 도움이 된다. 어렸을 때부터 전날 준비하는 것이 익숙하다. 부모님 두 분 모두 미리 준비하는 것과 시간 약속을 지키는 것에 엄격하셨다. 그 영향인지 강의 전날에는 강의 당일에 입을 옷을 미리 준비 해두고 가방도 미리 챙기고, 잘 챙겼는지 여러 번 확인 하기도 한다. 다른 사람이 보면 강박이라고 느낄 정도로 여러 번 확인하고 또 확인한다. 과할 수 있겠지만 나는 강사라면 이 정도의 준비성과 예행연습(리허설)은 필요하다고 생각한다. 물론 준비가 미흡할 때도 있고 스스로 준비가 잘 됐다고 생각해도 막상 강의 현장에 가면 예상한 것보다 더 열악하거나 그 반대로 강의장 환경이 내가 준비한 것이 무색할 만큼 좋을 때도 있다.

수많은 예행연습(리허설)을 하더라도 실제 강의는 예상에서 벗어나는 경우들도 종종 있다. 그렇지만 준비가 부족하여 원하는 강의가 완성되지 않는 일은 없도록 사전에 충분히 준비할 수 있어야 한다. 효과적인 강의는 철저한 준비와 연습에서 만들어진다. 강의 중 예상치 못한 상황이 발생할 수 있다. 기술적인 문제나 학습자의 돌발 행동 등 다양한 일이 벌어질 수 있다. 학습자의 돌발 행동이 있더라도 강사는 당황해하거나 크게 반응하지 않도록 하는 것이 좋다. 간혹 청소년 강의에서 관심을 받고 싶어 돌발 행동을 하는 학생이 있다. 이런 경우에는 전체 앞에서 공론화하는 것보다 잠시 쉬는 시간을 갖거나 하면서 강의를 끊어가거나 그 학생과 개인적으로 이야기를 나누는 등 갈등을 관리하는 것이 좋다. 기술적인 문제는 강의 전날 강의장을 미리 살펴볼 수 있다면 좋겠지만, 그렇지 못하다면 강의 시간보다 일찍 도착하여 미리 점검하거나 교육 담당자와 면밀하게 소통하여 사전에 방지할 수 있도록 하는 것이 좋다.

강의를 진행하면서 강사가 신경을 써야 하는 것이 많다. 나는 가장 많이 신경 쓰는 것이 처음 강의 도입이다. 강의 도입에서 분위기가 만들어지지 않는다면 짧은 시간의 강의라도 강사가 조율하기가 어렵다. 그리고 강사를 진행하면서 학습자의 반응을 확인하고 참고하는 것이다. 이는 학습자의 눈치를 보라는 것이 아니라, 학습자에게 잘 보이라는 것이 아니다. 학습자의 반응을 통해 지금 내가 사용하는 언어가 너무 어렵지는 않은지, 강의 진행 속도가 빠르지는 않은 지 등을 살펴야 한다. 이는 성인 학습자, 학생 학습자 등 모두에게 필요하다. 강의 전에 학습자에 대한 분석 등을 하겠지만, 준비한 것과 다를 수 있다는 것을 염두에 둬야 한다. 혹시라도 학습자가 지루해하는 모습을 보인다면 학습자의 경험을 말할 수 있는 질문을 던진다거나 앞서 진행한 강의 내용을 퀴즈 형식으로 물어본다거나 하면서 주의 환기를 하는 여유도 필요하다. 또 강의 진행 중 강사는 시간을 확인해야 한다. 강의 시간보다 5분~10분 정도 일찍 끝나는 것은 괜찮지만, 30분 이상 일찍 마무리되거나 약속된 강의 시간보다 넘기는 일은 좋지 않다. 나에게 시간이 중요한 만큼 학습자들의 시간도 중요하다. 강의 내용을 모두 전달하지 못했어도 강의가 끝나는 시간은 꼭 지킬 수 있어야 한다. 시간을 잘 지키기 위해서는 사전 연습이 많이 되어야 하고, 강의 중 핵심적으로 다루어야 할 내용을 확실히 숙지하고 있어야 한다.

강의 후 평가는 강사가 지속해서 강의할 수 있도록 힘을 만들어 준다. 가끔 강사가 원하는 결과가 나오지 않았을 때, 학습자를 탓하거나 강의 현장을 탓하는 경우도 많다. 환경을 탓하며 합리화하는 것보다 자기 객관화를 하는 용기가 필요하다. 강의 중 실수가 있었다면 그것을 인정하고 개선할 수 있도록 노력해야 한다. 학습자들의 강의 후기, 교육 담당자들의 강의 후기를 모두 확인하고 꼼꼼하게 분석해야 한다. 단순히 '좋았다, 재미있었다.' 등의 좋은 후기뿐만 아니라 듣기 싫은 후기도 확인하고 받아들이는 용기가 필요하다. 이런 강사의 강의 평가에 대대 인정하는 용기는 강의의 질을 높이고, 강사의 역량을 향상하는 힘이 된다.

제5장 **강사로서의 경영 전략**

강사는 자기 자신을 상품화하고 경영해 나갈 수 있어야 한다. 경영이
라는 단어가 어렵게 느껴질 수 있지만, 사전적 의미를 찾아보면 '기업이나
사업 따위를 관리하고 운영함, 기초를 닦고 계획을 세워 어떤 일을 해 나
감, 계획을 세워 집을 지음'이라고 정리하고 있다. 경영이라고 하는 단어가
어떤 기업을 운영하는 거창한 단어처럼 느껴지기도 하지만, 기초를 닦고,
계획을 세우며 일을 해 나가는 의미도 담고 있다. 강사는 하나의 기업으로
볼 수도 있다. 나의 이름 세 글자를 걸고 강의하는 만큼 강사로서 경영 전
략을 가지고 계획적으로 일을 해 나가야 한다.

강사에게 가장 중요한 경영 전략은 이미지 구축(브랜딩)이다. 이전까지
나는 사실 강사 이미지와 브랜딩에 대해 크게 생각하지 않았다. 회사에 소
속되어 있고, 따로 내가 마케팅을 하기보다는 정해져 있는 강의를 진행하

는 경우가 많았기 때문일 수도 있다. 또 새로운 일을 하는 것보다 주어진 일을 해내는 것에 우선순위를 두는 경향이 있기 때문일 수도 있다. 그러나 회사 내에서 나의 입지를 다지고 나의 팀을 꾸리고 운영하면서, 나의 평판과 나의 이름을 알리는 것이 중요하다는 것을 깨달았다. 나의 이미지와 평판에 따라 우리 팀에 소속되어 있는 후배들에게 영향이 가더라는 것이다. 내가 주어진 일에만 열심히 하면 그냥 일 잘하는 리더, 강의 잘하는 강사로만 기억이 되는 것이다. '이이슬'이라는 이름을 떠올렸을 때, "아, 그 강사 강의 잘하지."라는 이야기뿐만 아니라, "아, 그 강사 ○○○ 잘하지! 전문가지 그 분야에서."라는 평가를 들어보고 싶다는 생각이 들었다.

사내에게 강의 의뢰를 받았을 때 "저는 이 강의를 할 줄 모릅니다." 또는 "저는 이 강의를 할 수 없습니다."라는 이야기를 해본 적이 거의 없다. 평소 해보지 않거나 생소한 주제로 강의를 요청하거나 사내 교육을 요청하였을 때, "No!"라는 거절의 메시지보다는 어떻게 하면 내가 그 강의를 할 수 있을까를 생각했던 것 같다. 담당자에게 내가 무엇을 준비해야 하고, 이 강의와 교육을 통해 얻고자 하는 기대효과가 무엇인지 질문을 한다. 그리고 꼭 들어갔으면 하는 내용이 있는지를 확인한다. 그 내용들을 바탕으로 강의를 준비하곤 하였다.

이런 과정에서 피곤함도 있고 부담감도 있지만 분명 배우는 것들이 있었다. 내가 생각해 보지 않은 것들에 대해 새롭게 공부하고 하면서 얻는 것들도 있다. 그렇게 나름 나의 이름을 사내에 알리고 좋은 이미지를 구축했다고 생각했다. 그러나 작년 나는 '강사 이이슬'에 대해 아무것도 없다는 것을 깨달았다. '우물 안 개구리' 딱 그 말로 정리가 되었다. 외부에 나가서 나를 소개할 때도 내 전문 분야가 무엇인지 명확하게 말할 수 없음을 알고 입안이 매우 썼다. 리더십, 학습 코칭, 진로 지도, 면접, 글쓰기, 스피치 등 다양한 주제로 강의를 해왔고, 할 수 있지만 한 문장으로 나를 설명할 수 없었다. 나의 전문성과 나의 정체성이 무엇인지 스스로 질문하는 시기가 바로 작년 2024년이었다. 강사의 브랜딩에 있어 중요한 것은 전문성이라고 깨닫는 순간이었다. 다 할 줄 아는 다재다능함도 중요하겠지만, 나의 정체성을 찾는 것이 우선이었다.

그래서 작년 한 해는 "나는 누구인가?"라는 질문을 스스로 많이 던졌던 것 같다. 그렇게 기본적인 질문을 시작으로 내가 하고 싶은 일이 강의가 맞는지, 강의하고 싶다면 어떤 강의를 하고 싶은지, 그 강의를 하려면 무엇을 준비해야 하는 지 등 꼬리에 꼬리를 무는 질문으로 가득 채웠다. 나는 많은 사람에게 감동을 주고 동기부여를 하는 강의를 하고 싶다. 나이가 들어 머리가 하얘지고 환갑이 넘어 칠순, 팔순을 바라보는 순간에도 사람들 앞에서 나의 경험을 공유하고 학습자의 이야기를 들으며 성장하는 그런 강사가 되고 싶다는 결론을 냈다. 강사의 경영 전략, 브랜딩은 거창한 어떤 이론이나 전략보다 먼저 나의 정체성을 찾고 최종 목표를 결정하는 것이다. 그 이후 그 목표를 달성하기 위해 계획과 전략을 세울 수 있지 않을까 싶다.

나의 정체성을 찾아가는 과정에서 할 것들이 많았다. 강사라는 좋은 집을 짓기 위해 땅을 다지는 것부터 시작하였다. 강사에게 필요한 교육이 무엇인지 찾아보며 공부하게 되고, 회사를 벗어나 새로운 사람들을 만나는 공간도 적극적으로 참여하고자 노력하였다. 많은 사람이 활달하고 외향적인 사람으로 나를 알고 있지만, 사실 내향적이고 낯도 많이 가린다. 그런 내가 새로운 네트워킹을 구축하기 위해 노력을 하니 스트레스를 받는 일도 많았다. 그렇지만 그러는 그 순간 가만히 앉아서 얻을 수 없는 것들을 얻었다. 정말 많은 강사님이 치열하게 강의를 준비하고 학습하고 있음을 알게 되었다.

평소 필기하는 것을 좋아해 강의 노트를 손으로 작성한다. 강의 계획, 아이디어, 그리고 강의 후 나의 소감 등도 적어두는데 이런 기록을 나만 볼 것이 아니라 사람들과 공유해야 함도 절실히 느끼게 되었다. '나는 아직 블로그를 할 줄 몰라. 조금 더 공부해서 멋진 블로그를 만들어 보자!'라는 그동안의 내 생각은 완벽하게 공부하고 문제를 풀겠다고 말하는 학생들과 같은 실수를 하고 있음을 알았다. 블로그를 시작하고 나의 강의에 대해, 그리고 다른 강사님의 강의에 대해 정리를 하였다. 어색하지만 프로필 사진을 찍고 포털 사이트에 인물 등록도 하면서 '강사 이이슬'을 만들기 위한 노력을 했다. 아직 완전한 나를 알리지 못했지만 그렇게 한 단계 더 강사의 모습을 갖추어 가고 있지 않나 생각이 든다.

이렇게 하나씩 임무를 수행하듯 나만의 브랜딩 계획들을 마무리하고 나니 더 많은 것들을 공부해야 하고 준비해야겠다는 생각도 들었다. 이렇듯 강사는 끊임없이 자신에 대해 생각하고 학습하며 성장해야 한다. 다양한 브랜딩 방법이 있겠지만, 그중 가장 중요한 것은 학습과 성장이라고 생각한다.

강사에게 리더의 역할 또한 중요하다. 강의장에서는 학습자를 학습 목표에 도달하도록 하는 리더의 모습이 필요하고, 개인적으로는 강사로의 역할 수행을 가능하게 만드는 셀프 리더십이 필요하다. 좋은 리더란 무엇일까? 수십 명, 수백 명의 학습자 앞에서 멋들어지게 강의하는 것? 스스로 멋진 강사라고 오늘 강의 완벽했다고 응원하며 자존감을 높이는 것? 모두 중요하겠지만 강사의 리더십은 소통과 학습으로부터 나온다고 생각한다. 학습자 앞에서 멋진 강의를 마무리할 수 있으려면 그들과 끊임없이 소통해야 한다. 흔한 말 주고받기의 소통이 아니라, 학습자들의 요구를 파악하여 전문성 있는 강의를 해 나갈 수 있도록 강의 전, 강의 중, 강의 후에도 학습자와 함께 호흡하며 소통해야 한다. 그리고 그런 소통을 가능하도록 학습이 뒷받침되어야 한다.

전문성이란 어떤 분야에 상당한 지식과 경험을 가짐을 말한다. 전문성을 가지고 학습자와 소통으로 하려면 다양한 학습이 필요하다. 책이나 영상, 강의 등으로 채울 수 없는 지식과 경험도 있다. 이것은 다른 강사님들과의 소통으로부터 얻을 수 있다. 많이 질문하고 배우고, 또 내 것을 나누고 공유하며 그렇게 학습해 나갈 수 있다.

강사는 그냥 말 잘하는 사람이 아니다. 지식을 전달하는 사람도 아니다. 강사는 이런 단순한 능력으로 만들어질 수 없다. 스스로 끊임없이 던지는 질문과 그 질문을 통해 완성되는 자신만의 정체성을 **바탕**으로 체계적인 경영 전략을 세워야 한다. 그 과정에서 소통과 지속적인 학습도 필요하다. 이런 노력을 멈추지 않는다면 내가 꿈꾸는 남녀노소를 가리지 않고 다양한 성향의 학습자에게 감동을 주고 동기부여 하는 강사로 팔순을 바라보는 나이에도 강단에 설 수 있지 않을까 기대해 본다.

오늘보다 나은 내일을 교육하다

이채영

개인의 꿈과 조직의 시너지를 이끄는 강사

제1장 **강사로서의 자기 이해**

강사로서 나의 강점은 무엇인지 생각해 본 적이 있다. 백화점 사내 강사 시절, 동료 강사에게 "강사님은 이해하기 쉽게 강의하시네요."라는 말을 들었다. 처음 이 말을 들었을 때는 칭찬인지 아닌지 헷갈렸다. '강의 내용 깊이가 부족하다는 말인가?', '내가 수박 겉핥기식으로 강의하고 있나?'와 같은 생각이 들면서도, 이상하게 자신감과 불안감이 동시에 느껴졌다. 이해하기 쉽고 유익한 강의가 나의 목표이면서도, 한편으로는 '깊이는 부족하고 즐겁기만 한 강의가 되지 않을까?' 하는 마음이 충돌했기 때문이다.

하지만 그때는 내가 강사로서의 나의 강점을 제대로 파악하지 못했던 시절이었다. 사실 내가 강의할 때 가장 중요하게 생각하는 점이 있다. 어려운 개념이나 이론 전달 보다는 강사는 그 이론을 토대로 사례와 경험을 예시로 들어야 한다고 생각한다. 교육생의 관점에서 이해하기 쉽게 '이야기하듯이' 풀어내는 것이 핵심이다.

여기서 '이야기하듯이' 하는 강의가 나의 강사로서의 강점이다. 정보를 외워 전달하기보다 내가 알고 있는 내용을 '이야기하듯이', 나의 경험을 '말하듯이' 강의하면 교육생도 자연스럽게 강사와의 대화에 참여하게 된다. 강사와 교육생의 상호 소통 방식의 참여형 교육으로 만들어지면 교육의 집중력을 높여 이해하기 쉬운 강의가 완성된다. 교육생과 자연스럽게 소통하며, 교육이라는 부담감을 느끼지 않도록 만들어서 강의 시간이 딱딱하지 않고, 대화를 나누는 듯한 분위기를 조성하는 것이 내가 추구하는 강의 방식이다.

물론 처음 강의를 시작했던 초보 강사 시절에는 자연스러운 소통이 잘 되지 않았다. 아니 솔직히 그냥 소통이 없었다는 표현이 더 맞다. 우연히 10여 년 전 초보 강사 시절 강의 영상을 보게 되었는데, 국어책 읽는듯한 모습에 경악했던 적이 있다. '이건 그냥 책 대신 읽어주는 사람 아닌가?', '이럴 거면 그냥 교육생이 직접 책 읽는 게 더 나을 것 같은데?'라는 생각이 들었다. 그때의 나는 준비한 내용을 숙지한 대로 전달하는 데만 초점을 맞추었기 때문이다. 혹시나 강의하면서 외운 내용을 잊어버릴까 전전긍긍하는데 소통이 잘될 리가 없었다.

그런 시기를 거치며 단순히 이론을 정리하고 외워서 전달하는 것이 강사의 역할이 아니라는 중요한 깨달음을 얻었다. 강사는 교육생이 이해하기 쉽도록 자연스럽게 내용을 전달해야 한다.

그럼, 자연스럽게 전달하려면 어떻게 해야 할까? 나는 그 해답이 대화하듯 말하는 것에 있다고 생각한다. 그래서 강의를 준비할 때 '내가 어떻게 말하면 교육생이 더 잘 이해할 수 있을까?'를 고민했다. 가장 먼저 내가 명확하게 이론과 개념을 이해하고 있어야만 그 내용에 관련된 나의 경험이나 교육생들이 공감할 수 있는 적절한 좋은 사례들이 연결됐다.

나의 경험과 사례를 이야기할 때, 자연스럽고 편안하게 말이 나오게 되고, 이런 화법에서 교육생은 강사에게 진정성을 느끼고, 강의 몰입도를 높여 교육 내용을 쉽게 이해하게 된다.

'이야기하듯' 강의하는 것은 이론과 개념을 명확하게 이해하고 강사만의 경험과 공감 사례로 재해석할 수 있을 때 가능해진다고 생각한다. 강사로서의 자연스러운 화법과 대화하듯 전달하는 방식은 나의 강점으로 자리 잡았다. "강의 시간이 편안하면서 유쾌했다.", "시간 가는 줄 몰랐다.", "이해하기 쉬웠다."라는 피드백을 받으면, 그 강점을 활용해 더 좋은 강의 성과를 내야겠다고 다짐한다.

누구에게나 강점은 반드시 존재한다. 먼저 내가 어떤 방법으로 성과를 내는지 알고 있다면 나의 강점을 어렵지 않게 찾을 수 있다. 강점으로 성과를 낸다면 자신에게 확신을 가질 수 있고 강점은 나에게 강력한 무기가 될 것이다. 강점은 타고나는 것이 아니다. 자신만의 방식으로 꾸준히 다듬고

훈련해야 한다. 앞으로도 나는 나만의 강점을 더욱 발전시켜서 오늘보다
나은 내일의 내가 되기 위해 성장하고, 더 많은 사람에게 유익하고 이해하
기 쉬운 강의를 하는 것을 목표로 할 것이다.

제2장 **교육 콘텐츠 개발**

"CS 교육 콘텐츠는 다 비슷하지 않나요?"라는 질문을 자주 받는다. 나는 이 말에 반은 동의한다. CS 교육은 강사가 입문하기에 비교적 쉬운 분야다. 그래서 기업이나 기관을 출강하는 강사의 대다수는 CS 교육을 할 수 있다. 교육 담당자들 역시 CS 교육을 대부분 아는 내용이라고 생각하며 요청하기도 한다.

이 점에서 나는 반쯤 동의한 것이다. 많은 사람이 알고 있는 내용은 한 편으로는 알고 있어야 하는 필수 내용이기에 교육 내용이 비슷할 수밖에 없다.

하지만 나는 CS 교육만큼 까다로운 교육이 없다고도 생각한다. 다른 분야의 교육보다 콘텐츠가 교육생에 맞춤식으로 커스터마이징이 되어야 하는 교육이다. 그래서 나는 CS 교육 콘텐츠가 비슷하다는 말에 절반은 동의하지 못한 것이다. 13년 차 강사 생활을 하면서 CS 교육을 전문 분야로 하고 있지만, 여전히 강의 요청이 들어오면 제일 어려운 교육이다. CS는 알수록, 경험할수록 더 어려운 분야다.

현장을 고려하지 않은 CS 교육은 교육생들의 공감을 얻지 못한다. 교육 시간 내내 뜬구름 잡는 이야기만 하다 끝나는 교육이 되기 가장 쉬운 교육이기 때문이다. 예를 들어, 제조업이 원하는 CS와 서비스업이 원하는 CS가 같은 콘텐츠로 진행될 수 있을까? 또는 판매사원 CS 교육과 도급사원 CS 교육이 같은 내용으로 진행된다면 과연 교육생은 교육 내용에 공감할 수 있을까? 절대 그럴 리가 없다. 그렇다면 어떻게 공감하는 교육을 설계할 수 있을까?

프리랜서 강사로 전향한 뒤, 제조업 CS 교육 요청을 받았던 때가 떠오른다. CS 교육은 눈 감고도 할 수 있는 전문 분야라고 자신했었고, 어느 산업군에서나 적용할 수 있다고 생각했다. 하지만 실제로 제조업에 대한 이해와 경험이 부족해 많은 어려움을 겪었다. 커리큘럼을 먼저 회신해야 했는데, 제조업의 특성과 현장을 잘 몰라서 어떤 내용을 포함해야 할지 막막했다. 기한은 다가오는데 커리큘럼 작성은 시작도 하지 못하고, 제조업에 관한 정보 수집에만 시간을 쏟고 있었다. 지금 생각해도 정말 난감한 상황이다.

제조업에 근무하는 지인들과 통화하고, 인터넷 검색을 하며 겨우 커리큘럼을 완성해 회신했던 그때가 떠오른다. '고생 끝에 낙이 온다.'라는 속담처럼 교육 결과는 현장 맞춤형 교육이라는 좋은 피드백을 받았다. "프리랜서 강사로 전향하고 힘들었던 시간이 언제였냐?"라고 물어보면 나는 바로 "OO 기업 CS 교육 커리큘럼 만들 때요!"라고 대답할 수 있다. 그리고 지금까지 가장 뿌듯했을 때도, 가장 성장했을 때도 그때였다고 자신 있게 말할 수 있다.

나는 교육 중에 교육생이 "우리 업무를 정말 잘 아시네요."라고 하면 기분이 좋다. 교육생이 내가 하는 말을 집중했다는 방증이고 내가 준비한 교육 내용에 공감했다는 의미로 들리기 때문이다.

CS 교육은 첫 번째도 현장, 두 번째도 현장, 세 번째도 현장을 알고 있어야 교육의 완성도를 높일 수 있다고 생각한다. 완성도 높은 교육은 꼼꼼한 교육 설계이고 교육 설계의 시작은 현장 파악이라고 생각한다.

그래서 나는 현장 파악을 위해 CS 교육 설계 전, 교육 담당자와 반드시 사전 미팅을 진행하고 있다. '해당 교육을 듣는 이유가 무엇인지?', '최근에 관련된 이슈가 있었는지?', '어떤 내용이 꼭 포함되길 원하는지?' 등 다양한 질문을 토대로 담당자가 원하는 교육 방향을 확인하고 이 교육을 왜 진행하는지 명확하게 이해한 후, 커리큘럼을 설계하고 현장 맞춤형으로 교육을 구성하고 있다. 여건이 된다면 교육 전, 근무 환경과 업무 특성 그리고 현재 직원들의 서비스 수준을 파악하고자 현장을 방문해서 모니터링도 한다. 교육생들이 겪고 있는 구체적인 상황을 파악하고, 그에 맞춰 교육 콘텐츠를 조정해야 교육생의 공감을 얻는 성공적인 CS 교육이 가능하기 때문이다.

단 한 번의 교육으로 마법 같은 변화를 기대하기는 어렵다. 하지만 교육생이 교육 내용에 공감하고 마음에 변화가 생길 때, 그 변화는 기대해 볼 만하다.

마음의 변화를 이끌고, 행동으로 실천할 수 있도록 돕는 교육을 만들기 위해 나는 계속해서 교육생들의 업무와 현장을 고민하고 노력할 것이다.

제3장 **학습자 중심의 접근**

교육장의 주인공이 강사라면 성공적인 교육이라고 할 수 있을까? 나는 그렇지 않다고 생각한다. 교육장의 주인공은 강사가 아니라 교육생이어야 한다. 강사는 그 주인공이 빛날 수 있도록 돕는 조력자의 역할을 해야 한다.

강사를 처음 준비할 때, 강사 양성 과정을 수강했다. 과정 수료를 앞두고 마지막 과제로 셀프티업(*self-tee up*)을 준비하게 됐는데, 이는 강의 시작 전에 강사로서 자신을 소개하는 자기소개 멘트다. 과제를 받은 나는 머릿속으로 '어떻게 하면 내가 돋보일까?', '나를 강렬하게 기억하게 만들 방법은 뭘까?', '눈에 띄고 싶은데?'를 고민하며 멘트를 구상했다.

지금도 그날의 발표가 생생히 기억난다. 교육 동기 중 한 명의 셀프티

업 멘트를 듣고 머리를 한 대 얻어맞은 듯한 충격을 받았기 때문이다. 동기
는 이렇게 시작했다.

"저는 안개꽃 강사 ○○○입니다."

'왜 하필 안개꽃이지? 예쁜 꽃들이 많은데, 안개꽃은 장미 옆의 들러리
같은 존재 아닌가?'라는 생각이 들었다. 그런데 동기의 멘트는 이어졌다.

"장미꽃을 돋보이게 하는 안개꽃처럼, 저는 여러분을 돋보이게 만들어
드리는 강사입니다."

그 말은 내게 깊은 울림을 줬다. 지금은 조금 유치해 보일지 모른다. 하
지만 당시에는 강렬한 멘트가 곧 기억에 남는 강사를 만든다고 배웠다. 많
은 강사가 "에너자이저 강사 ○○○입니다.", "빨간 구두 열정 강사 ○○
○입니다."라는 식으로 강렬하게 이미지를 말하던 시절이었다. 그러나 그
중에서 교육생을 돋보이게 하겠다고 말한 사람은 그 동기가 유일했다. 그
때 강사의 역할에 대해 다시 생각하는 계기가 됐다. 교육의 주인공은 강사
가 아니라 교육생이란 것을 깨달았고, 이 깨달음은 지금까지도 내 강의 철
학의 기반이 되고 있다.

나는 강의를 준비할 때 늘 교육생 중심의 환경을 만드는 데 집중한다.
교육생들이 직접 참여하고 주도할 수 있는 구조를 설계한다. 물론 참여형
교육을 부담스러워하는 교육생들도 있다. 하지만 그 부담을 덜고 자연스
럽게 참여하도록 이끄는 것이 강사의 역할이라고 생각한다.

교육생을 자연스럽게 참여시키는 방법은 다양하다. 아이스브레이킹

으로 분위기를 부드럽게 만들고, 중간중간 재미있는 스팟을 활용해 집중력을 끌어올릴 수도 있다. 게이미피케이션, 디자인 씽킹, 퍼실리테이션, 코칭, 동영상 시청, 온라인 도구 활용, Q&A 등 창의적인 교수법도 효과적이다. 그러나 주의해야 할 점도 있다. 대부분 교육생은 자발적으로 교육을 듣는 경우가 드물다. 강요 때문에 참석하는 경우가 많다 보니, 재미만을 추구하거나 의미 없는 활동을 억지로 진행하면 오히려 참여율이 떨어질 수 있다. 중요한 것은 교육생들과 관련성을 가진 내용이어야 한다는 점이다.

사람들은 자신과 관련이 있을 때 흥미를 느끼기 마련이다. 교육생도 마찬가지다. 흥미를 유발하는 스팟조차도 교육생과 관련된 내용으로 구성해야 자연스럽게 몰입을 끌어낼 수 있다. 이를 위해서는 교육 전에 해당 조직의 정보를 최대한 수집하는 것이 중요하다. 조직의 특성을 이해하고 이를 교육에 반영하면 교육생과 강사의 소통이 더 자연스러워진다.

교육은 마음이 편안하고 분위기가 즐거울 때 메시지가 더 잘 전달된다. 강사의 일방적인 강의는 지루해질 수밖에 없다. 그렇다고 재미만 추구하면 교육이 아닌 레크리에이션 시간으로 끝나고 만다. 주어진 시간 안에 교육생들에게 의미 있는 학습 경험을 제공해야 한다.

나는 교육생들이 자연스럽게 상호작용하며 교육에 몰입할 수 있도록 강의를 구성한다. 아이스브레이킹 활동을 교육 내용과 연결하고, 조직과 관련된 퀴즈로 의미를 더한다. 게이미피케이션 활동을 통해 이론을 몸으로 경험하고, 마지막에는 질문을 활용한 코칭 기법으로 교육생들이 스스로 해답을 찾을 수 있도록 돕는다. 중요한 것은 교육생 한 사람 한 사람이 수동적인 학습자가 아닌, 주도적으로 참여할 수 있는 환경을 만드는 것이다. 강사는 교육생의 잠재력을 믿고 스스로 성장할 수 있도록 돕는 촉진자 역할을 해야 한다. 교육생이 주체적으로 학습에 참여할 때, 교육의 효과성은 높아진다.

교육의 성공은 강사가 아닌 교육생에게 달려 있다. 강사는 그들이 몰입하고 성장할 수 있는 환경을 제공하는 사람이다. 나는 이러한 철학을 바탕으로 강의를 설계하며, 교육생과 강사가 모두 만족하는 강의 현장을 만들어 가고자 한다.

다시 한번 강조하지만, 교육장의 주인공은 강사가 아닌 교육생이어야 한다. 교육생이 주인공이 되어야 비로소 교육은 진정한 의미가 있다.

제4장 **강의 운영의 실제**

프리랜서 강사는 사내 강사와 달리 매번 새로운 교육 환경에 마주하게 된다. 익숙하지 않은 교육 장소와 낯선 교육생들과 함께 호흡을 맞추며 강의를 진행하는 일은 언제나 새로운 도전과 같다. 성공적으로 강의를 하려면 철저한 사전 준비를 통해 교육 환경에 신속하게 적응하는 것이 중요하다. 성공적인 강의를 위한 첫 단추는 강의 니즈 분석이며, 명확한 분석을 통해 강의가 원활하게 진행될 수 있는 기반을 마련해야 한다.

강의장에서 내가 준비한 대로 강의가 흘러가지 않아서 당황했던 적이 있다면, 사전에 필요한 정보를 충분히 수집하지 못했기 때문이다. 사전에 필요한 정보를 파악하는 것이 강의 니즈 파악이다.

나도 강의 니즈를 파악하지 못해 예상치 못한 상황에 직면한 적이 있다. 하지만 여러 번의 시행착오를 거치며 강의 니즈 분석을 더 구체적이고 철저하게 하는 방법을 배웠다. 지금은 사전 준비로 더 나은 강의를 제공할 수 있게 됐다.

나는 강의를 준비할 때, 3P로 강의 니즈를 파악하고 있다. 3P는 ① People: 교육 대상자 ② Purpose: 교육 목적 ③ Place: 교육 장소를 말한다.

3P의 첫 번째인 People은 교육 대상자다. 강의는 교육생을 중심으로 진행되기 때문에 교육생에 대한 이해가 강의를 성공적으로 이끄는 핵심이다. 즉, 교육생을 알아야 강의가 보인다.

나는 교육 대상자가 기업체 직원이라고만 전달받고 현장에 간 적이 있다. 도착해서 대상이 현장직 중장년층이라는 사실을 알게 되어 당황했던 적이 있다. 연령대가 높아서 열심히 준비한 교육 내용이 어렵게 느껴졌다고 피드백을 받았던 적이 있었다. 그 경험을 통해 교육생을 뾰족하게 분석하는 것이 얼마나 중요한지 깨달았다.

교육생을 분석해야 강의를 어떤 방향으로 구상할 것인지 전체적으로 그림을 그릴 수 있다. 대상자의 연령대, 성비, 현재 학습의 수준, 교육생들의 평소 분위기, 전체 인원수까지 파악하는 것이 중요하다. 교육생 연령대와 성비 구성을 알아야 적절한 사례를 준비할 수 있고, 현재 학습 수준 파악으로 교육의 난이도를 설정한다. 그리고 전체 인원수와 조직 분위기를 파악해야 강의 참여 방식을 설계할 수 있다.

두 번째, Purpose, 교육 목적이다. 사전 준비를 할 때 목적이 분명히 설정되어야 한다. 목적이 분명한 강의가 성공하기 때문이다. 교육생들이 교육을 통해 무엇을 배우고자 하는지, 어떤 부분을 개선하려는지 확실히 파악해야 한다. 교육 목적이 명확할수록 강의는 집중적이고 효과적인 방향으로 진행될 수 있다. 만족스러운 강의로 준비하기 위해서는 목적을 다시 한번 점검하는 과정이 중요하다.

마지막으로 Place, 교육 장소다. 교육 장소는 순조로운 강의 진행에 큰 영향을 미친다. 강의실의 형태나 크기에 따라 강의 방식이 달라질 수 있기 때문이다. 극장형 강의실에서는 수동적인 학습이 많아질 수 있고, 원형 테이블이 배치된 세미나실에서는 참여형 활동이 더 적합하다. 가능하다면 담당자에게 교육장 사진을 요청하거나 현장에 미리 방문해 교육 환경을 확인하는 것이 좋다. 또한 빔프로젝터, 마이크, 음향 시설, HDMI나 RGB 젠더의 유무 등도 미리 점검하여 강의 시작 전에 당황하는 일이 없도록 준비해야 한다.

내가 가장 많이 놓쳤던 부분은 바로 Place, 즉 교육 장소 분석이었다. 과거에 노트북은 HDMI인데 준비된 빔프로젝터는 RGB여서 연결할 수 없었던 경험이 있었다. 워크숍 특강이었는데 빔 연결이 불가해서 90분 동안 손수 설명하며 식은땀을 흘리며 강의했던 경험이 있다. 이후로는 언제든지 대비할 수 있도록 변환 젠더를 항상 가지고 다닌다. 또 다른 예로, 빔프로젝터를 연결했지만, 영상의 소리가 나오지 않아 당황한 적도 있었다. 그 후로는 미니 스피커를 항상 지참하게 되었다. 이러한 경험들이 쌓이며 나는 강의를 준비할 때 더 철저하게 신경 쓰고 있다.

나는 이러한 실수와 경험을 통해 강의의 성공 여부는 사전 준비가 큰 영향을 미친다고 생각한다. 강사는 준비를 얼마나 하느냐에 따라 예상치 못한 환경적 변수에 흔들리지 않고 자신감 있게 강의를 이끌어 갈 수 있다. 원활한 강의 흐름은 강의의 질을 높이고, 교육생들에게도 더 나은 학습 경험을 제공한다.

철저한 사전 준비는 강사의 경쟁력이자 성공적인 강의를 진행하는 원천이 될 것이다. 그 어떤 예기치 못한 상황에서도 강의가 흔들리지 않도록 자신감을 가지고 강의를 끌어갈 수 있기 때문이다.

제5장 **강사로서의 경영 전략**

강사들 사이에서 자주 들리는 말 중 하나는 "나는 뭘 해야 할지 모르겠어~"라는 말이다. 이 말을 하는 강사들이 초보 강사들이 아닌 최소 10년 이상 경력을 쌓아온 강사들이다. 그만큼 많은 경력을 쌓았음에도 불구하고 여전히 본인의 주력 분야를 확실히 정하지 못한 강사들이 많다.

사내 강사로 일할 때는 프리랜서 강사들이 무엇을 해야 할지 모르겠다고 말하는 것에 대해 이해하지 못했다. 당시에는 프리랜서 강사들은 모든 강의를 다 할 수 있고, 그 분야에 대한 전문성도 깊다고 생각했기 때문이다. 다양한 강의를 할 수 있다는 점에서 나는 그들이 대단해 보였고, 끊임없이 배우려는 모습에서 오히려 존경심을 느꼈다. 하지만 지금은 생각이 달라졌다. 프리랜서로 전향한 후 직접 경험을 해보니, 모든 강의를 할 수 있다는 것이 모든 강의를 잘한다는 것과는 다르다는 걸 깨달았다.

　많은 강사가 여러 분야의 강의를 하지만, 본인이 어떤 분야에서 전문성을 가질지 결정하지 못하는 경우가 많다. 처음 만나는 사람에게 "어떤 강의를 하세요?"라고 물어보면 "A부터 Z까지 다 해요.", "들어오는 건 다 하죠~"라고 대답하는 강사들이 자주 보인다. 이런 말이 틀린 것은 아니다. 강사로서 요청받은 강의를 해내지 못하는 경우는 드물기 때문이다. 하지만 바로 이 점이 강사들이 브랜딩을 해야 하는 이유다. 강의는 단지 '할 수 있는 것'이 아니라, '잘하는 것'이 중요하기 때문이다.

　이것저것 조금씩 다 할 수 있는 강사보다는 한 분야에 집중해 브랜딩된 강사가 되는 것이 훨씬 더 효율적이다. 다양한 분야에 대해 넓게 공부하고 강의하려면 많은 시간과 돈이 들어가지만, 강의 내용이 얕고 깊이가 부족할 수 있다. 반면, 한 분야에 집중해 시간을 투자하고 전문성을 쌓으면 강의의 깊이가 확연히 달라지며, 그 분야의 전문가로 자리매김할 수 있다. 여러 분야를 넓고 얕게 아는 것보다는 한 분야를 깊이 있게 공부하는 것이 강사로서 훨씬 더 유리하다. 해당 분야의 강의가 필요하면 가장 먼저 떠오르는 강사가 될 수 있기 때문이다. 그래서 주력 분야를 정하고 그 분야에서 꾸준히 브랜딩을 하는 것이 중요하다.

　나는 백화점에서 사내 강사로 10년을 근무한 경력 덕분에 자연스럽게 CS 분야로 브랜딩을 할 수 있었다. 'CS 전문가'라는 인식으로 CS 분야에 대한 강의가 필요할 때 감사하게도 나를 떠올려 주시는 분들이 많아서 브랜딩이 자연스럽게 이루어졌다. 하지만 나는 운이 좋았던 경우다. 대부분 강사는 주력 분야를 정하는 데 어려움을 겪는다. 그래서 우리는 강의 분야를 확실히 정하고, 이를 중심으로 브랜딩을 해야 한다.

브랜딩을 위해서는 먼저 자신이 즐겁게 할 수 있는 분야를 찾는 것이 중요하다. 처음부터 바로 주력 분야를 찾기는 어렵다. 다양한 분야의 강의를 경험하고, 그중에서 자신에게 맞는 분야를 찾아야 한다. 이후 주력 분야를 중심으로 강의를 진행하며 나뭇가지처럼 확장해야 한다. 중요한 점은, 나의 전문성을 키우면서 SNS에 꾸준히 내가 하는 강의를 알리는 것이다.

SNS는 다양한 채널이 있지만, 강사라면 특히 블로그와 인스타그램을 적극적으로 활용해야 한다. 블로그는 교육 담당자들이 강사를 섭외할 때 가장 먼저 찾는 채널이기 때문에 필수다. 비용을 들이지 않고도 잠재적인 고객사와 연결될 수 있는 빠른 방법이다.

다만 블로그에 올리는 글은 주력 강의 분야에 맞춰 작성해야 한다. 여러 강의를 다루는 글을 올리면 '이것저것 다 하는 강사'로 이미지가 만들어질 수 있기 때문이다. 주력 분야를 확립했지만, 경험이 부족해 글을 많이 쓸 수 없다면 강의 내용을 시간별로 나누어 포스팅하거나 강의와 관련된 유익한 정보들을 공유하는 것도 좋은 방법이다.

또한, 인스타그램은 고객사에 나를 홍보하는 용도라기보다 현직 프리랜서 강사들에게 내가 어떤 강의를 하고 있는지를 알릴 수 있는 좋은 채널이다. 내가 하는 분야의 전문 강사로 이미지가 각인된다면, 다른 강사가 나를 추천 해주는 일도 있다. 실제로 나도 인스타그램을 통해 알게 된 브랜딩된 강사에게 강의 섭외를 연결해 줬던 경험이 있다.

브랜딩을 위해서는 SNS를 적극적으로 활용해야 한다. 사진은 SNS 활용에 중요한 자료가 되기 때문에 강의 현장에서 촬영은 필수다. 셀프 촬영이 안 되는 경우, 담당자에게 강의 후 사진을 요청하면 된다. 대부분 담당자는 교육 보고서를 위해 사진을 남기기 때문에 나는 항상 강의가 끝난 후 감사 인사와 피드백을 물어보면서 자연스럽게 사진을 요청한다. 브랜딩은 하루아침에 이루어지지 않기 때문에 지속적인 노력이 필요하다.

브랜딩이 잘 된 강사는 '이 강사에게 강의를 듣고 싶다.'는 마음을 불러일으킬 수 있는 강사다. 한 분야에서 꾸준히 브랜딩을 해나간다면, 그 분야의 독보적인 강사로 자리 잡을 수 있을 것이다. 나만의 분야를 잘 브랜딩을 하여 우리 모두 각 분야에서 가장 먼저 떠오르는 강사로 성장할 수 있기를 바란다.

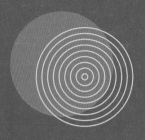

교육 서비스 제공자의 비전과 역할

조문주

강하게 꽂히는 사람 냄새 나는 강사

제1장 **강사로서의 자기 이해**

강사는 가르치지 않는다.

강사란, 청중을 더 유익하고 좋은 길로 안내하는 지도자 또는 안내자의 역할을 해야 한다. 청중을 가르치려고 하는 순간 강사로서의 방향성을 잃어버리기 쉽다.

직업훈련기관의 '서비스 강사 양성 과정' 훈련 강사로 10년 강의를 이어오며 교육 첫날 오리엔테이션에서 수강생들에게 매번 같은 질문을 던진다. "강의는 어떤 사람이 하는 걸까요?", "지식과 경험이 풍부한 사람이요.", "말을 잘하는 사람이요.", "남을 잘 가르치는 사람이요." 등 항상 비슷한 대답이 반복되면 나는 다시 질문한다. "말을 잘 못하고 지식과 경험이 부족해 남을 가르칠 수 없다면 강사가 될 수 없나요?"

이 질문에는 다들 선뜻 대답을 못해 주저하는 경우가 많다. 본인들이 생각하는 그런 이유로 강사는 특별한 사람들 또는 타고 난 사람이 할 수 있는 일로 생각하기 때문이다. 다른 사람을 가르치기 위해 지식을 배우는 거라면 교사가 되어야 한다. 강사는 강의를 직업으로 하는 사람이지만 선생님으로 불리진 않는다. 강의는 누구나 할 수 있지만, 강의를 직업으로 하는 사람이라면 전문적으로 할 수 있어야 한다. 그러므로 강의를 제대로 하려면 강사로서 자신의 역할에 대한 이해는 필수다.

강사로서 자신의 강의 스타일을 파악하는 것은 매우 중요하다. 기본 자질에 대한 강점과 약점을 통찰하는 자기 객관화가 요구된다. 그러나 강의의 초기 단계에서 자신의 스타일을 알기는 쉽지 않다. 강의하는 자의 입장에서 대개 청중에 의해 평가되는 자신의 강의 스타일을 이해하는 것은 어렵기 때문이다. 보통은 강의 시작 후 돌아오는 피드백을 통해 점차 발전시키기도 하고 의도하는 방식대로 조정하기도 한다. 강의 스피치, 강사의 이미지, 강의 분야의 지식수준, 내용 전달 방식, 표현력 등 자신이 사용하고 있는 강의 스타일이 주력 강의 분야와 일치하는지 반드시 확인해야 한다. 강점은 적극 개발하여 활용해야 하고, 부족한 부분은 없는지 파악하여 보완하거나 수정해 나가야 한다.

나의 경우 강의 시 동선과 제스처를 적극 활용하여 전달하는 내용을 입체감 있게 만들려는 노력을 기울이고 있다. 강의는 청중에게 유익할 뿐만 아니라 시각적으로도 재미를 주어야 한다고 생각하기 때문이다. 다만 스피치 속도가 빠르다는 피드백은 약점이기도 하다. 이를 극복하기 위해 발음을 정확하게 하여 속도가 빨라지더라도 전달에 문제가 없도록 특히 주의를 하고 있다. 필요할 경우 다른 강사에게 코칭을 받거나 청중에게 적극적으로 피드백을 요청하여 개선해 나가야 한다. 가능하다면 강의를 영상으로 녹화하여 시청 후 셀프 평가를 적극 활용하자.

강의를 직업으로 하는 강사의 경우 한 가지 분야만 다루지 않는 것이 보통이다. 대표 주력 분야가 있고 그 분야의 강의를 기준으로 다른 분야와의 연계 강의를 하는 것이 일반적이다.

강의를 시작할 때는 대부분의 강사들은 전직의 영향을 받아 주력 분야를 선택한다. 전직 학원 강사였던 나는 결혼 후 10년 이상의 경력이 단절된 뒤, 전공을 바꿔 심리 상담학으로 전공을 변경하고 직업 상담 관련 교육을 시작하여 HRD 훈련 강사로 본격적으로 활동하게 되었다. 이후 서비스 경영대학원에 진학하여 기업 대상 서비스 교육 분야로 강의 영역을 확대했다. 심리학 전공의 장점을 살려 MBTI, DISC 등 성격유형검사 도구를 활용한 고객 만족 응대 교육을 주 강의 분야로 삼았다. 이를 계기로 국비 직업훈련 교육기관에서 서비스 강사 양성 과정을 맡아, 사내 강사로 취업 교육을 받는 강사 지망생들에게 서비스 교육과 강의력 향상 교육을 담당했다. 또한 수료 후 수강생들이 자신에게 맞는 강의 분야를 찾을 수 있도록 하는 지도강사로 활동했다.

강의 분야를 선정할 때, 기존의 직무 현장 경험을 반영하는 동시에 새로운 분야로의 확장을 위한 추가 학습이 필요하다. 많은 강사들이 현업에서 강의하면서도 대학원에 진학하여 학업을 병행하는 이유다. 이는 심화 교육과 분야 확장의 두 가지 목표를 동시에 달성하기 위함이다. 나 역시 대학원 진학을 통해 심리학과 경영학을 접목하여 강의 분야를 확장할 수 있었다.

강사로서 10년 내 대학 강단에 서겠다는 목표로 강의를 시작한 나는 8년 만에 대림대학교 전 학과를 대상으로 '취업 역량 강화 프로그램' 강의를 맡아 한 학기 동안 강의와 컨설팅에 참여했다. 프리랜서로 활동하는 강사들은 목표 설정과 활동 방향이 명확해야 한다. 이는 강사 활동 중 어려움에 직면하더라도 중도 포기를 하거나 길을 잃지 않기 위해 필요하다.

최근 대학교 교직원을 대상으로 직무 스트레스 관리 강의를 진행했다. 이와 같은 내용을 다룰 때, 청중들이 종종 강사에게 질문을 한다. "강사님은 스트레스를 받을 때 어떻게 하시나요?" 이에 대해 "스트레스를 받으면 받아야죠. 저도 별수 없답니다."라며 웃으며 응답했다.

내가 전하는 스트레스 관리 강의의 핵심은 간단하다. 스트레스를 해소하거나 피해야 할 대상으로 바라보지 않으며, 스트레스에 대한 태도와 시각의 변화를 유쾌하게 접근한다. 이날의 강의 목표는 청중이 참여하는 이 시간이 스트레스의 원인이 되지 않도록 최선을 다해 진행하는 것이다.

따라서 강의 자체가 나에게 스트레스가 되었던 적이 없다. 다만 강의 준비 과정에서 간혹 불편한 상황이 발생하기도 한다. 강의 현장에서는 예기치 않은 변수가 자주 생기며, 강의가 계획대로 진행되지 않거나 청중 일부가 강사를 반기지 않는 상황도 흔히 발생한다. 청중은 회사나 학교에서 일방적으로 일정이 배정되어 자신의 의지와 상관없이 참여하는 경우가 많다. 따라서 강단에 선 순간, 강사는 청중과 같은 시간을 공유하며 최대한 서로에게 불편함이 없고 유익한 경험을 제공하기 위해 노력해야 한다. 강의 시간이 즐겁지 않은 강사를 반기는 청중은 어디에도 없다는 걸 반드시 알아야 한다.

그리고 강의 후 피드백을 기꺼이 받아들이는 자세가 중요하다. 긍정적인 내용은 감사하게 수용하고 보완할 부분이나 피드백은 참고하여 반영하는 것이 필요하다. 초보 강사의 경우 강의 후 부정적 피드백에 고민하거나 자책하며 상담을 요청해 오기도 하지만, 선배 강사로서 해줄 수 있는 말은 이것뿐이다. "강의를 계속하고 싶다면 현실을 있는 그대로 받아들여야 한다."

강의 현장을 자신의 감정이나 해석으로 왜곡하는 것은 강사로서의 성장을 방해하기 때문이다. 강의는 할수록 어렵고 힘든 일이지만, 청중들이 보내는 긍정적인 피드백과 응원, 격려, 지지 등 강사와 청중 간의 특별한 경험을 통해 얻게되는 보람이 더 큰 직업이다.

제2장 **교육 콘텐츠 개발**

　강의 제안을 받은 주제 안에서 자신의 주력 분야와 접목하여 강의 목적을 효과적으로 달성하도록 커리큘럼을 설계하는 것이 강의 기획이다. 효과적인 교육을 위해서는 강의 주제에 따른 교육 계획안을 먼저 작성해야 하는데, 프레젠테이션 구성의 3P 청중(People), 목적(Purpose), 장소(Place)를 분석하여 구조화한다. 일반적인 과정은 '기획-내용 구성-스토리보드 작성-슬라이드 제작-리허설'의 순서로 진행하지만, 강사마다 자신만의 설계 방식이 있을 수 있다.

　또 정보 전달, 설득, 동기부여 등 준비하는 강의 목적이 무엇인가에 따라 기획의 방향을 다르게 해야 한다. 설계 시 중요한 기준은 청중 분석을 통해 관심사나 지식수준에 맞는 내용으로 구성하고 세부적으로 성별, 나이 등을 참고하여 접근 방식을 결정한다. 강사가 전달하고자 하는 내용만으로 구성할 경우, 일방적인 강의가 되기 쉽다. 따라서 청중의 강의 참여 목적을 충족시키는 것이 강사의 강의 목적과 일치해야 한다.

구조화된 교육 계획안을 바탕으로 주어진 시간 안에 논리적이며 짜임 새 있도록 설계하는 일은 초보 강사 뿐만 아니라 경험 있는 강사도 매번 쉽지 않은 일이다. 전달하고 싶은 내용은 많으나 강의 시간은 제한적이기 때문에, 꼭 필요한 내용은 포함하고 불필요한 내용을 구분하여 구성에서 제외 하는 것이 핵심이다.

강의의 목표는 의뢰처와 청중의 요구를 동시에 반영하여 설계한다. 예를 들어, 취업 강의의 주제가 '입사지원서 작성 방법' 일 경우, 의뢰자는 취업 준비생들에게 유용한 입사지원서 작성을 지원하는 강의를 원하고, 청중은 교육을 통해 실제로 입사지원서를 작성할 수 있기를 기대한다. 이 경우, 강의 목표는 주어진 시간 안에 입사지원서 작성을 가능하게 하는 방향으로 구성해야 하며, 이를 위해 강의 내용도 이 목표를 지원하도록 구성해야 한다. 교육 후 수강자가 강의를 통해 실제 지원서 작성을 할 수 있다면, 강의 목표가 달성된 것으로 평가할 수 있다. 따라서 처음부터 끝까지 유기적으로 연결된 스토리텔링이 가능하도록 전체적인 맥락을 고려하여 강의를 설계해야 목표를 성공적으로 달성할 수 있다.

위에서 언급했듯 교육목표는 강사의 기준이 아니라 청중을 중심으로 설정하고, 목표의 방향은 구체적이고 명확해야 한다. 이를 위해서는 내용 구성, 난이도, 청중의 지식수준, 전달 방식 등을 신중히 고려하여 배치하는 것이 중요하다. 초보 강사와 경험 많은 강사는 이 부분에서 큰 차이가 있다. 강사 양성 과정에서 강사 지망생들은 세 번의 모의 강의를 실시하는데, 가장 많은 실수가 여기서 발생한다. 강의 목표와 내용 구성이 일치하지 않으면, 무엇을 전달하려고 하는지 강사가 강의 중에 방향성을 상실하여 청중은 강의의 의도와 목적을 이해하지 못하고 목표 달성은 실패하게 된다.

강사가 전달하고자 하는 목표를 효과적으로 달성하기 위해서는 적절한 보조도구 사용이 필요하다. 청중의 참여를 유도하기 위해 활동지(워크시트)를 제작하고, 시청 영상, 이미지 등 자료를 적절히 활용해야 한다. 나는 슬라이드에 가급적 Text 사용을 최소화하는 편인데, 이는 강사의 스피치를 중심으로 내용이 전달되어야 한다고 생각하기 때문이다. 요약 문장이나 주요 키워드, 대표 이미지를 시각적으로 활용하고, 설명은 청각적으로 전달해야 보고 듣는 강의가 된다. 슬라이드에 너무 많은 자료나 과도한 테마가 포함되면 청중의 시선이 슬라이드에 집중되어 강사의 스피치를 놓치게 되기 때문이다. 따라서 적절한 자료의 배치는 청중의 참여를 돕고 몰입을 촉진하는 역할을 한다. 다만 검색을 통해 찾은 자료를 사용할 때는 출처를 반드시 명기하고, 강의 내용과 일치하지 않는 자료를 사용할 경우 강의의 일관성을 해칠 수 있으므로 주의해야 한다.

사물인터넷(IoT) 발달로 디지털 콘텐츠의 양이 방대하고 사용할 수 있는 공유 자료의 양도 늘어나고 있다. 과거에는 자료를 직접 검색하거나 제작해서 사용하는 경우가 일반적이었지만, 현재는 다양한 디지털 플랫폼이 상용화되어 이를 쉽게 찾아 활용할 수 있게 되었다. 강의를 더 다양하고 풍부하게 할 수 있는 도구들이 주변에 넘쳐나지만, 모든 자료가 다 강의에 적합한 것은 아니다. 따라서 그중 강의의 도구로써 유용한 것을 선별하는 과정이 필요하다. 또한, 외부 현장에서 사용할 수 있는 도구임을 확인하고, 저작권이나 법적 침해 우려는 없는지 검증해야 한다. 영상 및 모바일 앱과 같은 디지털 도구는 청중에게 몰입도를 높이는 경험을 제공하는 만큼 활용도를 높이기 위한 학습도 필요하다.

예로 최근 법정 의무 교육인 '개인정부보호 교육'에서 기존의 워크시트 유인물 대신 모바일 앱인 '개인정보보호 퀴즈(SSEAM Quiz Series)'를 이용하였다. 진단과 결과 해석을 학습자가 직접 확인할 수 있고 강의 시간 활용과 자원 활용도가 아주 높았다. 사전에 준비물이 필요한 유인물 대신 핸드폰의 앱을 설치하여 쉽게 이용할 수 있어 청중의 참여도 높고 반응도 좋았다. 그러나 강의 전에 강사는 반드시 사용 매뉴얼을 철저히 숙지하고 사용해야 한다.

제3장 **학습자 중심의 접근**

학교 내에서 학생들에게 제공되는 것은 교육으로, 기업과 기관의 직원에게 제공되는 것은 인적자원개발을 위한 훈련으로 분류된다. 이를 바탕으로 대상자에 따라 아동, 청소년, 성인 학습으로 나누어진다. 아동과 청소년 학습자는 미래 준비를 위한 학습을 추구하는 반면, 성인은 현실에서 활용 가능한 학습을 선호한다. 성인은 자기 주도적 학습을 희망하며, 기본적인 지식과 경험을 갖춘 경우가 많다. 그들은 현재 당면한 문제를 해결하거나 학습 욕구를 충족하기 위해 내재적인 동기를 가지고 있으며, 배운 내용을 즉각적으로 실제에 적용하고자 한다.

특성화고 청소년 대상의 '취업 역량 강화' 교육은 취업에 필요한 직접적인 행동을 촉구하고 취업 정보를 제공하는 목적이 중점인 반면 성인 취업 준비생의 경우 각각의 상황과 경험이 다르기 때문에 그에 맞는 학습자의 다양한 요구를 반영하여 접근한다. 따라서 강사는 학습 대상에 따라 구별된 내용과 수준으로 강의를 구성하고 전개할 필요가 있다. 또한 학습자마다 개인별로 학습 스타일과 훈련 능력, 교육 태도, 필요 정도에 따라 학습 효과는 달라질 수 있다. 따라서 참여자의 능력 수준과 동기를 고려하여 최선의 학습 환경이 되도록 설계한다. 기획 단계에서는 기업이나 학교의 교육 담당자와 협의하여 학습자의 직업, 직무 특성, 지식 수준, 기본 교육 이수 여부 등을 통한 학습자 이해가 필요하다.

강의 설계 시 강의 효과를 극대화하고 목표를 달성하기 위해 대상 분석을 하게 되는데 대상자의 참여 동기, 프로그램에 대한 기대, 개인의 성격과 태도는 강의 설계와 운영에 있어서 중요한 변수로 작용한다. 시대의 변화에 따라 근래 학습자들은 더 적극적으로 강의나 교육 참여를 원하고 능동적으로 반응하며 일방적인 내용 전달 방식보다 직접 경험하여 결과를 내는 교육 방식을 선호한다. 주입식 듣기로만 구성된 강의를 외면하고 활동형, 토론형, 팀 빌딩, 액티비티형 등과 같이 다양한 형식의 교육 참여율이 높은 이유다.

온라인 강의의 경우 학습 대상자의 연령이 적을수록 듣기만 하는 청취형 강의보다 영상매체의 활용도가 높은 특성상 디지털 자료를 활용한 강의 구성이 효율적이며, 연령대가 높은 학습자일수록 교육 이해를 높이는 활동지 활용이 더 효과적이고 반응도 좋다.

대학생을 위한 '입사지원서 작성법' 온라인 특강은 여러 수강생이 동시에 참여할 수 있는 장점을 가지지만, 학습자의 욕구와 의사를 직접 관찰하기 어려워 참여도가 낮아지는 단점이 있다. 모든 교육 과정은 흥미를 유발해야 하며, 학습자들의 적극적인 참여를 유도할 필요가 있다. 현장 강의에서는 참여 유도 활동과 활동지 작성을 위한 자리 배치, 유인물 및 자료 배포 등의 보조 활동이 교육 집중을 방해하지 않도록 주의해야 하며, 시간과 교육 내용을 효율적으로 관리하고 운영해야 한다.

학습자들의 자발적 참여와 목표 달성을 위한 동기 부여는 단순히 정보를 전달하는 것 만으로는 이루어질 수 없다. 학습자들의 마인드 변화를 위해서는 강의 시작 전에 강사와 학습자가 서로 공감을 통해 신뢰를 쌓는 과정이 필요하다. '강사 양성 과정'의 첫 시간에 진행되는 오리엔테이션은 그 어떤 강의보다 중요하다. 강사와 학습자 간의 관계 형성과 집단화 정도는 100시간에 걸친 프로그램 동안 학습자들의 교육 참여도와 태도에 결정적인 영향을 미친다.

강사로서 나는 제일 먼저 자기 개방을 한다. 첫날의 수강생들은 눈앞의 서있는 강사를 본인들과 다른 특별한 존재거나 오랜 경험과 노하우로 강단에 서있는 것이라 생각하며 거리감을 느낀다. 나 또한 학습자들과 같은 양성 과정 출신이며 경력 단절을 겪었고 프리랜서로 시작하여 아무것도 모르고 알려주는 사람이 없던 시기부터 강의하며 성장한 이야기를 꺼내어 놓는다. 나도 했으니 그들에게도 할 수 있다고 말한다. 교육의 모든 시간을 각자 자신의 시간으로 만들기 위해서 프로그램에 적극적 참여는 기본이고 한 가지라도 더 질문하고 한 번 더 발표해야 원하는 걸 얻을 수 있다고 강조한다. 그들의 질문이 시작되어야 비로소 수업은 진행되는 것이다.

강사는 자기가 하고 싶은 말을 일방적으로 하거나 방법만 나열해서는 참여를 끌어낼 수 없다. 시작보다 일찍 도착하여 참여자들과 담소를 나누거나 강의 초반 아이스 브레이킹으로 긴장감을 해소하고 학습자들에게 질문을 던져 그들이 교육을 통해 얻고자 하는 것을 알아내는 일도 강사의 몫이다.

강의는 강사가 혼자 만들어 가는 것이 아니다. 강사와 청중이 같은 시간, 같은 공간에서 주제에 대한 공감과 교육적 효과를 위해 스토리텔링을 함께 만들어 간다. 강의 내용을 청중이 온전히 전달받는 과정에서 상호 관계가 형성되고 소통을 통한 공감을 나누게 된다. 아무리 유익한 내용이라도 청중의 욕구에 부합하지 않은 강의 전개나 공감 없는 일방적 내용 전달은 상호 소통을 단절시켜 강의의 목적 또한 달성할 수 없게 된다. 청중은 비슷한 목적을 가지고 교육에 참여하기 때문에 서로 동질화 또는 집단화되기 쉽지만 어떤 계기 없이 자연적으로 이루어지는 것은 아니다. 그 또한 강사가 교육 초반 적극 개입해야 하는 부분 중 하나다.

직업 훈련 기관에서 실시하는 교육은 직업 훈련의 목적 특성상 장시간(40~100시간) 프로그램으로 운영된다. 긴 교육 시간 동안 수강생의 중도 이탈을 막고 협업을 통한 교육 효과의 극대화를 위해서 교육 첫날 자기소개 및 팀 빌딩, 성향 분석, 심리 게임 등의 활동을 한다. 이를 통해 집단 형성을 유도하여 반 리더를 수강생들이 직접 선출하게 하고 리더를 통한 단체방 개설 및 연락처 교환을 진행하게 한다. 이 과정을 한 것과 하지 않은 것은 이후 교육 중에 엄청난 차이로 나타난다. 수강생들이 동기화 되면 상호간 동기부여와 응원, 지지, 칭찬 등의 소통을 하게 되고 타 수강생의 적극성과 자신을 비교하거나 선의의 경쟁을 통한 자극 등 성장의 기회가 발생한다.

코로나 시기 온라인 강의가 주를 이루고 오프라인의 경우 간격 유지, 대화 자제, 사적 모임 금지 기간 수강 기수들은 강사는 물론 학습 동기생들 간의 관계 형성이 전혀 이루어지지 않아 교육 효과가 아주 미비하거나 떨어지는 결과가 나타났다. 인지도 높은 유명 강사나 각 분야의 손꼽히는 강사들의 강의 스타일을 보면 쉽게 알 수 있다. 강사와 청중이, 청중과 청중 사이 소통을 통해 경험과 가진 것을 기꺼이 나누는 강의가 환영받고 있다는 것을.

제4장 강의 운영의 실제

강의 준비 과정 중 시 기획 단계부터 운영까지 가장 중요한 부분 1순위
는 시간 관리다. 강의는 제한된 시간 안에서 이루어져야 한다. 강사가 임의
대로 시간을 조정할 수 없기 때문이다. 대체로 기업이나 학교의 경우 제한
된 시간을 지켜 줄 것과 가능하면 조금 일찍 마무리하는 것을 선호한다. 특
히, 기업 연수처럼 교육이 릴레이로 정해져 있는 경우라면 원활한 진행을
위해 더욱 그러하다. 아무리 유익한 내용이라도 강의 시간이 추가되는 것
을 강의 의뢰기관이나 청중 모두 원하지 않는다. 따라서 강의 설계 시 주어
진 시간 안에 강의가 끝나도록 여유 있는 구성이 필요하다.

표 1. 60분 강의 구조화

서론	10분	강사소개/주제전달/아이스 브레이킹/강의 진행 과정 공지 등
본론	30분	핵심 내용을 소주제 3개 정도로 구성
결론	10분	요약/정리/동기부여/질의/마무리

60분 전체를 사용하기보다 강의 시간을 50분으로 구조화하고 앞뒤로 여유 있게 배치한다. 강의 시 생길 수 있는 돌발 상황에 유연하게 대처하려면 여유시간을 확보해야 한다. 지연 사항 해결에 시간을 써버리면 종료 시에는 준비한 내용을 다 전달하지 못하고 종결하는 경우가 생기기 때문이다. 리허설의 목적은 준비한 구성이 시간 안에 가능한지를 확인하는 작업이다. 시간이 부족하다면 내용을 축소해야 하고 반대로 시간이 남는다면 내용을 추가해야 한다.

강의 시간에는 예측하지 못한 상황들이 발생하고는 한다.

첫 번째. 강의실 환경 및 시설

현장 상황에 따른 강의실 변경, 인터넷 연결 문제 또는 주변기기, 마이크 사용, 빔 프로젝트 연결 문제, 연결 케이블 필요 등의 설치와 관련된 항목이다. 강의 조율 시 담당자와 강의실 환경에 대해 사전에 꼼꼼히 파악하고 만약을 대비한 장비를 준비한다. 또한 조별 활동을 해야 한다면 원하는 형태로 테이블 배치를 사전에 요청한다.

두 번째 : 자료 활용과 도구

워크 시트와 같은 출력물이 있는 경우 담당자에게 사전에 전달하고 출력을 부탁한다. 필기도구나 활동 재료가 필요한 경우라면 담당자에게 준비를 부탁하거나 참여자들에게 필기구를 지참하도록 공지 사항 전달을 요청한다. 활동지 활용 시간에 필기구가 없다면 활동이 불가능하거나 시간이 지연되기 때문이다.

초보 강사가 강의 중 가장 두려운 것 중 하나가 곤란하게 하는 청중을 만나거나 대답하기 어려운 질문을 받는 경우일 것이다. 강사라고 해서 모든 질문에 대답해야 하는 것은 아니며 꼭 정답을 말해야 하는 것도 아니다. 곤란한 질문의 경우 정중히 거절하거나, 모르거나 어려운 질문의 경우 솔직하게 인정하면 된다. 일부 청중은 강사를 시험하거나 곤란하게 만들기 위해 질문을 하는 경우가 있는데 이런 경우 다른 주제로 화제를 돌리거나 다른 청중에게 답변을 요청할 수도 있다.

강사는 청중 앞에서 차분하고 여유 있게 대응할 필요가 있다. 강의 시간은 강사가 주도하는 것이므로, 주도권을 청중에게 넘기면 강의 운영에 어려움이 생길 수 있다. 강의의 주도는 강압적이지 않으며, 강사의 원활한 강의 진행과 적절한 소통 능력이다. 만약 발언을 요구하지 않은 청중이 강사의 발언을 방해하거나 다른 청중의 집중을 방해한다면, 강사는 즉각적으로 개입하고 적절한 조치를 취해야 한다.

다음 질문이 있다.

강의에 몰입하고 있는 청중은 누구인가?
① 열심히 필기 중인 청중
② 고개를 끄덕이며 호응하는 수강생
③ 팔짱을 끼고 청취하는 참여자
④ 질문하는 교육생

정답은? '1, 2, 3, 4 모두' 이거나 '알 수 없다.'다.

강사는 청중의 태도만으로 강의에 몰입하고 있다고 판단해서는 안 된다. 또한 청중의 태도에 대한 편견도 불필요하다. 청중의 몰입 이유와 태도는 다양하게 나타나기 때문이다.

반응이 좋았던 강의도 종료 후 만족도 조사나 후기에서는 예상치 못한 결과가 나오기도 한다. 따라서 피드백 하나하나에 일희일비 하기보다 긍정적인 점과 아쉬운 점을 정리하여 리스트를 만들고 다음 강의에 반영해야 한다.

청중 평가뿐만 아니라 자기 평가를 통한 강의 점검도 필요하다. 후기가 좋지 않다고 해서 지나치게 자책하거나 오히려 청중에게 책임을 돌리는 것은 바람직하지 않다. 좋은 평가는 강사로서 보람되고 감사 한 일이지만, 그렇다고 자신을 과신하거나 교만하면 안 된다.

지도 강사로서 강사 지망생들에게 항상 강조하는 내용이 있다. 강단에서는 언제나 겸손함을 잊지 말아야 한다고, 강사는 청중 위에 있는 것이 아니라 그저 앞에 서 있을 뿐이라고 말이다.

제5장 **강사로서의 경영 전략**

프리랜서 강사의 가장 어려운 부분이 강의 비즈니스 구축일 것이다. 소속된 협회나 활동하는 주 강사 에이전시가 있어도 고정적으로 강의가 이어지는 것이 아니라 많은 강사가 경쟁하는 구조이기 때문이다. 예전에 비해 강사들이 활동하는 밴드(BAND)나 에이전시 플랫폼을 통한 강의 연결이 활발히 이루어지는 요즘이지만 주 고정 강의를 보유하고 있지 않은 강사는 강의 지원에 어려움을 느낀다.

지속적인 성장 기반 마련을 위해 '국비 직업 훈련기관'에서 강사로 활동을 시작했다. 직업훈련 강사로서 활동하기 위해서는 원하는 과정의 NCS 확인 강사로 신청하고, 해당 직종의 NCS 강사 승인을 받아야 훈련기관 강의가 가능하다. 고용노동부의 HRD-Net은 재직자와 구직자를 위한 다양한 직업훈련 프로그램을 개설하고, 국비 지원을 통해 '내일배움카드'

나 '취업성공패키지'를 활용한 국민취업제도를 운영하고 있다. 따라서 개설된 과정에 해당하는 NCS 직종 코드에 따라 훈련 강사 신청이 가능하다.

서비스 강사 양성 과정은 NCS의 '인사, 조직' 또는 '마케팅' 직종 강사 승인을 받아야 강의 할 수 있는 자격이 부여된다. 나는 인사 조직/보건 지원/마케팅/평생교육/직업교육 등 5개 직종 NCS 강사 승인을 받아, 이를 바탕으로 '서비스강사 양성과정'과 'CS 리더스 관리사 및 SMAT 자격증 취득 과정'을 주 고정 강의 분야로 진출하여 직업훈련 기관에서 8년째 강의를 하고 있다. 신청은 '고용24 홈페이지' [직업 능력개발] - [NCS 확인 강사 신청]메뉴를 통해 가능하다.

강사들은 각자의 분야에서 활발히 활동하며 SNS 활성화를 통해 각자의 브랜딩 마케팅과 홍보 활동에 힘쓰고 있다. 개인 블로그 운영과 동시에 인스타그램, 페이스북과 같은 메신저를 활용하거나 유튜브 채널을 통해 강사 개인이나 운영업체를 홍보하기도 한다. 이런 다양한 홍보 매체가 없던 이전과는 달리, 현재 강의 문화는 크게 변화하고 있으며, 강사들은 그 변화를 체감하고 있다.

그에 비하면 나는 개인 브랜딩이 상대적으로 부족한 강사다. 개인 홍보 채널이나 블로그 활동을 별도로 하지 않는다. 주 고정 강의 기관에서 강의하거나 기업이나 학교 출강을 하면서 별도의 마케팅 활동을 하지 못했다. 그럼에도 불구하고 강의를 계속 이어 올 수 있었던 이유는 강사 구인에 적극적으로 지원하고 지방 강의 및 주 전공 이외의 새로운 강의를 신속히 습득하여 영역을 넓혔기 때문이다. 강의 자체가 곧 블렌딩이라고 생각하며, 강의의 만족도가 재강의를 유도한다는 믿음으로, 어느 곳에서든 강의 요청을 마다하지 않고 최선을 다해 달려갔다.

강의로 만나는 인연이 어디서 다시 다른 강의로 연결되는 계기가 될 수 있다는 가능성에 명함과 내 이름을 각인시키는 일에 집중했다. 첫 명함은 사진 대신 일러스트 작가에게 부탁하여 그림으로 프로필을 만들어 명함을 제작했다. 명함을 건네면 받는 이들이 그림으로 그려진 프로필을 칭찬하거나 관심을 끌도록 한 것도 나름의 전략이었던 셈이다. 명함을 추가 제작할 때 다른 내용은 수정해도 전체 이미지와 내 프로필 그림은 8년째 변함없이 유지하고 있다. 이 명함은 나의 시그니처이자 홍보 수단이기 때문이다. 명함 덕분인지, 아직도 오래전 강의로 연결된 곳에서 지속적인 의뢰가 들어오거나 명함을 전달받은 곳에서도 강의 제안을 받는다.

일정이 겹치지 않는 한, 무조건 제안에 응하는 경우는 강사 양성 과정을 통해 만난 수강생이 강사가 되거나 컨설턴트로 일하면서 강의를 부탁하는 경우다. 강의를 들었던 교육생이 나의 강의를 꼭 소개하고 싶다며 기회가 생겼다고 연락이 오면 그 어느 때보다 강사로서 보람과 책임감을 느낀다. 강의를 듣는 누군가가 이후 강의 의뢰자가 되기도 하고 연결자의 역할을 하기 때문이다. 일화로 한 수강생이 수료 후 수도권 대학에 취업하게 되어, 소속 대학교의 교직원 대상 강의에 나를 추천하였고, 그 강의를 진행할 수 있었다. 이 기회는 이후 다른 센터에서 강의 요청을 받는 제안으로 이어졌다.

강사는 발로 뛰며 말하는 직업이다. 수동적인 자세로는 강사로서 지속적 활동에 한계가 있다. 매 강의 최선을 다하고 발로 뛰며 부지런히 지원서와 프로필을 보냄과 동시에 경험과 경력을 쌓아나가야 한다.

위에서 언급했듯 나는 강사를 양성하는 강사다. 따라서 나의 경력과 강의 수준, 태도, 강의에 임하는 마인드 등 모든 부분이 강사 지망생에게 모델링이 될 수 있기에 허투루 수강생 앞에 나서지 않는다. 외적으로는 이미지메이킹을 위해 자기 관리에 힘쓰고, 내적으로는 시대에 뒤처지지 않는 강사가 되기 위한 노력을 게을리하지 않는다. 다양한 수강생과 청중을 만나는 만큼 여러 세대와 공감할 수 있는 소재 발굴을 위해 정치, 경제, 문화, 트렌드 등 현재 이슈들을 놓치지 않기 위한 정보 수집과 독서, 미디어, 교육 참여에 시간과 노력을 투자한다.

나는 수강생 각자가 스스로 강점을 발견하고 자기분석을 통해 본인에게 맞는 강의 분야를 찾는 일을 매우 중요하게 생각한다. 강사로서 또는 먼저 경험한 선배로서 정보를 제공함은 물론 격려와 지지를 하는 동시에 조언과 요청도 마다하지 않는다.

강사는 변화 촉진자, 교수 설계자, 컨설턴트, 멘토, 리더 등 상황과 분야에 따라 그리고 대상에 따라 각기 다른 역할 수행을 하기도 한다. 멘토링에서 핵심은 멘토가 멘티와의 신뢰를 바탕으로 모델링을 통해 이루어진다고 생각한다. 멘티에게 전체가 아닌 특정 부분이라도 모델링을 보여주지 못하는 강사는 멘토로서 역할을 온전히 수행하기 어렵다. 내가 강사 지망생들에게 가장 강조하는 멘토의 역할은 동기부여다. 강사로서의 경험을 바탕으로 그들에게 방향성을 제시하며, 강사로 성장할 수 있도록 최선을 다해 지도한다.

청중과 참여자, 교육생이 스스로 성장하게 하는 지원자의 역할을 충실히 수행할 때, 강사는 그들의 진정한 멘토가 될 수 있을 것이다.

성교육 코칭 강사로 세상에 서다

최선미
존중의 가치로 성장을 돕는 위드썬코치

제1장 **성교육, 나를 바꾼 길**

늘 안정적인 직업을 원하시던 부모님이 원하는 최고의 직업은 '공무원'이었다. 현재, 내 직업인 강사라는 타이틀을 얻는 과정에 내 삶의 경험치는 아주 커다란 자원이 되었다. 어릴 때부터 공부는 늘 열심히 하던 '성실'의 아이콘이 바로 내 모습의 전부였다.

그다지 공부를 잘하는 사람도 교육에 관심이 있지도 않았다. 그저 안정적인 삶을 사는 것이 가장 좋은 것, 월급과 복지가 좋은 곳으로 취직하는 것만 생각했다. 그것 이외의 다른 삶을 꿈꿔본 적이 없었던 것 같다. 자동차 회사에 품질관리부 측정실 업무를 하다가 결혼 후 퇴사했다. 그 당시의 육아휴직은 지금과 달랐다. 임신해서 다닐 수 있는 회사여도 눈치를 받는 시절이었다. 경력 중단 기간인 15년간 부업, 알바, 계약직 등 삶의 다양한 경험치가 생겼다.

나는 '세 살 버릇 여든 간다'라는 속담처럼 육아에서도 인성 교육을 가장 중요하게 생각하며 살아왔다. 그리고 늘 아이들과의 소통을 위해 끊임없이 노력해 왔다. 그런 나의 양육관을 높이 봐주는 친구들이 있었다. 그중 한 친구의 질문으로 인해 나는 지금 강사라는 이 자리에 있다. "선미야, 너 성교육 강사 해보는 건 어때? 너는 정말 잘할 거 같아. 그리고, 잘 어울리는 거 같아"라는 친구의 말 한마디에 직업적 갈망이 가득 차 있던 시기에 잘 맞아떨어져 나는 브릿지 교육 연구소에서 진행하는 성교육 강사 양성 과정을 수료했다.

전문 코칭 강사 양성 과정을 거쳐 이제는 강사를 양성하는 트레이너, 수석 강사가 되었다. 경력 중단 여성으로 오랜 시간 동안 경험했던 사회적 고립감과 재도전의 시간을 통해 쌓아온 삶의 경험은 나를 성장시켰다. 성교육 강사로 나의 성 인지 감수성이 높아지고, 가정을 건강하게 꾸려나가고, 이제는 많은 성교육이 필요한 곳에서 다양한 대상을 만나면서 선순환의 삶을 살고 있다. 내가 살아온 삶에서 성 인지 감수성이 낮은 사람들과의 다양한 사례들은 내 강의에 사례로 오르며 더욱 소리높이게 되는 부분이 되었다. 강사는 내가 선택한 가장 잘한 직업이라고 말할 수 있다. 강사로 활동하면서 나의 가치관을 다시 재정립하는 시간과 상담심리학 공부를 병행하여 학문적 깊이를 더해가는 과정은 나에게 큰 의미를 주는 시간이었다.

성교육은 교육과 상담이 오가는 교육이다. 현재는 성교육 코칭 프로그램을 개발하는 것을 목표로 숭실대 교육대학원 커리어 학습 코칭 학과에 석사를 도전하고 있다. 배움은 끝이 없으며, 강사로서의 성장 또한 끊임없는 배움을 통해 이어 나가고 있다. 지금은 강사로서 나의 성실함과 사명감이 성장의 원동력이 되고 있어, 끊임없이 배우고 성장하고 있다. 강의 중에 참여자들의 이야기에 귀를 기울이고, 그들의 경험을 공감하며 더 나은 삶의 방향성을 제시하고 있다.

강사로서 나의 첫 번째 강점은 삶의 경험에서 비롯된 진정성이다. 자유로운 20대와 경력 중단 기간을 겪으면서 얻은 다양한 경험들은 강의에 깊이 있는 통찰과 진솔함을 더하여 공감을 얻는 강의로 그들의 이야기를 진심으로 듣고, 공감하며 실질적인 도움을 제공하려 노력하고 있다.

두 번째 강점은 맞춤형 교육 설계 능력이다. 예를 들어, 초등학생 대상의 성교육에서는 그림책과 게임을 활용하여 쉽게 이해할 수 있도록 구성하고, 성인 대상의 강의에서는 실생활 사례를 중심으로 대화를 이끌어 가고 있다.

세 번째 강점은 소규모 수업에서의 깊이 있는 소통과 공감이다. 나는 소수 참여자와의 강의를 선호한다. 소수 인원의 개별적인 그들의 이야기를 경청하며, 참여자들이 자신의 문제를 인식하고 해결책을 스스로 찾아가는 모습을 볼 때, 강사로서 큰 보람을 느끼고 있다.

나의 단점으로는 첫째, 디지털 플랫폼과 도구를 활용한 강의 운영에서 더 많은 경험과 기술적 숙련이 필요하다. 온라인 줌으로 강사 활동을 시작했음에도 계속 발전하는 디지털 플랫폼 도구 활용의 기술은 지속적인 노력이 필요하다.

둘째, 맞춤형 강의를 준비하는 데 많은 시간이 소요된다는 것이다. 나의 강의 목표는 자기 존중과 타인 존중의 문화를 확산시키는 데 초점을 둔다. 수업을 듣고 나서 참여자들이 성교육에 대한 편견이 깨진다고 말하고 있다. 성교육은 건강한 자신을 배우고 건강한 관계를 형성하고, 자신과 타인을 보호할 수 있는 능력을 길러주는 중요한 과정이기에 강의 준비를 하는 데 많은 시간을 할애하고 있다.

강사로서의 삶은 체력적, 정신적 소진이 뒤따를 수 있다. 특히, 과도한 강의 일정으로 인해 자기돌봄이 부족했던 경험은 나에게 중요한 교훈을 남겼다. 강사로서 균형 잡힌 일상보다는 전투적으로 일에 몰입하며 건강을 잃어가고 있었다. 건강검진을 하면서 내 몸에 이상이 생기는 것을 느끼며, 내가 건강하지 않다면 그 누구에게도 긍정적인 영향을 미칠 수 없다는 점을 깨달았다. 강사에게 자기 관리와 시간 관리는 필수다. 초보 강사는 잘 시간이 부족해도 괜찮다고 생각했다. 자는 시간을 줄이고, 많은 일들을 수행하면서도 자기돌봄 시간을 확보하지 못했다. 강사의 삶에서도 꼭 필요한 자기돌봄의 시간을 시간 관리 안에 고정으로 넣어야만 겨우 조금 챙길 수 있었다. 지금은 강사로서 필요한 건강관리에 중점을 두고, 충분한 수면, 식단과 운동 및 신체적 관리를 하고 있다.

정서적인 돌봄으로 독서를 통해 사유하는 시간을 가진다. 독서 모임을 진행하고 참여하면서 다양한 사람들의 생각을 나누는 것이 나의 돌봄이라고 생각한다. 주기적인 멘토와의 대화로 나를 다지는 시간을 가지면 감정 정리와 내면의 평화를 느낀다.

나의 스트레스는 일보다는 일과 가정의 양립의 균형이 깨졌을 때다. 가족과의 시간을 소중히 여기며 틈새 시간을 활용하여 남편, 아이들과의 데이트, 가족회의 및 가족 일기를 통해 삶의 균형을 찾고 있다. 자기돌봄은 강사로서의 삶을 지속 가능하게 유지하고 에너지를 제공하며, 강의의 질을 높이는 데 기여하고 있다. 이제는 제2의 인생을 살며 성교육 강사가 되어 자기 경영의 삶으로 탈바꿈한 인생이 되었다.

제2장 **성교육을 위한 코칭식 강의**

성교육 전문 코칭 강사로서, 나는 다양한 대상과 환경에 맞는 콘텐츠를 체계적으로 개발하며, 참여자들에게 실질적인 변화를 끌어낼 수 있는 교육을 목표로 하고 있다. 목표를 달성하기 위해서는 깊은 배움과 창조의 과정이 필요하며, 이를 통해 진정성 있는 프로그램을 만들어 낼 수 있기에 다양한 공부가 필요했다. 성교육을 진행하면서 필요하다고 생각해서 배웠던 것은 바로 코칭 공부였다.

성교육을 진행하다 보면 많은 솔루션 중 하나가 '역질문'이다. 자녀들의 질문에 당황하지 말고, '역질문'을 해주라고 하는데, 어려웠다. 반영하는 말이 아닌 다른 것이 없을까? 진로 수업으로 강의하고 있던 나는 진로 코치지만 코칭을 잘 몰랐다. 코칭 공부를 시작하면서 성교육의 역질문을 효과적으로 활용하며 커리큘럼을 연구하기 시작했다. 나는 이 과정에서 항상 스스로 던지는 질문이 있다. '내가 참여자라면 어떤 수업을 원할까?' 이 질문은 콘텐츠의 본질과 방향성을 결정짓는 중요한 물음이다. 배우고 익히면서 동시에 나는 생각하고 생각했다. 많은 양육자의 수업에서 늘 "수업 잘 들었어요. 그런데, 가정에서는 어떻게 해야 할지 모르겠어요.", "우리 아이 미디어 사용량이 많은데 괜찮나요?"라는 말이 나온다. 명확한 답으로 모두에게 적용되는 강의가 아니다. 그렇지만 참여자들의 요구와 기대가 각기 다르기에 요구분석을 충분히 한 경우에 그들이 원하는 것이 무엇인지 알고 개별적 문제 해결 능력에 초점을 맞춘다.

나는 강의 의뢰가 오면 먼저 구글 폼으로 사전 질문지를 보내서 현재 궁금한 점, 알고 싶은 점과 디지털 매체의 사용 여부, 사용 용도, 사용 시간, 가장 좋아하는 앱, 현재 가장 관심 있는 분야 등 사전에 알아볼 수 있는 정보를 될 수 있는 한 구체적으로 많이 취합한다. 그 중, 장애인 대상의 수업을 할 경우, 그들의 장애 정도와 인지능력, 상호 소통 능력 등 가급적 그들의 구체적인 정보를 많이 알아야 한다. 내가 원하는 강의를 진행하는 게 아니라, 참여자들에게 필요한 것이 무엇인지 파악한 후 설문의 답변을 바탕으로 강의 설계를 재구성하여 진행하고 있다. 강의 설계 과정에서 중요한 점은 참여자들의 참여를 독려하고 그들이 주도적으로 학습에 참여하도록 만드는 것이다.

명확한 학습 목표는 강의의 방향성을 제시하고 참여자들에게 실질적인 동기를 제공하고 있다. 학습 목표는 참여자들이 일상 안에서의 행동 변화를 일으킬 수 있는 실질적인 목표를 설정하는 데 초점을 둔다. 그래서 나는 단 회기보다 장 회기로 강의를 진행하고 있다. 코칭 식 강의로 진행하기 때문이다. 수업을 듣고 끝나는 것이 아닌 과제를 직접 수행하고 다시 돌아와 사례를 발표하여 그들의 삶에 적용되어야 비로소 나의 강의는 끝이 난다.

장애인 양육자 성교육을 진행했을 때의 일이었다. 강의 현장에는 초등 자녀를 둔 양육자들이 모집 대상이었으나, 성인 자녀를 둔 양육자도 참여한 상황이었다. 강사인 내가 전문가라는 생각을 내려놓고, 누구보다 자녀를 위해 많은 교육을 듣고, 자녀를 위해 안 해본 일이 없을 그들을 무대로 세워 그들의 삶의 지혜를 나누며 그룹 코칭을 진행했다. 6회차의 수업으로 구성되었고, 3회차 수업이 있던 날이었다. 나이가 지긋하게 드신 양육자분이 나에게 다가와 "이 일 얼마나 했어요?"라고 물었다. 나는 잠깐 긴장했다. 내가 본 그 분은 수업이 진행되는 동안 종이에 내가 말하는 것을 적어가며, 적극적인 모범을 보인 분이다.

장애가 있는 자녀를 돌보며, 꾸준히 부모로서의 배움과 현재의 교육 트렌드를 꾸준히 배워나가는 모습이 멋진 분이셨다. 자신이 자녀에게 적용한 삶의 여러 방법이 지금 자녀를 키우는 양육자들에게 도움을 줄 수 있어 기쁘다고 하셨다. 장애아동을 둔 엄마로 자책감, 좌절감도 느끼며 살았는데 고맙다고 말해주시던 그날 그분의 눈빛이 기억난다. 진정성이 느껴지는 강사라며 손을 잡아주셨을 때 울컥하는 마음이 들었다. 나는 현장에서 여러 사례를 서로 나누고 건강한 삶을 살아가기를 바라는 마음으로 코칭식 강의로 설계하였고, 결과는 참여자, 강사, 주최 측 모두가 만족하여 다음에도 강의 진행을 요청하였다.

첫 만남의 시간부터 신뢰감 형성의 시간을 위한 교육 자료는 주로 다양한 카드를 활용하고 있는데 반응이 좋다. 나는 대상에 따라 그림책, 실생활 역할극, 동영상 자료 등을 활용하고 있다. 예를 들어, 초등학생을 위한 성교육에서는 그림책을 활용하여 내용을 더 쉽게 이해할 수 있도록 한다. 그림책은 아이들에게 친근감을 주며 자연스럽게 주제를 탐구할 기회를 제공하기 때문이다. 성인 대상도 그림책을 활용하여 자신의 성 가치관을 들여다보고, 자녀에게 적용할 활동지와 가정에서 도움 될 영상 및 관련 도서를 추천하여 배포하고 있다. 강의 후에도 참여자들이 자료를 통해 배운 내용을 활용할 수 있도록 과제를 내주고 있다. 또한, 가족과 함께 활용할 수 있는 '그림책을 읽으며 나누는 코칭 대화 가이드'는 양육자들이 자녀와 성과 관련한 대화를 시작하는 데 실질적인 도움을 주고 있다.

2025년 초 단위의 삶에 살고 있는 디지털 콘텐츠의 중요성은 나날이 커지고 있다. 디지털 콘텐츠는 강의의 몰입도를 높이고, 참여자들이 시공간의 제약 없이 참여할 수 있는 환경을 제공하고 있다. 특히, 디지털 성범죄 예방 강의에서는 메타버스를 활용하여 직접 참여자들과 함께 디지털 환경 안에서 아바타들을 움직여 디지털 세상을 탐험하며 수업을 진행한 때도 있었다. 요즘 아이들은 게임 속 자신의 캐릭터로 게임을 한다. 디지털 윤리를 말로만 가르치는 것이 아닌 함께 가상공간에 들어가 불편함을 느꼈던 상황을 나누고, 우리가 지켜나가야 하는 해결법을 찾는 수업을 진행하기도 했다. 발전하는 디지털 콘텐츠를 빠르게 활용하여 강의가 진행하지 않으면 도태되어 간다는 것을 느낀다. 새롭게 나오는 다양한 콘텐츠를 경험하고 직접 참여자들에게 도움을 줄 수 있는 강사로서 역량 강화를 이어가고 있다.

작년, 초등학교 보건 선생님들의 연수를 진행했을 때, 학교에서 정해진 커리큘럼으로 수업을 진행하면서 그림책으로도 성교육을 진행하고 있다고 했다. 미디어 성문화에 대한 연수 강의 의뢰가 왔고, 성교육에 있어 중요한 디지털 윤리 및 비판력을 학생들에게 알려주고 싶은 선생님들에게 도움이 될 부분은 무엇인가를 연구하는 시간을 가졌다. 내가 배운 디지털 윤리와 비판력, 디지털 성교육을 진행한 부분을 융합하여 강의를 진행했다. 선생님들의 피드백을 적극적으로 반영하며 진행하였고, 이후 내가 진행하는 그림책 성교육 과정 수업으로 진행되었다. 앞으로도 다양한 대상과 환경에 맞는 맞춤형 콘텐츠를 개발하며, 성교육 코칭 강사로서 사회에 긍정적 변화를 기대하고 있다.

제3장 **참여자와 강사의 적극적 호흡 '핑퐁'**

내가 현재 가장 많이 만나고 있는 대상은 청소년과 양육자, 강사들이다. 요즘은 미디어로 충분히 성교육의 지식을 습득하고 강의장에 오거나, 성교육이 중요해서 강의장을 다니시는 분들도 많다. 기존에 유명한 성교육 강사의 유튜브 영상을 찾아보고 이미 아는 이야기 말고 새로운 이야기를 듣고 싶다고 말하면서 청강자로 수동적인 자세로 있는 경우가 많다.

하지만 나는 강의 초반에 "여러분에게 지금 필요한 성교육은 무엇인가요?"라고 질문한다. "우리 애가 요즘에 아기는 어디서 나오냐고 묻는데, 뭐라고 이야기해야 할지 모르겠어요.", "핸드폰을 사용하는 데 아이들이 사용하는 언어 중에 성적인 표현을 해서 교육을 어떻게 해야 할지 모르겠어요."라고 답변한다. 오늘 그 방법에 대해 알고 적용하실 수 있을 거라고 말하며 나의 강의는 시작된다. 조별로 활동하다 보면 개개인의 자녀 나이, 성별, 성 인식 수준, 성교육에 대한 목표가 모두 다르다는 것이다. 본인에게 필요한 목표를 설정하는 과정의 시간으로 적극적인 자세로 전환하는 포인트는 그들이 원하는 성교육이 무엇인가를 알아야 한다는 것이다.

참여자 중심의 강의로 접근하는 이유는 그들이 현재 필요로 하는 것, 그들의 수준에 맞춘 교육 방법을 코칭 모듈로 설계하는 것을 목표로 하고 있기 때문이다. 이때, 나는 질문을 던지고 참여자들이 대답하고 서로의 이야기를 나눌 수 있는 '촉진자'가 되어 참여자가 스스로 배움에 참여하고 삶의 변화를 일으킬 수 있도록 돕는 것이다. 이렇게 코칭 식 강의가 끝날 무렵에 소감을 들으면 "지금까지 이런 성교육 수업은 처음이었어요. 직접 가정에서 실행해 볼 수 있을 거 같아서 다음 수업이 기대돼요."와 같은 말을 들을 수 있다. 나의 강의는 일방식의 강의가 아닌 참여자가 중심이 되는 맞춤형 학습 경험을 제공하며, 동기를 부여하고 협력하여 서로의 사례를 나누고 성장하는 강의다. 그래서 나는 강의 현장에서 "성교육은 양육자가 가장 전문가다."라고 말한다. 그 이유는 강사가 전문지식을 가지고 있어도 개개인의 특성을 더 깊이 있게 알지 못하기 때문이다.

성교육은 참여자의 심리적 상태와 문화적 배경을 고려하는 것도 중요하다. 우리나라는 단일민족이 아닌 다문화국가이다. 다양한 배경의 사람들이 모여 살고 있다. 성교육은 고정관념과 편견을 깨는 교육이다. 청소년 쉼터에서 만난 피부색이 까만 외국인 고등학생에게 이성 교제를 주제로 한 수업을 할 때였다. 언어가 통하지 않기에 눈 맞춤과 보디랭귀지 등을 활용하여 전달했던 기억이 있다. 몸짓으로 수업을 진행해도 비언어적인 면으로 교감하는 수업이었다. 다문화 수업을 진행하면서 강의안은 이중언어를 활용하며 그들의 이해를 돕는다. '핑' 하면 '퐁' 하는 것처럼 말이다.

이주 배경 여성 서포터즈 대상으로 강의할 때였다. 그들의 사회적 역할과 책임감을 반영한 사례를 제시하고, 학생 대상 강의에서처럼 이해하기 쉬운 표현과 이미지를 활용하여 교육 자료를 구성하였다. 타국에서의 삶, 자녀에게 필요한 성교육, 자신에게 필요한 성교육, 이제 한국에 들어와서 적응하는 분들에게 성교육을 진행할 분들이었다. 진행하기 쉬운 도구, 카드나 룰렛 등을 활용하여, 그들의 언어로도 일상에서 도움 될 수 있도록 활용하니 반응이 좋았다. 다문화 아동을 대상으로 한 강의는 이러한 이주 배경 여성이 주 강사가 되어 많은 활동을 할 수 있으면 아동들도 더 좋아하겠다는 생각이 든다.

나에게 온 강의는 다시 참여자들이 강사가 되어 누군가에게 도움 될 수 있을 것이라는 마음으로 준비 및 진행하고 있다. 성교육 강사로서 참여자들이 일상에서 성교육을 진행할 수 있도록 연구하며 강사로서의 삶을 살고 있다.

강의 초반에는 신뢰감 형성이 제일 중요하다. 초반의 참여자와의 신뢰를 쌓고, 또, 조별 활동을 통하여 참여자들 간의 협력은 다양한 관점과 아이디어를 공유하고, 사례를 나눔으로써 실질적인 문제 해결에 대한 방안을 탐색하고 협력하여 실질적인 목표설정으로 첫 수업은 끝이 난다.

성교육에서는 서로의 존중과 공감의 가치를 배우는 것이 중요하다. 소통은 참여자가 자기 생각과 감정을 자유롭게 표현할 수 있는 공간을 만들어 준다. 참여자 중심의 접근은 교육 현장에서 다양한 긍정적 효과를 낳는다. 나는 교육을 진행하면서 코칭에서 배운 G, R, O, W 모델로 직접 성교육의 목표를 설정하고, 현재 상태를 점검한다. 여기서 G는 Goal(목표), R은 Reality(현실점검), O는 Option(대안), W는 Will(실행 의지)을 뜻하며, 목표 달성을 돕는 코칭 모듈이다. 그리고 대안을 탐색해서 실행하는 것으로 다음 수업이 되면 참여자들이 직접 실행해 보는 성교육 사례를 발표한다. 그렇게 발표한 여러 명의 나눔은 그들의 삶에 또 다른 해답으로 자리 잡는다. 실생활에서의 성교육을 주체적으로 하는 사람들이 많아지길 바라는 마음으로 최선을 다하고 있다. 참여자들을 존중하고 그들의 성장을 돕는 교육 철학을 기반에 두고 있다.

방학 기간이 되면 소그룹 성교육 수업으로 의뢰가 많이 진행되고 있다. 많은 양육자가 아이 성교육 의뢰를 해주고 있다. 먼저, 예방 교육이 필요하다고 생각하여 의뢰를 주신 것은 참으로 감사하다. 나는 사전 설문을 마치고 극도의 거부감을 느끼는 아이의 경우 교육을 진행하지 않는다. 다만 이럴 때 나는 양육자들에게 성교육을 받으라고 권유하고 있다. 자녀의 성교육이 중요하다고 생각한다면 부부의 성이 중요하고, 그다음 부모의 성, 그리고 자녀의 성으로 진행하는 것이 옳다고 생각한다. 자녀를 변화시키고 싶은데 부모로서 변하지 않는다면, 과연 어떤 효과가 있을 것인가.

소그룹 성교육을 진행하다 보면, 수업을 약 2시간 정도 진행하는데, 피드백의 과정에서 부부가 함께 이야기를 나누다 부부의 성 문제에 대한 나눔으로 카페에서 4시간 가까이 이야기를 나눈 적이 있다. 그들에게 필요한 건 자녀의 성교육이 아니었다.

나는 성교육 강사로 성교육과 상담 사이에서 잘 판단해야 한다. 그들에게 필요한 부부 상담을 권유하거나 상담센터를 알아봐 연계를 돕는 경우가 있다. 요즘은 양육자 피드백에 아빠들의 참여가 높아지고 있다. 아빠들의 적극적인 태도를 볼 때는 더 신이 나서 그 가정에 도움 될 방법을 찾는다. 강사와 코치로서 그들의 열린 마음과 적극적 태도는 나의 에너지원으로 심장을 더 뛰게 한다.

강사가 된 이후에 호주, 필리핀으로 이민을 간 학생 교육을 온라인으로 진행한 적이 있다. 그들은 현재 한국에서 살고 있지 않지만, 한국의 성교육을 받고 싶다고 말했다. 그 나라의 성교육 문화를 받아들이기 어려운 양육자들이 의뢰한 경우였다. 이때에도 아이들이 그 나라에서 받는 교육을 인지하고, 교육을 받아들이는 감정을 파악하고, 부모가 바라는 교육이 무엇인지를 파악해서 누가 더 성교육이 필요한지를 보고 진행했다. 강사는 지식을 전달하는 사람이 아니다. 이 시대의 강사는 진정성과 참여자의 요구를 파악하여 함께 호흡해야 하는 것이다.

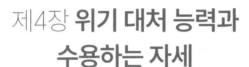

제4장 위기 대처 능력과 수용하는 자세

　연말에 고3 여학생들을 대상으로 성교육 의뢰가 들어왔다. 앞으로 보름도 남지 않은 시간이 지나면 성인이 되는 이들에게 적절한 성교육이 필요하다고 했다. 학교에서 피임법 수업을 진행한 적이 없다고 했고, 보고를 올려 가능하면 다시 연락을 주겠다고 했다. 며칠 후, 학교의 허가로 '콘돔 실습'을 진행할 수 있다고 전달받았다. 강사로서 현재 고3 여학생들에게 필요한 교육은 이성 교제에 대한 자기 결정권, 교제 폭력을 위주로 수업을 준비했다.

　콘돔 실습을 하기 이전에 참여자들에게 충분한 교육이 이루어져야 하므로, 수업 중에 질문과 대답을 통해 이성관을 가다듬는 시간을 가졌다. 조별로 활동할 수 있도록 콘돔과 성기 모형을 준비하였다. 강당에서 진행한 강의였기 때문에 강당 무대로 올라와 조별로 앉아 실습을 진행했다. 여기저기서 웃음소리와 실습 내용을 서로 나누며 소감을 나누었다. "이제 성인이 되는데 졸업하기 전에 이런 교육을 받을 수 있어 좋았어요. 대학에서도 강의를 진행하세요?"라고 말했다. 성인기에 들어서는 학생들에게 정말 필요한 교육을 적절하게 진행했다고 생각한다.

강사로서 늘 모두를 만족하게 할 수 없다는 것을 잘 알지만, 학생들의 긍정적인 피드백은 나에게 에너지원이 된다.

참여자들에게 작은 그룹으로 나뉘어 '성적 자기 결정권'을 주제로 토의하고 발표하도록 했다. 이 과정에서 참여자들은 성교육을 실질적으로 이해하고 소감을 말했다. "성교육이 생식기 교육이 아니라 주체성과 가치관 교육이라는 것을 알게 되었어요. 재미있고, 중요한 교육 같아요."라는 말도 인상 깊었다. 그들은 성인이 되어서 성교육을 배워보고 싶다고 말했다.

강의 현장을 가서 보면, 내가 준비한 것들이 제대로 실행되지 않는 경우가 있다. 이럴 때 위기 대처 능력이 강사에게 필수 요소다. 인터넷 연결이 끊겼을 때를 대비하여 강의안을 출력해 간다든지, 갑자기 화면이 나오지 않거나 할 경우에도 바로 참여자들을 바라보며 준비한 강의를 이어가야 한다. 영상이 나오지 않는 경우 영상을 보기 위한 그 과정의 시간 대신 영상의 내용을 전달해 주면서 진행한다.

순발력이 존재해야 살아남는 것이 강사다. 강사는 주어진 시간 동안 강의장이라는 무대 위에 올라가 참여자들과 호흡하고 강의 종료 후에는 참여자들로부터 피드백을 받고, 스스로 돌아보면서 개선할 점을 찾아 적용해야 한다. 강의를 내가 진행하는 동안은 나를 객관적으로 볼 수 없기에 보조강사와 팀으로 활동을 자주 한다. 나 역시 강사로 적극적인 활동을 하면서도 다른 강사의 보조강사로 서로의 피드백을 하면서 성장과 발전을 지속하고 있다. 단순하게 청강의 개념이 아닌 앞으로 개선해야 할 점을 파악하여 다음 강의가 더 발전될 수 있도록 해야 한다. 또한, 설문지를 통해 참여자들의 만족도와 개선 사항을 파악하고, 다음 강의에서 이를 반영하며 더 나은 강의를 진행하고 있다.

강사로서의 삶에서 여러 요소로 뜻밖의 일들이 생길 때가 있다. 작년에 있었던 일이었다. 수업 시작 한 시간 전, 강의 현장까지 15분을 남겨놓고, 고속도로에서 타이어 펑크로 묶여 있었다. 바로 고속도로에서 급하게 기관 담당자에게 전화해서 현 상황을 공유하고 현장에 먼저 도착한 보조강사님에게 강의를 진행할 수 있도록 요청을 드렸다.

늘 함께 보조강사로 다녔던 분이라 바로 강의에 투입되었고, 기관에서 펑크도 없었다. 도착한 이후에 자연스럽게 이어받아 강의를 진행했다. 강사와 기관에서 신뢰를 잘 지켜야 하는 것은 강사의 몫이다. 임기응변했지만, 그래도 신뢰적인 면에서 스스로 아쉬웠다. 오히려 수업이 종료되고 나서는 아버지 대상 성교육을 해달라고 제안해 주셔서 참 감사했다. 팀 활동이 중요하다고 생각하는 이유는 이러한 이유도 있다. 매번 함께 할 수는 없어도 함께하는 강사님들과의 강의 현장은 늘 따뜻하다.

온라인 줌으로 그림책 성교육 지도사 양성 과정을 진행하면 내가 진행하는 모습을 녹화하여 살펴본다. 나의 발음, 자주 쓰는 어조, 눈동자의 움직임 등 개선 사항을 스스로 셀프 피드백을 한다. 온라인의 환경상 현장 강의보다 어려운 점은 소통에서 쓰는 에너지가 더 들어간다는 점이다. 오프라인 현장 강의에서는 녹음하여 나의 목소리로, 다시 현장으로 돌아가 셀프 피드백을 한다. 늘 아쉬움이 많고, 내 목소리를 듣는 것이 참 어렵기도 하지만, 나는 피드백을 수정 보완하여 다시 서는 강의가 얼마나 큰 성장인지를 안다. 함께 하는 보조 강사님께도 피드백을 부탁드리면 날카로운 피드백을 해주실 때가 있다. 참으로 감사하다. 강사는 이런 피드백을 수용할 수 있어야 한다. 처음 강사로 서는 분들은 낯설 수도 있는 피드백이지만, 피드백을 듣고 수용하는 자세가 필요하다.

성교육은 유아, 초등기에만 배우는 교육이 아니다. 너무나도 아쉬운 것이 현실이다. 그러나 성교육은 모두에게 필요한 교육이며 지속적인 교육으로 건강한 성과 건강한 삶이 될 수 있는 가장 기초적인 교육이다. "강의 잘 들었어요.", "재미있었어요."라는 피드백이 아닌 "제가 설정한 목표대로 이행했는데, 실제로 해보니 아이와 대화가 좀 더 잘 되는 날도 있고, 안 될 때도 있지만 이제는 너무 어렵게 생각하지 않아도 되겠어요."라는 말을 듣는 것이 나는 좋다. 강의 이후의 그들의 삶에 긍정적 변화가 생기고, 편견과 고정관념을 깨는 변화가 생기길 바란다. 성교육을 만나 내 인생은 나를 경영하는 주체적인 삶을 살 수 있는 매개체가 되었다. 나는 많은 경험을 통하여 성장하고 있다. 강사로서의 삶이 행복한 이유는 늘 배우고 나누는 사람들의 집합체 속에서 '나'라는 사람을 성찰하고 성장하고, 균형을 찾아가며 나의 가치관을 정립하며 살아가고 있기 때문이다.

성교육 강사는 성 인지 감수성이 높을까? 나는 아니라고 생각한다. 나 역시 삶의 편견을 끊임없이 발견한다. 끊임없이 자신의 편견을 깨는 연습이 되지 않으면, 수업 중에도 실수할 수도 있다고 생각한다. 성교육은 신체적, 정신적, 사회적 면의 건강함을 찾아 주체적인 삶을 살아갈 수 있도록 하는 교육이다.

평생교육사 실습을 하면서 평생교육사로서 만들고 싶은 프로그램을 만들었다. 평생교육으로 성교육이 정말 필요하기에 시니어 대상으로 8회차 수업으로 성교육, 자기돌봄, 웰다잉을 융합하여 만든 수업 기획안은 평생교육사 평가회에서도 긍정적인 평가를 받았다. 내가 더 보완할 점도 개선하여 선보일 예정이다. 언제나 준비된 강사가 될 수 있도록 끊임없는 성찰의 시간과 고뇌의 시간을 보내 강사의 자질을 가다듬는다. 내가 만난 참여자들로부터 느끼는 감정은 감사한 마음이다. 이러한 긍정적인 마음으로 내 삶이 변화하고 있음을 느낀다.

제5장 배우고, 나누고, 성장하는 선순환의 구조

현재 나는 투게더 성장 연구소의 대표로서 활동하며, '그림책 성교육 지도사' 3기와 4기를 운영하고 있다. 이와 더불어 그림책 인권 교육 지도사 과정을 준비 중이다.

나는 강사이자 1인 기업가로서, 다양한 분야에서 활동을 이어가고 있다. 성교육 코칭을 통해 유아부터 노년층에 이르는 다양한 연령층과 소통하며, 각 대상에 맞는 성교육을 제공하고자 한다. 앞으로는 성교육 코칭 외에도 자기돌봄, 웰다잉, 영화 인문학을 활용한 성교육 및 모임 등 여러 방면에서 교육을 진행할 예정이다. 특히 강사의 역할을 넘어, 여성, 아내, 엄마로서의 성교육 역시 계속해서 필요하다고 느끼며, 이를 위해 세부적인 요구를 파악하고 맞춤형 강의를 준비하고 있다.

처음 강의를 시작할 당시 나의 명칭은 '가족 사랑 관계 전문가'였다. 가족 중심의 삶을 살던 가정주부가 중년의 성에 대한 강의를 진행하면서 그 자리에서 만들어진 이름이었다. 참 좋았다. 그때는 초보 강사로 특별히 브랜딩 네임이 필요하다고 생각하지 않았다. 그 이후 성교육 전문 코칭 강사 양성 과정에서 전 생애주기의 대상들에게 성교육으로 그들의 삶을 성장을 독려하는 사람의 의미로 만든 나의 명칭은 '성장 코디네이터'다.

지금 나의 교육 철학은 사람들의 삶에 실질적인 도움이 되는 코칭을 지향한다. 나는 성교육 코치다. 주체적인 삶을 원하는 사람들의 성장을 돕는 페이스 메이커로서 당신과 함께 성장하는 코치, '위드썬코치'로 명칭을 바꾸었다. 나의 교육 방식과 철학을 더욱 잘 표현할 수 있는 이름이라고 생각했기 때문이다. 강사로서의 브랜딩 네이밍을 재설정하는 것은 나의 브랜딩을 자리 잡기 위함이다. 한국 강사 신문에 인터뷰하러 갔을 때, 기자님께서 진정성을 가지고 활동을 이어가는 것이 중요하다고 강조하시며, 브랜드 마케팅의 필요성에 대해서도 언급하셨다. 비록 나는 그 중요성을 알고 있었지만, 실제로 현장에서 강의를 진행했을 때 대부분의 홍보는 현장 추천이나 입소문을 통해 이루어졌다.

하지만 SNS는 현대 사회에서 브랜드나 개인을 알리는 중요한 도구임을 알고 있다. 그래서 나는 최근에 인스타그램과 블로그를 활용하여 조금씩 나의 활동을 기록하고, 나를 소개하는 일을 시작했다. 여전히 SNS 활동이 자연스럽지는 않지만, 점차 그 필요성을 깨닫고 실천에 옮기고 있다. 이는 나의 활동사진을 SNS에 공유하고, 성교육에 관심을 높이기 위한 첫걸음을 시작하고 있다. 또한, 최근에는 강사 채용 방법으로 샘플 강의 영상을 제출해야 하는 곳도 생기고 있다. SNS 활용을 토대로 나의 브랜딩이 노출되어야 나를 찾아주는 시대에 살고 있다. 이제는 나 역시 강사로서의 브랜딩으로 다양한 대상에 교육을 접할 수 있도록 진행하고 있다.

강사의 역할을 참여자와 깊은 소통을 통해 변화와 성장을 끌어내는 과정으로 확장하고자 한다. 사람들의 삶에 긍정적인 영향을 미칠 수 있도록 내가 제공하는 성교육 코칭은 일상의 삶에 적용하고 변화에 중점을 둔다. 이는 자신뿐만 아니라 타인과의 관계에서 더욱 건강하고 긍정적인 상호작용을 할 수 있다. 특정한 연령대에 필요한 게 아닌 '평생교육'으로 모든 연령대에서 꾸준히 이루어져야 한다. 이유는 사람들의 삶의 질을 높이는 중요한 과정이기 때문이다.

나의 교육은 다양한 연령대와 상황에 맞춰 진행된다. 예를 들어, 유아나 어린이를 위한 성교육은 그들의 발달 단계에 맞는 교육을 제공하며, 성에 대한 기본적인 이해를 돕는다. 청소년을 위한 교육은 더 구체적으로 성에 대한 지식과 함께 건강한 성적 가치관을 확립하는 데 중점을 둔다. 성인이 된 후에는 성교육이 신체적인 측면을 넘어서, 관계와 감정, 그리고 삶의 전반적인 영역에 걸친 깊이 있는 교육으로 확장된다. 또한, 나는 자기돌봄과 웰다잉을 융합한 교육을 진행하며, 개인의 건강과 사회의 건강을 지키는 데 중요한 역할을 하고자 한다. 자기돌봄은 단순히 몸의 건강을 넘어서, 정신적인 안정과 감정적인 충족을 이루는 과정이다. 웰다잉 교육은 삶의 마지막 순간까지도 존엄성을 지키며 살아갈 수 있도록 돕는 과정으로, 사람들에게 삶에 대한 깊은 통찰을 제공한다. 나는 교육을 통해 사람들이 자신을 더 잘 돌보고 건강한 삶을 살아갈 수 있도록 지원하고자 한다.

성교육의 가치를 널리 알리기 위해, 나는 계속해서 다양한 채널을 통해 나의 활동을 공유하고, 다양한 대상들과의 소통과 교육으로 다가가고자 한다. SNS 활동을 포함하여, 다양한 미디어를 통해 나의 경험과 교육 철학을 나누고, 사람들에게 성교육이 가지는 깊은 의미와 중요성을 전달하려는 노력은 계속될 것이다. 나는 강사의 역할을 넘어, 교육을 통해 사람들의 삶에 실질적인 변화를 불러오는 존재가 되기를 바란다. 나의 교육이 사람들의 삶에 긍정적인 영향을 미칠 수 있기를 기대하며, 앞으로도 꾸준히 성장해 나가고자 한다.

성교육을 통해 주체적인 삶의 변화를 느끼며 앞으로 진정성과 배움, 나눔, 성장하는 페이스 메이커로 강사 활동을 해나갈 것이다. 가정주부에서 성교육 강사로, 성교육 강사에서 1인 기업 대표로 전진하는 삶에 강사로서의 역량과 나만의 진정성, 참여자가 주체적으로 참여하고 변화하는 교육으로 함께 할 것이다. 사람을 위한 교육, 사람과 함께 하는 사람으로 한 사람 뒤에 100명을 바라볼 수 있어야 한다. 나도 부족한 사람이나 강사라는 직업은 나를 더욱 근사하게 만들어 준다. 앞모습이 아닌 뒷모습까지도 건강한 에너지의 소유자로 살아갈 것이다.

성교육 강사는 철학적이다.
성교육 강사는 가장 포괄적인 교육을 하는 사람이다.

나는 이렇게 성교육 강사를 정의한다.

앞으로 성교육 강사가 될 분들에게 이런 말을 남기고 싶다. "오늘도 여러분의 편견과 고정관념을 깨고 있나요?"라고. 여러분 삶의 여정에 동반성장을 꿈꾸는 시간으로 또 한 걸음 전진할 수 있는 시간이 되기를 희망하며.

'with ssun coach' 당신과 함께 성장하는 선미 코치, 위드썬코치.

강사의 길 : 나만의 콘텐츠로
성공을 디자인하다

최유미

성장의 파도를 만드는 강사

제1장 나를 발견하고 성장시키는 시간

교육은 사람과 사람, 세상과 세상을 연결하는 다리가 되어야 한다고 믿는다. 교육은 배움의 파동을 만들어 내야 한다고 생각했고, 그래서 나만의 철학을 '바다의 파도처럼'이라는 비유로 표현하게 되었다.

나의 교육 철학은 유아교육 현장에서 자연스럽게 형성되었다. 특히 다문화 교육은 내가 '다름'을 수용하고, '다양성'을 강점으로 바꾸는 방법을 배우게 해주었다. 이는 모든 연령층과 문화를 아우르는 강의에 대한 나의 비전을 키워주는 계기가 되었다. 바다는 멈추지 않고 흐르며, 모든 파도는 서로 연결되어 있다. 나는 교육도 이와 같아야 한다고 생각한다.

- 학습자 간 연결: 강의에서 질문과 토론을 통해 다양한 배경의 학습자들이 공감대를 형성.
- 세상과의 연결: 강의 주제를 현실 문제와 연결해 학습자들이 교육

의 의미 느낌.

내가 다문화 교육을 시작하며 가장 많이 들었던 말은 "서로 다름을 인정하는 것이 어렵다."였다. 한 강의에서 한 학습자는 "내가 어떤 문화적 정체성을 가지고 있는지 고민해본 적이 없었는데, 이번 강의를 통해 나 자신을 더 이해하게 됐다."라고 말했다. 이 피드백을 들으며, 교육이 단순한 전달이 아니라 학습자의 변화를 촉진하는 과정임을 다시금 깨달았다.

강사는 단순히 지식을 전달하는 사람이 아니다. 학습자가 자신의 가능성을 발견하고 성장할 수 있도록 돕는 촉진자다. 나의 강의는 단순한 정보제공이 아니라, 실제 삶에서 적용할 수 있도록 설계된다. 이를 위해 나는 강의에서 질문과 토론을 적극 활용하며, 학습자들이 자신의 경험과 생각을 공유하도록 유도한다.

나는 강사가 되기로 한 이유를 묻는다면, 그 답은 유아교육 현장에서의 경험과 배움의 순간들에서 비롯되었다고 할 수 있다. 교사와 원장으로 재직하며 아이들과 부모님을 교육하는 과정에서, 교육의 진정한 가치를 깨닫게 되었다. 부모들을 대상으로 한 첫 강의는 잊을 수 없는 경험이었다. 강단에 서기 전의 떨림과 준비 과정의 긴장감은 지금도 생생하다. 강의를 들으며 부모님들이 고개를 끄덕이고 웃으며 반응하는 모습을 보면서 강의가 단순히 정보 전달이 아니라 서로를 이해하고 공감하는 시간이라고 느꼈다. 다양한 문화적 배경을 가진 학습자들과 함께하는 시간은 내가 가진 편견을 깨고, 서로를 이해하는 즐거움을 알게 해주었다. 이 경험은 나에게

"강사는 변화를 만드는 사람"이라는 깨달음을 주었다.

나는 강의를 통해 사람들의 삶에 작은 변화의 씨앗을 심을 수 있다고 믿는다. 강의는 나에게 즐거움을 주고, 학습자들에게는 성장의 기회를 준다. 이러한 믿음과 경험이 나를 강사의 길로 이끌었으며, 나는 앞으로도 이 길을 걸으며 배움과 성장을 전하고자 한다.

강사로서 가장 중요한 자질 중 하나는 자신을 깊이 이해하는 것이다. 나의 강점은 무엇인지, 약점은 무엇인지 성찰하는 과정을 통해 나는 더 나은 강사가 되기 위해 노력하고 있다.

나는 학습자와 소통하고 공감하는 능력을 가장 큰 강점으로 꼽는다. 강의 중 학습자들이 적극적으로 질문하고 서로의 이야기에 귀 기울이는 모습을 볼 때, 내가 그들에게 공감을 끌어냈음을 실감한다. 특히 연령과 배경이 다양한 학습자들에게 맞춤형 강의를 설계하여 그들의 필요에 부합하는 솔루션을 제공하는 데 자신이 있다. 또한 강의 콘텐츠를 설계하고 개발하는 과정은 나에게 즐거움을 준다. 새로운 아이디어를 구상하고 이를 학습자들에게 효과적으로 전달하기 위한 시각 자료와 실습 활동 설계는 나의 강점이다.

내가 가진 약점 중 하나는 완벽한 강의를 준비하려는 강박에서 오는 스트레스다. 이를 극복하기 위해 실전에 가까운 리허설과 예상 질문에 대한 답변을 미리 준비하며 약점을 보완하고 있다. 나는 앞으로도 강점은 더 강

하게, 약점은 더 유연하게 다듬으며 나만의 강의 스타일을 완성해 나가고
자 한다.

강사로서의 비전은 단순한 목표가 아니라 내가 강의라는 도구를 통해
어떤 변화를 만들고 싶은지에 대한 방향성을 의미한다. 처음 강사로서의
비전을 설정했을 때, 나는 "모든 학습자가 자신의 가능성을 발견하고 성
장하도록 돕는다."라는 목표를 세웠다. 이 비전은 학습자의 변화와 성장에
초점을 맞추는 강의의 방향성을 잡아주는 역할을 했다.

비전을 설정한 후 강의 준비와 진행 방식은 크게 달라졌다. 예전에는
정보를 정확히 전달하는 데만 집중했다면, 이제는 학습자들에게 실질적인
변화와 경험을 제공하는 데 초점을 맞추게 되었다. 때로는 강의 준비 과정
에서 어려움을 겪거나 예상치 못한 상황에 직면하기도 하지만, 내가 설정
한 비전이 있기에 포기하지 않고 더 나은 방향을 모색할 수 있었다.

나의 비전은 학습자가 자신의 가능성을 발견하고, 교육을 통해 세상과
더 깊이 연결될 수 있도록 돕는 것이다. 이 비전은 지금도 나의 강의를 이
끄는 중심축이며, 앞으로도 그 방향성을 유지하며 더 많은 학습자와 소통
하고자 한다. 강사로서의 비전은 단순히 내가 꿈꾸는 이상이 아니라, 학습
자들과 함께 현실로 만들어 가는 여정이다.

강사라는 직업은 보람과 성취감을 주는 만큼, 스트레스와 피로도 따라
온다. 스트레스는 강의 준비의 압박감, 예상치 못한 돌발 상황, 학습자 피
드백에 대한 부담에서 비롯된다. 하지만 이를 관리하고 해소하는 방법을

실천하면 성장의 도구로 활용할 수 있다.

- 해소법: 산책과 심호흡으로 긴장을 풀고, 독서, 운동, 여행 등 취미 생활로 재충전한다.
- 좋은 사람들과의 대화로 강의에서 벗어난 시간을 가지며 마음을 환기한다.

강사가 학습자들에게 긍정적인 에너지를 전달하려면 자기 돌봄이 필수다.

- 신체적 돌봄: 규칙적인 운동과 충분한 수면으로 에너지를 충전한다.
- 정신적 돌봄: 긍정적인 피드백에 집중하고 자신을 칭찬하며 자신감을 유지한다.
- 균형 잡힌 일정: 강의와 개인 시간을 분리해 효율적으로 시간을 활용한다.

스트레스를 피하기보다는 이를 성장의 기회로 삼아야 한다. 예상치 못한 질문은 자료를 풍성하게 만들 기회가 되고, 비판적 피드백은 강의를 개선하는 계기가 된다. 나는 스트레스가 나를 단단하게 만들어 주는 연료라고 믿으며, 이를 성장의 발판으로 삼고자 한다.

건강한 강사가 건강한 강의를 만든다. 나는 앞으로도 스트레스를 관리하고, 자기 돌봄을 통해 내면의 균형을 유지하며 강사의 길을 걸어갈 것이다.

제2장 **차별화된 콘텐츠로 학습자 사로잡기**

교육 콘텐츠는 학습자의 요구와 필요를 중심으로 설계되어야 한다. 콘텐츠가 학습자에게 의미 있는 경험을 제공하려면 그들의 목표와 관심사를 반영해야 한다. 차별화된 교육 콘텐츠 개발을 위한 핵심 요소는 다음과 같다.

- 사전 조사: 학습자의 관심사와 필요를 반영한 커리큘럼 구성
- 맞춤형 자료 활용: 초등학생 대상 – 그림책과 게임 / 성인 대상 – 실생활 적용 사례 중심
- 디지털 기술 활용: 메타버스를 활용한 가상 직업 체험, AI 피드백 분석 도구 적용

다문화 교육 강의를 준비하던 날이 떠오른다. '어떻게 하면 학습자들이 서로 다른 문화를 더 잘 이해할 수 있을까?'를 고민하며 설문지를 만들

고 자료를 수집했다. 설문 조사에서 학습자들이 원하는 주제를 반영하니 강의에 대한 몰입도가 훨씬 높아졌다. 특히 초등학생 대상 강의에서는 그림책과 간단한 게임을 통해 흥미를 유도했고, 성인 강의에서는 "이 내용을 실제 생활에 어떻게 적용할 수 있을까요?"라는 질문으로 학습자들이 스스로 답을 찾도록 했다.

효과적인 커리큘럼 설계는 학습자의 여정을 함께 그리는 작업과 같다. 강의 목표를 명확히 설정하고, 학습자가 그 목표에 도달할 수 있도록 차근차근 단계를 설계해야 한다. 진로 교육 강의를 준비하며 학습자에게 직업별 장단점을 생각해 보게 한 적이 있다. 처음에는 "미래에 하고 싶은 직업을 골라보세요."라고 단순하게 시작했지만, 마지막에는 각 직업의 현실적인 조건과 그에 따른 계획까지 구체화하게 했다. 학습자들이 자신의 목표를 스스로 정리하고 나가는 모습을 보며 강의의 진정한 의미를 느꼈다. 잘 설계된 커리큘럼은 학습자가 길을 잃지 않도록 돕는 내비게이션이 되어야 한다.

디지털 기술은 콘텐츠 개발에 날개를 달아준다. 메타버스를 활용해 학습자들에게 가상 직업 체험의 기회를 제공한 적이 있다. "직접 체험해 보니 이 직업이 저랑 잘 맞는 것 같아요."라고 말하던 학생의 반응은 나 역시 '강사라는 직업이 나랑 정말 잘 맞는 것 같다.'라는 생각과 함께 보람을 느끼게 했던 일화로 기억에 남는다. 또, AI 분석 도구를 사용해 학습자의 실시간 피드백을 반영했을 때, 학습자가 어려워하는 부분을 사전에 파악해 강의 내용을 보완할 수 있었다. 이러한 디지털 기술의 활용은 교육 콘텐츠 변화에 지속적으로 관심을 갖고 강사 또한 학습자의 자세로 자신의 강의 콘텐츠를 차별화하기 위한 노력이 필요하다. 새로운 디지털 기술을 계속 학습해 나가며, 자신의 강의에 새롭게 적용해 나갈 방안을 연구해야만 차별화된 콘텐츠로 발전해 나갈 수 있다. 디지털 기술은 강의의 질을 높이고 학습자의 몰입을 유도하는 중요한 자산이다.

강의 주제에 따라 맞춤형 콘텐츠를 설계한 사례는 많다. 유아교육 강의에서는 그림책과 스토리텔링을 활용했다. "이 그림책 속에서 어떤 이야기를 만들고 싶나요?"라고 물었을 때, 아이들이 눈을 반짝이며 각자의 이야기를 만들어 내는 모습이 떠오른다. 다문화 교육 강의에서는 서로 다른 문화적 배경을 가진 학습자들이 자신만의 문화를 발표하는 시간을 가졌다. 한 학습자는 "저도 몰랐던 제 문화의 강점을 발견하게 됐어요."라고 말해줬다. 진로 교육 강의에서는 워크숍 형식으로 학습자들이 직접 자신의 꿈을 시각화하고 발표하도록 했다. 발표를 마친 학습자들이 "이제부터 구체적으로 계획을 세워볼래요."라고 다짐할 때, 강의 콘텐츠가 그들의 삶에 변화를 일으킨다는 것을 실감했다.

학습자에게 기억에 남는 강의는 다시 찾고 싶어지는 강의다. 예전에 한 학습자가 강의 후에 보내온 메일이 생각난다. "선생님 덕분에 이제 하루하루를 계획하고 실천하며 더 나은 나를 만들어 가고 있어요." 이처럼 학습자와 강사가 함께 만들어 가는 경험이 강의를 더욱 의미 있게 만든다. 강의 중 학습자와의 대화를 통해 생긴 유대감, 실생활과 연결된 사례, 학습자들의 피드백을 적극적으로 반영한 콘텐츠는 다시 찾고 싶은 강의를 만드는 핵심 요소다.

교육 콘텐츠 개발은 학습자의 요구를 반영하고, 효과적인 설계와 디지털 도구를 활용해 콘텐츠의 질을 높이는 것이 핵심이다. 콘텐츠는 학습자의 삶에 긍정적인 변화를 일으키는 도구가 되어야 한다. 나는 학습자가 다시 찾고 싶어 하는 강의를 만들기 위해 끊임없이 고민하며 콘텐츠를 발전시키고자 한다. 교육은 단순히 전달하는 것이 아니라 학습자와 함께 성장하는 과정이라고 믿는다. 앞으로도 학습자들과 새로운 경험과 배움을 만들어 갈 것이다.

제3장 **공감과 소통으로 배우는 즐거움**

강의의 핵심은 학습자가 스스로 배우는 주체가 되도록 만드는 것이다. 학습자 중심의 접근은 교육의 핵심이며, 강의를 통해 실제적인 변화와 학습의 임팩트를 창출하는 데 필수적이다. 이를 실현하기 위해서는 우선 학습자의 요구와 기대를 정확히 파악하고, 소통과 공감을 통해 학습자 스스로 참여하도록 이끄는 구조를 마련해야 한다.

첫 번째로 학습자 요구를 다양한 도구와 기술을 활용해 파악하는 것이 좋다.

- 사전 설문조사: 강의 전에 설문 조사로 학습자의 기대, 선호, 배경지식을 파악하면, 강의 내용과 난이도를 맞춤형으로 설정할 수 있다.
- 실시간 피드백: 강의 중 짧은 퀴즈, 즉석 설문, 채팅 등을 통해 학습자의 반응을 파악하고 즉각적으로 강의 진행 방식을 조정할 수

있다.
- 강의 후 평가: 강의 종료 직후 학습자의 의견을 수렴하면, 다음 강의나 프로그램을 개선하는 데 구체적인 아이디어를 얻을 수 있다.

두 번째로 효과적인 소통과 참여 유도를 위해서 강의에 몰입하고 적극적으로 참여하게 만드는 소통 전략은 강의의 질을 좌우한다. 이를 위해
- 개인적 경험 공유: 강의 도입부에 강사나 학습자의 경험을 간단히 공유하면 친밀하고 편안한 분위기가 조성된다. 이는 학습자가 강의 내용에 쉽게 몰입하도록 돕는다.
- 질문과 토론: 강의 중 자유롭게 질문할 수 있도록 격려하고, 질문을 바탕으로 토론을 유도하면 학습자가 학습 과정의 주체로 참여하게 된다.
- 협업 활동: 소그룹 토론, 팀 프로젝트 등을 통해 학습자 간 상호작용을 장려하면 학습 내용을 깊이 있게 탐구하고 실제 상황에 적용할 수 있게 된다.

세 번째로는 맞춤형 강의 전략을 세울 수 있다. 강의의 성공은 다양한 배경을 가진 학습자들을 얼마나 포괄적으로 다룰 수 있는지에 달려 있다.
- 연령 고려: 어린 학습자에게는 놀이와 상상력을 자극하는 활동을, 성인 학습자에게는 문제 해결형 과제나 심층 토론을 제시하여 참여도를 높인다.
- 문화적 다양성 존중: 다문화, 세대 차이, 지역·직업적 배경 등을

고려한 콘텐츠와 사례를 활용하여 학습자들이 서로의 경험과 문
화를 존중하도록 유도한다.

● 학습 스타일 다양화: 시각 자료, 청각 자료, 실습 등 다양한 매체와
방법을 조합해 학습자가 자신에게 맞는 방식으로 정보를 흡수할
수 있도록 지원한다.

네 번째로 공감을 통해 학습효과를 높이는 방법이 있다. 학습자가 강
의를 통해 성취감을 느끼려면 강사가 학습자의 상황과 감정에 공감하고
이를 강의에 반영하는 태도가 필수다.

● 감정적 연결: 강사가 본인의 경험을 적절히 제시하거나 학습자의
이야기에 관심을 기울이면, 학습자가 강의 내용을 자기 삶과 연결
지어 받아들일 가능성이 높다.

● 문화적 감수성: 다양한 문화적 배경을 가진 학습자가 소외되지 않
도록 배려하고, 보편적 예시와 사례를 적절히 제시함으로써 포용
적인 학습 환경을 조성한다.

마지막으로 학습자 적극 참여를 위한 활동을 다양하게 구성해야 한다.

● 인터랙티브 요소: 퀴즈, 실시간 투표 등으로 즉각적인 반응을 수
집하면 학습자가 능동적으로 참여하게 된다.

● 역할 연기와 시뮬레이션: 실제 상황을 가정한 시나리오에서 학습
자들이 역할을 수행해 보도록 하면, 이론적 지식을 현실에 적용하
는 역량을 키울 수 있다.

학습자 중심의 접근은 학습자가 스스로 배움의 주체가 되어 성장하도록 이끄는 기반이 된다. 공감과 소통을 바탕으로 한 강의는 학습자의 몰입도와 만족도를 높이며, 학습자 개개인의 상황과 다양성을 존중하는 교육을 실현하도록 돕는다.

제4장 현장에서 배우는 운영 노하우

강의 운영은 사전 준비부터 강의 중 위기 대처, 학습자 피드백 수렴, 강의 후 학습 지원까지 체계적으로 이루어져야 한다. 현장에서 직면하는 다양한 상황에 대비하고, 이를 강사의 역량 강화의 기회로 삼을 때 강의의 완성도가 높아진다.

우선 강의 사전 준비부터 살펴보자. 강사에게는 무엇보다 시간 관리가 기본이다. 강의 일정을 명확히 파악하고 세션별 시간 배분을 계획해야 한다. 도입부(5~10분), 본론(30~40분), 마무리(질의응답 시간 포함) 등으로 구분하여 진행하면 집중도를 높일 수 있다. 예상치 못한 상황을 대비해 완충 시간도 마련해야 한다.

또한 사전 준비 과정에서 자료준비가 학습자의 수준과 요구에 맞추어 시각 자료, 동영상, 사례 연구 등 철저하고 다양하게 갖추어져야 한다. 슬라이드는 한 페이지에 핵심 메시지 하나만 간결하게 담고, 텍스트 분량은 최소화하되 그래프나 이미지를 활용해 이해를 돕는 것이 좋다. 요즘은 강의에서만 받아 볼 수 있는 학습 자료에 대한 요구도 높아지고 있어 이 과정에서 나만의 배포 교안 또한 준비하여 학습자들의 욕구를 충족시켜 줄 수 있다.

마지막으로 사전 준비 과정에서 반복적인 리허설이 필요하다. 특히 새롭게 준비한 강의 주제와 내용이라면 강의 흐름을 점검하고 예상 질문에 대한 답변을 준비하여 물 흐르듯 자연스러운 강의가 진행될 수 있도록 준비한다. 이 과정에서 강의 장소의 기술 장비(프로젝터, 마이크, 온라인 플랫폼 등)도 미리 테스트해야 현장에서 문제가 발생해도 빠른 대응이 가능하다. 사전 방문이나 담당자를 통한 더블 체크를 꼭 해둬야지 준비된 강의를 만족스럽게 진행할 수 있다.

강의 현장에서는 다양한 문제에 직면하게 된다. 가장 빈번한 문제가 기술적인 문제이다. 파일이 열리지 않거나 인터넷 연결이 끊기는 상황에 대비해 여러 경로로 자료를 백업하고, 대체 자료(인쇄본 등)를 준비하여 만일의 사태에 대비해 두는 것이 필수이다. 나의 경우 2~3m 이상의 HDMI 선을 항상 구비하고 다니고, 노트북에 1테라바이트의 마이크로 SD카드로 강의 교안과 모든 자료를 관리하고 있어, 비상시에는 이 SD카드를 꺼내어 별도의 젠더를 이용하여 다른 노트북 또는 데스크탑에 바로 삽입하여 사용할 수 있도록 대비해 두고 있다. 다음으로 발생하기 쉬운 문제는 학습자와의 상호작용 문제이다. 참여도가 낮거나 부정적 태도를 보이는 학습자가 있을 때, 개방형 질문 또는 간단한 활동을 통해 관심을 유도하고, 그들의 의견을 존중하며 긴장을 완화한다. 학습자의 부정적 반응을 무조건 적으로 긍정적으로 이끌고 가려고만 하면 오히려 역효과가 날 수도 있기에, 그 반응까지도 그럴 수 있음을 존중해 주고, 강의자와 학습자가 아닌, 사람 대 사람으로 접근하는 방법을 추천한다.

마지막으로 발생할 수 있는 문제는 시간 관리 문제이다. 열정적으로 강의를 하다보면 강의가 계획보다 길어지거나 짧아질 경우가 발생하기도 한다. 이에 대비해 항상 강의 진행 중 티가 나지 않게 시간을 체크해 가며 진행하는 자세가 필요하다. 그럼에도 시간이 모자라거나 남을 상황을 대비하여, 간단한 게임이나 퀴즈를 여분으로 준비해 두고, 강의 내용을 완벽하게 숙지하여 시간이 모자라더라도 전체 내용을 요약하여 마무리할 수 있는 대처 스킬을 길러두어야 하겠다. 그 외에 추가 자료나 과제를 활용해 탄력적으로 대처하는 방안도 세워볼 수 있다.

강의가 무사히 시간 내에 준비한 대로 마무리되었다고 끝이 아니다. 나의 강의의 완성도를 높이고 지속해서 성장하는 강사가 되기 위해서는 피드백의 수집과 분석이 필수적이다. 이는 강의가 끝난 직후 설문지나 온라인 도구를 통해 학습자 의견을 모으는 것이 효과적이다. 구체적인 항목과 개방형 질문을 포함해 실질적인 개선점을 찾는다. 포스트잇을 활용하여 강의 활동에 대한 짧은 감상을 받거나, 릴레이로 강의 활동에 대한 소감을 받아 볼 수도 있겠다. 하지만 익명으로 수집이 되지 않을 경우, 냉정한 피드백이 이루어지지 않을 수 있음도 고려해야 한다.

　피드백을 수집하였다면 분석을 통해 강의에 대한 개선이 이루어져야 한다. 긍정적 평가를 받은 강점은 유지·강화하고, 부정적 평가나 자주 언급되는 문제점은 개선의 우선순위로 삼는다. 초보 강사 시절 '목소리가 작다.' '너무 아이들 다루듯이 대하는 것 같다.' 등의 피드백을 받은 적이 있었다. 이에 마이크를 사용하여 보완하는 것이 당장에 가장 빠른 개선 방법이었으나, 기계적 문제 상황이 발생한다면 나는 또 같은 피드백을 받아야 할 것이란 생각이 들었다. 그래서 그 후로 강의를 위해 이동하는 차 안에서 목소리 트레이닝을 시작했다. 혼자 있는 차 안이니 사람들 시선도 신경 쓸 필요도 없어 좋았다. 다양하게 큰 소리를 낼 수 있는 노래들을 따라 부르고, 발음을 교정하기 위해 거울을 보며 입 모양을 관찰하고, 때로는 다른 강사들의 강의를 틀어놓고 따라 하며 이동하였다. 이제는 시끌벅적한 강의실 안에서도 다양한 성량으로 강의를 진행하는데 많은 자신감이 붙었다. 또 그만큼 성대도 단련이 되어가는 걸 느낀다. 또 오랜 현장 경험의 유물로 학습자들을 다소 아이들을 대하듯 하는 태도가 나도 모르게 나타났음을 깨닫고 강의마다 학습자들의 연령을 인식하는 스몰 토크를 넣기 시작했다. 이 스몰토크가 나의 강의 태도도 바꾸어 주었을 뿐만 아니라 학습자와의 유대감 형성과 강의 참여도 개선에도 크게 한몫하고 있음을 종종 깨닫고 있다.

　마지막으로 피드백을 반영하였다면 그 결과 공유를 공유하는 것이 필요하다. 다음 강의나 커뮤니티를 통해 "지난 피드백을 반영해 이런 부분을

개선했다.", "지난 피드백에서 요청하신 부분을 더 준비해 왔다."라는 식
으로 알리면, 학습자들이 자신의 의견이 존중받고 있다고 느끼게 된다. 더
불어 강사가 본인의 강의에 진심임을 전달 할 수 있다.

강의는 강의실에서 끝나지 않는다. 강의가 끝난 후에도 학습자가 배운
내용을 실제 삶이나 업무에 적용하도록 유도해야 한다. 후속 자료 및 온라
인 커뮤니티(이메일, SNS, 온라인 플랫폼 등)을 통해 추가 자료와 읽을거리를 제공
하고, 학습자들과 소통을 이어가는 것도 좋은 방법이다. 또한 후속 과제와
멘토링을 통해 이론을 실제로 적용하도록 독려하고, 피드백을 제공하면,
학습 성과를 높일 수 있다. 물론 모든 학습자에게 지속적인 지원을 할 수는
없을 것이다. 더 필요성을 느끼거나 요청하는 학습자에게 강사가 운영하
는 강의 주제별로 추가적인 지원을 몇 가지 준비하여 제공해 주는 것을 권
해본다. 나의 경우 블로그와 카카오 오픈 채팅방을 활용하여, 학습자들 전
용 자료와 정보를 제공하고 있다. 이러한 후속 지원을 통해 지속적 동기 부
여를 하게 되면 학습자들이 장기적으로 성장하도록 도울 수 있다.

추가로 활용하고 있는 나만의 맞춤 사례로는 강의 주제와 학습자 특성
을 사전에 파악해, 실제 상황과 연결된 사례를 제시하여 몰입도를 높이고
있다. 예를 들어, 청소년 진로 교육의 경우 실제 직업인의 인터뷰 영상이나
최신 취업 동향을 활용한다. 교육도 트렌드가 빠르게 변화하고 있기에 틈
틈이 학습자의 입장으로 돌아가 지속해서 강의 자료 업데이트를 위한 학
습을 하며, 가장 최신의 정보와 자료로 강의를 준비하려 하고 있다. 대학의
오픈 강의를 청강하고, K-mooc나 KOCW, 지역 평생교육기관에서 운영하

는 온라인 평생 교육 시스템 등에 업로드 되는 다양한 교육들도 최신 교육을 찾아 들으며 정체된 강의가 되지 않도록 준비한다.

또한 디지털 시대의 빠른 변화에 맞춰가기 위해 AI 도구에 대한 학습도 꾸준히 이어가고 있다. AI 도구를 활용해 학습자의 사전 설문 결과나 학습 데이터를 분석하면, 학습자 수준에 맞는 자료를 제공할 수 있는 강점이 있다. 강의 자료 요약, 퀴즈 생성, 실시간 반응 분석 등에 AI를 이용하면 강사의 업무 부담을 줄이고 상호작용을 강화할 수 있다.

그리고 다양한 온라인 플랫폼 활용을 활용하고 있다. Zoom, 웨일온, 구글 등 다양한 도구를 이용해 실시간 퀴즈나 설문을 진행하고, 결과를 즉시 공유함으로써 학습자의 참여를 이끌어낼 수 있다. 또 강사들을 위해 만들어진 AI 기반 협업 도구를 활용하는 것도 좋은 방법이 된다. 위드 플러스 라이브나 패들렛 기타 강사들을 위해 만들어진 다양한 협업 도구는 강의와 소통의 방식을 다양하게 이끌어 준다.

이처럼 강의 운영은 사전 준비부터 후속 지원에 이르기까지 전 과정을 체계적으로 설계하고 실행해야 한다. 특히 다양한 상황에 유연하게 대처하고, AI 같은 기술을 적절히 활용하면 강의의 효과를 높일 수 있다.

제5장 **성공과 성장을 위한 비밀**

강사로서 지속해서 성장하기 위해서는 강의를 하나의 비즈니스로 인식하고, 전문성과 신뢰를 기반으로 한 경영 전략을 마련해야 한다. 이를 위해 강의 포트폴리오 구성, 효과적인 홍보·브랜딩, 학습자 신뢰 구축, 네트워킹과 협업 등이 종합적으로 이뤄져야 한다.

과거 강사의 전형적인 모습은 한 분야에 전문성을 가지고 그 분야의 강의만 하는 모습이었다면, 이제는 시대가 변화하였다. 다양한 분야에 폭넓게 관심과 지식을 갖추고 강사도 다양한 캐릭터를 갖추어 다각화하는 시대로 변모해 가고 있다. 이를 위해 나만의 강의 포트폴리오와 수익 다각화를 갖추기를 추천한다. 강의 주제를 다각화하여 나만 할 수 있는 좀 더 세부적인 강의안을 갖추고, 변화하는 시대에 맞는 부가 상품 개발을 함께하는 노력이 필요하다.

● 강의 주제 다각화: 청소년 대상 진로 교육, 성인 대상 직무 역량 교육, 부모 대상 자녀 교육법 등 학습자의 연령과 목적에 맞는 다양한 콘텐츠를 준비하면, 폭넓은 수요를 창출할 수 있다.

● 부가 상품 개발: 온라인 강의 플랫폼, 교재·워크북 출판, 민간 자격증 과정, 원데이 클래스 등으로 수익원을 다각화하면 안정적인 비즈니스 모델을 구축할 수 있다.

또한 강사 브랜딩과 홍보 전략의 활용을 적극적으로 해야 한다. 이제는 자기 PR의 시대이다. 타인에 의해 이루어지는 홍보가 스스로 하는 홍보보다 효과는 더 크긴 하지만 전국의 강사들이 유명 강사가 되지는 못하기에 스스로 자신을 알리려는 자세도 매우 중요하다. 많은 이용자와 학습자들은 이제 다양한 검색엔진과 SNS에서 강사를 검색해 보고 그들의 약력과 활동 모습 등을 점검하고 강의를 찾아다닌다.

● 온라인 플랫폼 적극 활용: SNS, 유튜브, 블로그 등을 통해 전문성을 홍보하고, 강의 주제와 관련된 유용한 정보를 꾸준히 발신하면 학습자들에게 친숙하게 다가갈 수 있다.

● 일관된 브랜드 정체성: 강사로서의 정체성(예: '유아교육 전문가', '진로 멘토')을 명확히 하고, 로고·프로필·콘텐츠의 톤 앤 매너를 통일하면 학습자에게 신뢰감을 줄 수 있다. 이는 명함, 나만의 교안, SNS 등에 통일성 있게 적용하여 브랜드화해 나갈 수 있다.

강사는 네트워킹과 협업 그리고 멘토링이 정말 중요하다. 어떤 강사는 자신이 갖고 있는 정보와 지식을 나누기를 꺼리기도 한다. 하지만 요즘 같

은 빠른 변화를 보여주는 시대에는 나만 가지고 있는 정보나 지식이라는
건 있을 수 없다. 오히려 이는 개인적으로는 고인 물이 되는 지름길이라 생
각한다. 누구나 지구 반대편에 있는 전문가의 지식과 의견도 조금만 노력
하면 방안에서 손쉽게 받아 볼 수 있는 시대에 과연 나만 가지고 있는 정보
나 자료 그리고 지식이 큰 자산이 될까? 오히려 각자가 가지고 있는 것들
을 나눌 수 있게 다양한 네트워킹을 탄탄하게 형성하며 교류하는 것이 더
큰 자산이 되는 시대이다. 그리고 그들과 함께 공동으로 프로젝트를 진행
하며 강사로서의 성장을 도모하고 함께 상생하는 것이 혼자 하는 것보다
더 큰 힘을 발휘 할 수 있다. 이러한 역량을 학습자에게도 연결하여 그들의
멘토가 되어보는 것 또한 강사로서의 성장에 큰 도움이 될 수 있다.

- 네트워킹: 지역 강사 모임, 교육 관련 협회, 온라인 커뮤니티 등에
  참여하여 최신 정보를 얻고 새로운 기회를 찾는다.

- 협업 프로젝트: 타 강사와 함께 공동 워크숍이나 프로그램을 운영
  하면, 서로의 전문 지식을 결합해 더 심도 있는 콘텐츠를 제공할 수
  있다.

- 멘토링: 학습자들에게 단발적인 강의로 끝나지 않고, 강의 후에도
  현장에서 겪는 문제를 함께 해결하도록 지원하면 강사의 리더십이
  더욱 돋보인다.

강사라는 직업을 선택한 다양한 사람들은 결국 경제활동을 위한 도구
이기에 분명 경영 전략을 세우고 홍보도 열심히 할 수밖에 없을 것이다. 하
지만 그에 앞서 강사라는 직업이 갖는 가장 기본적인 직업의식은 반드시
바로 세우고 성장해 나가야 한다. 강사라는 직업이 나에게 갖는 의미가 퇴

색되지 않도록 지켜나가야 할 것이며, 교육자로서 자긍심과 사회에 도움이 될 수 있는 방향에 대해 끊임없이 연구와 실행이 함께 이루어져야 할 것이다.

- 강의 철학 정립: 강사는 강의를 통해 이루고자 하는 목표와 사명을 분명히 해야 한다. 학습자의 삶에 긍정적인 변화를 일으킨다는 확고한 철학은 강의의 방향성을 이끈다.
- 사회적 기여: 지역사회의 문제 해결, 다양한 문화적 배경을 존중하는 프로그램 등 사회적 가치를 담은 강의는 학습자들에게 깊은 공감을 끌어내고, 강사의 영향력을 넓히는 데 효과적이다.
- 협력과 미래 준비: 혼자서 모두 해내기보다, 학습자·동료 강사·교육기관과 함께 협력하며 미래 교육 환경 변화에 대비하는 태도를 가져야 한다.

강사로서의 경영 전략은 단순히 한두 번의 강의 성공을 넘어, 지속적인 성장과 확장을 목표로 한다. 자신의 전문성을 끊임없이 갈고닦으며, 학습자가 주인공이 되는 학습 환경을 만들어야 하며, 학습자의 성장뿐 아니라 강사 본인의 발전에도 도움이 되는 쌍방향 과정이 되어야 할 것이다. 이러한 선순환이 이뤄질 때, 강사는 교육자로서의 보람과 함께 더욱 넓은 무대로 나아가게 된다.

강의는 정보 전달을 넘어 학습자의 삶에 변화를 일으키고, 미래를 준비하도록 돕는 의미 있는 활동이다. 학습자 중심의 접근과 체계적인 강의 운영 노하우, 그리고 강사로서의 경영 전략을 조화롭게 실천한다면, 강의는 학습자의 성장을 이끄는 장이 될 수 있다. 또한 강사는 이를 통해 스스로 발전하며, 더 넓은 세상과 연결될 수 있다. 강의는 결코 단발적인 행사로 그치지 않는다. 학습자를 성장의 길로 이끄는 안내자이자 동반자로서, 그리고 교육자로서의 사명을 다하는 것이 강의를 이끄는 강사의 역할임을 우리는 잊지 말아야 할 것이다.

성공은 계획되지 않은 기회에서 비롯된다

하재춘

가치를 이끌어내는 조력자

제1장 **계획된 우연 덕분이다**

'한번 맺은 인연 악연으로 끝내지 않는다' 만나는 모든 이들과 상호 우호적 관계로 지내겠다는 의미로 정한 나의 좌우명이다. 이는 기업 운영의 가치가 되어 2016년 창업 후 교육 사업을 하는 동안 사업을 유지해 가는 데 많은 도움이 되었다. '가장 필요한 진로 교육 전문 기업'을 모토로 진로 교육 업체를 운영하고 있는데, 창업 9년 차 매출은 매년 우상향이다. 단 한 해도 매출이 떨어져 본 적 없다. 심지어 코로나 펜데믹 상황에서도 오히려 매출은 증가했다. 이 모두 처음 강의를 시작하고 결심했던 나의 핵심 가치 '한 번 맺은 인연 악연으로 끝내지 않는다', '계획된 우연' 덕분이다.

이 장에서는 강사로 첫발을 내딛으려는 분들을 위해 통찰을 공유한다. 2012년 나는 세 아이를 키우는 전업주부였다. 큰아이가 사춘기가 오면 어떻게 아이와 소통해야 하나 걱정이 되어 상담 공부를 시작했다. 상담을 통해 새로운 인연도 생기게 되고 상담 분야도 재미있어 점점 빠져들게 되었다. 공부만으로 끝내지 않고 청소년 상담복지센터와 교육청 상담 봉사를 시작했다.

처음엔 강의 보다 집단상담에 집중하며 학생들을 만났고 만나는 학생들이 상담을 거듭할수록 생각이 변화되는 모습에 보람을 느끼고 봉사를 계속 확장해 나갔다. 그러다가 강의를 본격적으로 하고 싶어졌다. 그 무렵 2013년 처음 도입된 자유 학기제가 2016년 전국 중학교에 전면 시행되면서 많은 진로 교육 전문가를 필요로 하게 되었다. 돌이켜보면 '계획된 우연'의 시작은 여기부터다. 나는 '진로 적성 지도사 자격'을 취득하고 학교에서 진로 교육을 시작했다. 처음엔 동료 몇 사람과 동아리 형태로 시작했다. 그렇게 강의하다 이 분야의 비전을 보게 되었고, 법인을 설립하여 본격적으로 강사 양성과 콘텐츠 개발 그리고 학교 강의 진행을 위한 강사 매칭을 시작하게 되었다. 이 일련의 과정은 사전에 내가 전혀 계획하지 않았다. 주어진 일에 보람을 느끼고 하루하루 열심히 하다 보니 우연한 기회로 법인 대표가 되었다.

처음 교육 콘텐츠를 만들고 학생들과 소통하며 하는 수업 진행은 만만치 않았다. 학생들에게 주고 싶은 내용은 많고 시간은 한정적이고 준비해 간 내용을 30% 정도도 전달하지 못하고 끝냈다. 강사들은 열정적으로 강의하는데 학생들은 꾸벅꾸벅 졸았다. 강의하는 사람들은 "강의는 의미가 있고 재미가 있고 감동이 있어야 한다."라고 말한다. 우리 강의는 재미 부분이 부족했고 이를 극복하기 위해 연구회를 만들고 매일 만나 스터디를 진행했다. 재미와 감동을 넣고 준비한 내용의 70%를 뺐다. 그리고 내용을 퀴즈 형태나 참여형 팀 활동으로 바꾸기 시작했다. 이 또한 처음엔 별다른 반응을 보이지 않았으나 꾸준한 노력과 실전 연습을 하다 보니 차츰 좋은 피드백이 들어오기 시작했다.

엎드려 자던 학생들이 하나, 둘 일어나 수업에 참여하니 신났다. 학습자와 소통이 잘 된 강의는 강사도 멘탈이 올라간다. 강의가 잘된 날은 보람과 성취감이 느껴졌다. 그러면서 사명감이 생기기 시작했다. 우리가 만나는 학습자들이 강의를 듣고 자신의 진로를 찾게 될 수 있도록 끊임없이 올바른 정보를 주고 한 사람도 소외되지 않게 모두가 참여하는 수업을 만들자. 우리가 주는 정보를 통해 진로를 확장할 수 있게 콘텐츠를 만들어 보급하자.

그러기 위해 업계 동향을 발 빠르게 파악하고 먼저 앞서 나가는 것이 중요하다고 판단했다. 끊임없는 연구와 스터디를 통해 학생과 교육자 모두에게 공감을 얻는 혁신적인 콘텐츠를 개발하고 배포했다. 빠른 판단과 혁신은 유기적 성장을 촉진했고 트렌드에 민감하게 반응할 수 있는 콘텐츠를 만들면서 회사는 입소문을 타기 시작했다. 학교에 있는 진로 부장님들이 입소문을 내기 시작했다. 학생과 선생님 바로 유저(User), 바이어(Buyer) 모두의 만족을 이끌었다.

회사의 소재지 남양주에서 시작한 교육이 입소문을 타고 경기도 전역으로 확장해 나갔다. 처음 1인기업으로 시작한 회사가 정규직원이 있는 번

창한 회사로 변모하고 연간 매출 성장률이 30% 이상 신장되었다. 이 성공의 원리는 직업 심리학자 존 크롬볼츠(John D. Krumboltz)의 계획된 우연(planned happenstance) 이론에 기인한다. 그는 성공한 사람들의 행운은 우연적 요소가 있다. 살아가면서 우연히 마주하게 되는 우연적 요소가 진로를 발견하고 결정하는 경우가 많다고 주장한다. 이 '계획된 우연'에 나는 동의한다. 그의 원리는 내가 사업을 시작하고 매출을 올릴 수 있는 계기가 되었다. 처음부터 사업을 해야지 계획하고 시작한 일이 아니다. 아이가 청소년기를 거치는 동안 지원하려는 노력으로 시작된 상담 공부가 진로 교육으로 이어졌다. 진로 교육을 기점으로 법인을 설립하여 '강사'에서 회사를 운영하는 1인 기업가가 되었다. 주어진 일에 열심히 하고 나에게 기회가 주어졌을 때 '내가 할 수 있을까' 두려워하지 않았다. 무조건 기회를 잡고 그 기회를 놓치지 않기 위해 밤을 지새우며 공부했다. '노력은 절대 배반하지 않는다.' 이 말은 진리라는 생각을 했다.

지금 강의를 시작하려는 이들에게 조언하고 싶다.

"도약하라." 미래는 불확실해 보일지 몰라도, 첫걸음이 중요하다.

"열심히 하라." 끈기 있게 노력해야 한다.

"긍정적으로 생각하라." 긍정적인 사고방식은 어려움을 극복하는 데 필수다.

"융통성이 있어야 한다." 고정관념을 버리면 생각지도 못한 기회를 발견할 수 있다.

"가치 있다고 생각하는 일에 도전하라." 자신의 신념을 가지고 도전하라.

'내가 할 수 있을까?', '이 분야로 얼마나 확장해 나갈 수 있을까?', '이 일이 비전이 있을까?'라며 앞이 보이지 않아 시작이 두렵다고 생각할 수 있다. 하지만 망설이지 말고 시작해 보자. 시작했다면 열심히 하자. 무엇보다 긍정적인 생각이 중요하다. 신중한 계획도 중요하지만, 성공은 계획되지 않은 기회에서 비롯된다. 열심히 하면서 사람들과 교류하고 새로운 가능성을 만들어 보자. 분명 2~3년 뒤에는 의미 있는 성과가 나타날 것이다.

제2장 **세상의 변화는 기회, 콘텐츠 혁신의 미래**

학습자와 교육자 모두에게 공감을 얻는 혁신적인 콘텐츠 개발은 어떻게 해야 할까? 세상의 모든 변화는 기회이다. 기회는 내가 어떤 것을 보겠다고 마음먹고 보려고 할 때 보인다. 새로운 콘텐츠를 개발할 때 세상의 변화를 살피고 트렌드 변화에 맞는 콘텐츠를 개발했다. 콘텐츠 개발 성공 사례 두 가지를 소개한다.

먼저 메타버스 미래 직업 역량이다. 지인의 소개로 김상균 교수의《메타버스(디지털 지구, 뜨는 것들의 세상)》를 읽고 메타버스 연구회를 만들어 메타버스의 미래 직업역량 콘텐츠를 만들었다. 21년은 코로나 펜데믹 상황으로 메타버스 활용 콘텐츠가 나오면 무조건 잘 팔리는 콘텐츠가 될 것을 확신했다. 마침 콘텐츠에 힘을 실어줄 수 있게 2021년 교육부와 한국정보화진흥원의 무선환경 교육 구축 사업으로 교사와 학생들의 미래형 교육환경을 조성하는 사업이 전개됐다. 2024년으로 예정됐던 전국 초·중·고·특수 학교 와이파이 구축 사업을 2021년 상반기까지 여름 방학을 기점으로 모든 학교 각 교실에 무선공유기가 설치되었다.

그리고 SKT에서 메타버스 플랫폼 이프랜드(Ifland) 서비스를 시작했다. 당시에 제페토(Zepeto), 게더타운(Gather Town) 등이 있으나 우리가 추구하는 수업의 방향과 맞지 않았다. 제페토(Zepeto)는 한 랜드에 16인 이상 참여가 어렵고 게더타운(Gather Town)은 2D로 학생들의 흥미를 끌지 못했다. 하지만 이프랜드(Ifland)는 3D로 한 랜드에 130명이 동시에 참여할 수 있어 우리가 수업하기에 적합한 플랫폼이다. 오프라인에서 사람들이 모이지 못하게 하는 시기여서 사람들이 많이 모여 활동하며 위안을 얻고 즐거움을 추구할 수 있었다.

학생들은 핸드폰으로 이프랜드 앱을 설치하고 아바타를 꾸미고 이프랜드 안에서 다양한 랜드에 함께 모여 달리기, 춤추기, 오징어 게임, 공룡 탐험, 박물관 체험, 메타 교실에서 강의 진행 등 코로나 상황에서 접촉할 수 없는 활동들을 신나게 즐기며 참여하는 수업을 진행했다. 반응은 폭발적이었다. 함께 활동할 수 없는 펜데믹 상황에서 현실보다 더 매력적인 가상의 아바타를 만들어 협업, 소통하면서 현실 세계에서는 할 수 없는 것들이 메타버스에서는 가능하게 하는 진짜보다 흥미롭고 매력적인 세계로 생각했다. 지금은 메타버스를 어떻게 활용하게 할까를 고민하는 콘텐츠 업그레이드가 필요하다.

또 다른 하나는 교육 트렌드의 대세 중의 대세인 인공지능이다. 인공지능은 모든 분야 활용이 가능하다. 이제는 인공지능을 알고 잘 활용하는 사람이 능력을 인정받는다. 단순히 인공지능을 잘 알게 하기보다 효율적으로 사용할 수 있는 방법에 대해 다양한 체험을 통해서 익힐 수 있는 콘텐츠를 기획했다. 예를 들면 프롬프트를 어떻게 작성하느냐에 따라 결과가 달라지는 사례를 비교해서 보여주고 질문하는 방법에 대해 익힐 수 있도록 직접 하게 한다. 원하는 결과를 얻기 위해서 학습시키고 필요한 답변을 얻기 위해 키워야 하는 역량이 무엇인지 직접 사용 해 보면서 알게 한다. 인공지능을 활용한 사례들을 모아 분석하게 하고 그 안에서 주체적으로 학습이 될 수 있도록 진행한다. 인공지능 콘텐츠를 기획할 때 중점을 두고 강조하는 부분은 인공지능 윤리이다. 인공지능이 진로를 찾는 방법, 직업의 이해, 자소서 작성법, 코딩까지 인간이 입력한 내용을 학습해서 결과물이 나오기 때문에 디지털 윤리 교육은 지속성을 갖고 교육이 이뤄져야 한다.

콘텐츠를 기획하는 것은 강의를 시작하고 어떤 콘텐츠를 주력으로 밀고 나가야 할지 고민하게 한다. 그래서 우리 회사처럼 콘텐츠와 교안을 모두 주고 강의도 잘할 수 있게 스파르타식 스터디를 해주는 회사에 소속 강사로 활동을 시작하는 사람들이 있다. 물론 이런 방식은 초기 강사에게 진입장벽이 낮다. 하지만 이렇게 긴 세월 강의를 하게 되면 발전이 없다. 나만의 콘텐츠를 탐색해야 한다. 한 분야에서 10년 이상 경험했던 일이 있다면 그것을 콘텐츠로 만들자. 경험은 돈으로 살 수 없는 소중한 것이기에 자신만의 콘텐츠가 될 수 있다. 여기서 부족한 내용은 책을 통해서 채워나가면 된다. 그리고 세상의 변화를 알 수 있는 현재 트렌드를 파악하고 접목한다면 막강한 콘텐츠가 나올 수 있다.

변화에 대응하기 위해 내가 무엇을 알아야 할까? 변화 자체가 기회이다. 변화가 일어나는데 어떻게 해야겠다가 콘텐츠가 된다. 그 콘텐츠는 사업의 성공으로 이어진다. 보고 싶어 하는 자에게만 보이는 변화의 기회를 잡고 콘텐츠를 만들자.

제3장 지식 전달을 넘어 학습을 경험하게 하라

어떻게 하면 학습자가 적극적인 참여자가 될 수 있을까? 의미 있고, 재 미있고, 감동 있는 강의가 되려면 무엇이 중요할까? 강의 의뢰가 오면 학습 자의 눈높이에 맞는 강의 설계를 위해 맞춤 상담, 맞춤 진단, 맞춤 처방, 맞 춤 지도 프로세스로 강의 계획안을 작성하고 학습자 동기, 수준, 특성 등을 고려하여 맞춤형으로 지도한다. 먼저 강의 의뢰가 오면 학습자의 상황이 어떤지 요구사항은 무엇이 있는지 상담을 진행한다. 상담한 내용을 바탕 으로 맞춤형으로 진단 한다. 검사가 필요하면 검사를 해서 결과를 분석한 다음 거기에 적용하고자 하는 프로그램이 학습자와 맞을지 진단 한다. 진 단이 끝나면 진단 내용에 맞는 기존 프로그램을 약간 조정하여 학습자의 특성에 맞게 맞춤 처방을 한다. 마지막 맞춤 지도는 앞의 프로세스가 제대 로 이루어졌으면 원활한 진행이 이루어진다. 이 일련의 과정은 교육을 요 청하는 분들에게 큰 호응을 얻는다. 이렇게 꼼꼼하게 체크해 학교 사정에 맞게 바꿔주는 업체가 드물다고 하면서 좋아한다. 이는 철저하게 학습자 중심의 교육을 위한 프로세스다.

학습자 스스로 주체적인 역할을 할 수 있게 학습자 중심의 교육 콘텐츠를 개발하고 학습자에게 효과적으로 전달하기 위한 교수 기법 세 가지를 소개한다.

첫 번째, 강의법이다. 강사라면 누구나 하는 기법으로 강사가 새로운 지식과 정보를 학습자에게 말로 설명하는 교수 방법이다. 강의법의 장점은 모든 학습자가 똑같은 교육 내용을 학습할 수 있다. 짧은 시간에 많은 양의 정보와 지식을 제공할 수 있다. 대집단 이상일 경우 효율적이다. 다른 교수법과 혼용 사용이 가능하다. 강의법의 단점은 강사와 학습자 사이의 커뮤니케이션이 무시되기 쉽다. 오랜 시간 진행 시 집중력이 떨어진다. 학습 여부를 측정하기 어렵다. 강사의 능력이 성과에 중요하게 작용한다. 피드백이 잘 나오지 않는다.

두 번째, 그룹 토의다. 학습자가 공통으로 인식하는 주제나 문제에 대하여 서로 의견을 교환하여 학습하는 교육 방법이다. 학습자와 강사의 상호작용을 전제한다. 그룹 토의 장점은 학습자들의 능동적 참여와 스스로 학습자료를 찾고 공유, 비판적 사고와 문제 해결 능력을 배울 수 있다. 구성원들끼리 상호작용으로 집단에 대한 긍정적인 태도와 서로의 의견을 경청하고 타협하면서 타인에 대한 존중을 배우게 된다. 그룹 토의 단점은 문제를 해결하기 위한 시간이 많이 소요된다. 토의의 목적과 내용을 분명하게 설정해 주지 않으면 원래의 목적에서 벗어나 산만해질 수 있다. 소수 학습자가 토론 점유 가능성 있고 진행자의 전문적 기술과 경험으로 능숙한 진행이 필요하다. 학습할 인원의 한계가 있다.

세 번째, 사례 연구 프로젝트다. 학습자에게 특정 상황에 관한 정보를 주고 그 상황에 관하여 의사를 결정하거나 문제를 해결하도록 하는 교육 방법이다. 진행 절차는 도입, 사례 제시, 개인 연구, 그룹 연구, 발표, 피드백 절차로 진행된다.

이러한 기법들을 목적과 상황에 따라 적절하게 조합한다. 학습자가 직접 행동하고 체험하며 지식을 습득한다. 학습자들 간의 협력과 소통을 통해 다양한 의견을 존중하고 지식을 공유하며 공동으로 배우는 경험을 한다. 문제 중심의 현실적이고 의미 있는 문제를 풀면서 지식과 기술을 습득한다. 그 과정에서 새로운 아이디어를 도출하고 문제를 창의적으로 해결하는 능력이 향상된다. 이때 교수자의 역할이 중요하다. 기존 교육방식과 달리 학생들의 상황과 요구에 맞춘 맞춤형 교육 방법을 제시하여야 한다. 학습자들이 스스로 탐구하고 찾아갈 수 있도록 다양한 자료와 환경에 노출해야 한다. 학습자들 간의 상호 협력, 사회성 향상과 미래 핵심 역량을 키워나갈 수 있도록 적절한 방향을 제시해야 한다.

학습자 중심의 교육 콘텐츠 중 미래 핵심 역량 개발 진동 로봇 프로그램을 소개한다. "학생들은 꿈이 뭔가요?"라는 질문에 질문에 "의사요", "운동선수요", "뮤지컬 배우요"라고 직업을 이야기한다. 자유 학기제 도입 이후 진로 교육 활성화로 점점 어떻게 살 것이다가 꿈이 되는 학생들이 늘었다. 불확실성이 높은 미래에는 특정한 직업에 몰두하기보다 핵심 역량을 키워 어떤 직업을 선택하더라도 역량만 있으면 미래 직업 선택에서 자신의 역량을 발휘하고 두각을 나타낼 수 있는 사람이 될 수 있고 어떤 직업을 선택하더라도 그 직업에 만족할 확률이 높아진다. 미래 핵심 역량 개발 진동 로봇 콘텐츠를 통해 미래 핵심 역량 4C를 개발하여 키워보는 교육이다. 4C는 비판적 사고력(Critical Thinking), 의사소통 역량(Communication), 협력 역량(Collaboration), 창의력(Creativity)이다.

수업 진행 후 학습자들의 피드백은 앞으로 역량을 키워서 본인이 하고 싶은 일에 도전하기 위해 노력하겠다. 내가 창의성이 있는지 알게 되었다. 문제를 찾고 해결해 가는 과정에서 옆 친구와 소통하고 협력해서 속도가 빠른 로봇을 만들기 위해 수정을 거듭해서 1등을 할 수 있었다. 등 수업의 목표에 맞는 피드백이 들어와서 보람을 느끼게 하는 콘텐츠이다. 이 콘텐츠는 철저히 학습자 중심의 교육을 실천한다. 강사는 안내하고 원활하게 진행될 수 있게 조력자 역할만 했다. 하지만 4시간의 교육 시간 안에서 학습자들은 학습의 주체가 되어 직접, 행동하고 체험하면서 지식을 습득해 나간 것이다.

제4장 **현장에서 배우는 강의 운영기술**

어떤 강의가 좋은 강의일까? , 학습자들은 무엇을 원할까? , 학습자들은 무엇을 좋아할까?

강의를 준비할 때 꼭 신경 쓰는 요소들이 있다. 먼저 학습자를 연구하는 것이 필수적이다. 무엇을 가르치고 싶은지에 초점을 맞추지 말고 학습자가 필요로 하는 것이 무엇이고 무엇을 배우고 싶어 하는지에 초점을 맞춰야 한다. 이를 위해서 학습자의 관심사, 수준, 목표에 대한 심층적인 분석이 필요하다. 지난가을 한 지자체 진로교육원 교육연구사로부터 관내 중고등학생들의 창업 멘토링을 하는 지도사들을 대상으로 창업 교육 관련 강의 요청이 들어왔다. 강의를 준비하는데 학습자들의 창업 지식수준과 구체적인 니즈가 어떤 것인지 궁금했다. 학습자들 대상으로 구글 설문을 통해 알고 싶은 내용이 무엇인지 니즈를 파악했다. 설문 내용은 연구사의 강의 요청 내용보다 구체적이었다. 구글 설문 조사를 통해 학습자의 구체적인 필요 사항을 파악했고 덕분에 학습자가 알고 싶어 하는 강의 준비를 할 수 있었다. 만약 연구사의 요청에만 맞춰 강의 준비를 했다면 학습자와 원활한 강의 진행이 어려웠을 것이다. 강의 준비는 철저한 학습자 요구 분석에서 시작한다. 요구분석이 되었다면 요구에 맞는 전문지식, 학습자들과 소통, 재미와 감동으로 준비해야 한다.

철저한 강의 준비를 했다고 해도 현장에서는 어떤 위기 상황이 생길지 모른다. 위기 상황 대처는 여러 케이스를 연구하면서 알 수도 있겠지만 현장에서의 경험이 능숙하게 상황 대처를 할 수 있게 한다. 처음 강의를 시작하고 모 중학교에서 팀 프로젝트 강의를 진행하는데 모둠 활동 중 한 남학생이 옆 친구와 시비가 붙어 싸우는 상황이 발생했다. 학급 분위기는 순식간에 엉망이 되었고 다운됐다. 하지만 문제는 지금부터였다. 싸움 당사자인 남학생이 화장실이 급하다고 하여 보냈는데 이 학생이 교실에 들어오지 않았다. 학교에 비상이 걸렸다(알고 보니 그 남학생 전에도 그런 일이 있었다). 진로 부장님, 학년 부장님, 모두 찾아다녔고 담임 선생님에게 알리게 되었다. 담임 선생님이 학생의 아버지에게 전화해서 학생의 부재 상황을 알리게 됐고 문제 상황은 걷잡을 수 없이 커졌다. 다행히 학교 뒤뜰 벤치에 학생이 앉아 있는 걸 발견하고 찾았으나 아버지에게 연락이 간 상태여서 상황을 원만하게 종료하지 못했다. 나는 수업 종료 후 경위를 쓰고 나서야 학교를 나설 수 있었다.

돌발 상황은 언제 어느 때 누가 돌발행동을 할지 모른다. 우리는 돌발 상황 케이스 스터디를 통해 언제 닥칠지 모를 돌발 상황에 유연하게 행동할 수 있는 대처를 연구하고 메뉴얼을 만들었다. 수업 중 불미스러운 일이 벌어졌는데 당사자인 남학생을 혼자 내보낸 건 큰 실수였다. 이때 교실에 임장 교사가 있다면 교사에 도움을 받고 없을 시 교무실에 알려 상황 설명을 하고 화장실에 교사를 동행하게 해야 한다. 담임 선생님이 바로 남학생 아버지에게 연락했던 것은 그전에도 똑같은 상황이 발생하여 학생이 학교 밖으로 나갔던 일이 있어서 문제가 커지기 전에 연락했던 것이었다.

학습자를 분석하여 니즈를 파악하였다면 학습자가 알고 싶어 하는 것과 문제 해결하고 싶은 것을 구상해 본다. 학습자가 프로그램을 통해 학습자가 알고 싶어 하는 것과 알고 난 후 학습자의 변화를 정의해 본다. 정의한 내용을 알려주기 위해서 교육 목적과 개요를 작성한다. 목적은 모르는 것을 알게 하는 것이다. 즉 프로그램을 운영하는 이유이다. 목적에 맞게 개요를 작성하고 강의안을 만든다.

목표를 알아보자. 목표란 목적에 도달하게 하기 위한 수단이다. 학습자를 행동하게 만드는 것이 목표라고 할 수 있다. 가르치지 말고 경험하게 하자. 강사는 가르치는 사람이기보다 학습을 안내하고 함께 배우는 또 다른 학습자이다. 학습자들이 가지고 있는 다양한 지식과 경험을 끌어낼 수 있어야 한다. 학습자들이 가진 경험은 배울 때 지식을 구성하는 중요한 역할을 하고 학습자의 경험을 잘 발산 시키도록 도와주는 퍼실리테이터 역할을 해야 한다.

한국퍼실리테이터협회의 정의를 보면 다음과 같다. 퍼실리테이션 이란 그룹의 구성원들이 효과적인 기법과 절차에 따라 적극적으로 참여하고 상호작용을 촉진하여 프로그램의 목적을 달성하도록 지원하고 돕는 활동이다. 퍼실리테이터란 집단 구성원들이 상호 작용하는 것을 관찰하고 대화를 경청하며 서로 협력하고 자발적이고 능동적으로 해결책을 찾아갈 수 있도록 격려하고 촉진하는 사람이다.

학습자들은 활동해 본 것은 오래 기억한다. 강의의 주체가 학습자임을 느끼게 하사. 상사는 학습자끼리 상호작용할 수 있도록 조력자 역할을 하면 된다. 모둠 활동의 모둠장을 뽑을 때도 모둠에서 자율적으로 뽑게 한다. 간혹 서로 모둠장을 안 하겠다고 하는 그룹이 있다. 이때 나의 개입 포인트는 모둠장의 역할에 대해 알려준다. 이번 활동에서 모둠장의 역할은 재료 받아 가기, 모둠원들의 적극적 참여 유도하기, 그리고 가장 중요한 역할인 발표 시 발표자를 지목할 수 있다. 라고 말하면 서로 하겠다는 반응을 볼 수 있다. 이렇게 학습자를 공감해 주면 적극적인 참여가 가능하다.

강사는 강의를 짓는 사람이다. 목적에 맞게 결과를 만들고 학습자의 변화를 이끌고 기회를 만드는 사람이다. 결과를 잘 만들기 위해서는 훈련이라는 기초 체력을 만들어야 한다. 전문성을 기르기 위해 시간과 노력이 필요하고, 계획과 실행이 필요하고, 땀과 눈물이 필요하다.

건축가가 건물을 짓기 위해 땅을 구매하여 적정성 여부를 검토하고, 설계도를 그리고, 기초를 다지고, 콘크리트와 벽돌을 한 장 한 장 쌓아 올려

건물을 짓듯이 강사는 강의를 짓기 위해 강의 요청에 대해 분석하고 학습자의 니즈를 파악하고 주제에 맞게 공부하며, 한 명 한 명 참여를 조력하고 효과가 일어날 수 있게 설계하여 탄탄한 강의가 될 수 있게 해야 한다.

학습자는 강의가 자신에게 가져다주는 가치에 따라 강의 효과를 평가한다. '이것이 내 목표와 일치하는가?', '내 문제를 해결해 주는가?'라고 생각한다. 나는 강의를 하고 난 후 학습자들의 강의 평가도 받지만, 강의 시 불편했던 부분, 강의장의 상황, 강의 도중 일어났던 일, 힘들었던 경험, 아쉬웠던 점, 보완해야 할 점, 잘한 점, 학습자들의 피드백 등을 사용했던 교안 첫 장에 날짜와 함께 기록한다. 일종의 반성 일기다. 이 교안은 다음 강의를 준비하는 데 유용한 자료이고 나를 성장시키는 밑거름이 된다.

제5장 **강사에서 업계의 리더로 성공 전략**

과연 내가 잘할 수 있을까? 내 선택이 맞는 걸까? 이 길이 옳은가? 다른 길을 가야 하는가? 강사로서 앞서가는 사람들을 보면 비교하게 된다 비교하는 순간 무기력해지고 공허하다. 비교 대상의 과정은 보지 않고 결과만 보며 비교한다. 그 사람이 거기까지 가기 위한 노력의 과정을 보자. 비교하려면 그 사람의 노력을 비교하자. 그 자리까지 가기 위해 얼마나 치열하게 노력했는지 과정을 보고 비교 대상으로 삼아야 한다. 나의 가치는 내가 하루를 어떻게 보냈느냐에 따라 달라진다. 따라서 나의 가치는 내 하루의 가치이다. 지금 그 가치를 찾지 못했다면 과거에 내가 하루를 가치 있게 살지 못했다고 생각하자. 나의 미래가치를 만들려면 오늘 하루를 가치 있게 살자. 오늘을 바꾸어야 나의 미래가치도 달라진다. 해 보지도 않고 좌절은 금지다.

강사는 단순히 교육 제공자가 아니라 1인 기업가로서의 역량을 갖춰야 한다. 그렇다고 교육보다 사업에 비중을 두자는 이야기가 아니다. 효과적인 비즈니스 모델을 위해 수익 창출 구조를 다각적으로 만들자. 오프라인 강의, 온라인 강의, 워크숍, 컨설팅, 학습자료 공동 개발, 관계 업계와 협력 등 다양한 방식 중 한 가지만 집중적으로 할 수도 있으나 여러 개를 동시에 활용할 수 있다. 다양한 방식을 해 보면서 나에게 맞는 기회를 창출하여 수익원을 만들어야 한다. 강의를 처음 시작한 사람이라면 시작하자마자 바로 고수익이 발생하지는 않는다. 수익을 만들 수 있을 때까지 참아야 하는 시간이 필요하다. 작게는 3년부터 10년 정도는 내공을 쌓아가는 시간이라고 생각하자.

이는 '모소 대나무'의 '모죽'에 비유할 수 있다. 모죽은 처음 심고 5년 동안 자라지 않다가 자라기 시작하면 하루에 80센티미터 자라고 순식간에 30미터까지 자란다. 5년 동안 사방 10리에 걸쳐 충분히 뿌리를 내리고 영양분을 모으는 과정을 거치면서 에너지를 모아둔 것이다. 강사는 '모죽' 같은 시간을 보내야 한다. 영양분을 모으듯 내적 동기를 쌓아야 한다. 지금 당장 눈에 띄는 변화가 없더라도 자기 성장의 확고한 밑거름이 될 수 있는 다양한 경험과 지식은 폭발 성장하는 경쟁력이 되는 날이 온다. 강사는 사업가 마인드로 마케팅 전략을 수립해야 한다. 내가 전달하고 싶은 것을 전달하는 것이 아니라 고객이 듣고 싶은 것, 상대가 무엇을 원하는지 아는 것이 중요하다.

나는 창업 초기 4년 동안은 월급책정을 하지 못했다. 강의하지 않으면 수입은 제로다. 하지만 강의는 너무 신나고 즐거웠다. 회사 운영 업무를 동시에 했기에 종일 강의가 있는 날은 내부 서류를 하기 위해 밤잠을 줄여가며 일했다. 4년 동안 잠자는 시간은 길게 4시간, 짧게는 2시간만 자며 일했다. 그래도 강의가 재미있었고 강사들의 공동체에서 리더 역할을 한다는 게 좋았다. 중간에 창업대학원을 졸업하면서 자신감은 불붙기 시작했다. 마음속에서 우러나오는 자신감이 영업할 때 상대에게 전달되면서 프로그램을 찾는 학교들이 많아졌고 강사수요가 늘어나면서 수시로 강사 양성과정을 했다. 이는 강사들의 협력사로 굳건히 자리 잡을 수 있었다.

강사로서 성공하려면 브랜딩이 중요하다. 단순히 강의를 잘하는 것만으로는 부족하다. 어떻게 하면 브랜딩을 잘할 수 있을까? 자신의 가치를 담은 개인 브랜드를 만들어 블로그나, 인스타그램에 꾸준히 올리거나 유튜브, 쇼폼, 스레드 등 다양한 홍보 수단을 활용해 짧은 강의 클립이나 무료 강의 자료를 꾸준히 올리게 되면 유료 강의로 이어질 확률이 높다. 주의해야 할 점은 SNS에 지극히 개인적인 내용을 채우지 말아야 한다. 마케팅 활용이라고 한다면 정보제공과 활동 사항 등 나의 브랜드를 만들어 갈 수 있는 글들을 꾸준히 올려야 한다. 작은 것부터 꾸준히 해야 내 평판 내 브랜드가 된다.

글을 올릴 때 핵심 키워드 선정이 중요하다. 키워드는 실제 고객이 사용하는 키워드 사용, 고객들이 검색하는 단어가 무엇인지 정확하게 파악하여 글을 올릴 때 지속적인 노출이 된다. 네이버 검색 광고를 활용하여 반드시 키워드 조회 수를 파악하자. 고객 니즈에 맞게 핵심 키워드 사용은 고객의 검색 의도를 정확히 파악하여 효과적인 전략을 수립할 수 있다. 이때 경쟁사가 사용하는 키워드를 분석해서 타겟 키워드를 선정하는 것도 좋다.

성공하는 강사는 네트워킹과 인맥 관리로 지속적인 성장을 한다. 특히 초반에 프리랜서로 활동하고 있다면 네트워킹을 할 수 있는 커뮤니티를 스스로 찾아야 한다. 일이 되는 것은 많은 사람을 만나면서 우연히 이루어 진다. '계획된 우연'의 시작이다.

온라인 강사 커뮤니티 중 네이버 카페의 '강사들의 모임', '프리랜서 강사 커뮤니티' 등이 활발히 운영되고 있다. 강의 노하우, 자료 공유, 강의 기회 제공 등 많은 정보를 얻을 수 있다. 나는 카페는 물론이고 밴드 'The 강사', '기업들의 강사 공간' 등에서도 활동한다. 이곳에서는 강의 요청 공지, 강사 역량 강화 교육, 강사 양성 과정 등 다양한 활동의 정보를 받고 도움을 요청할 수도 있다. 오프라인 네트워크는 '강사의 품격' 각 지역의 교육청, 지역문화센터, 평생교육원 등 접근이 가능하다. 우리 회사도 강사 양성 과정 홍보 시 이 채널들을 활용해서 도움을 받고 있다.

마지막으로 미래지향적인 강사전략이 필요하다. 빠르게 변화는 기술 변화 속 트렌드 흐름에 발맞춰 인공지능이나 디지털 도구를 활용하여 수업을 훨씬 재미있고 효과적으로 진행하자. 이런 변화 속에서 배우고 성장 해야지 학습자와 고객에게 외면받지 않는다. 새로운 교육의 성공 경험을 동료 강사들과 나누고 자신만의 노하우를 쌓으면서 최신 트렌드에 뒤처지지 않는 강사로 거듭날 수 있기를 바란다.

에 | 필 | 로 | 그

● 김순복

성공의 핵심 Key 강사 바이블은 강사가 학습자의 삶에 긍정적인 변화
를 이끄는 중대한 존재임을 강조합니다. 강사로서의 자기 이해, 교육 콘텐
츠 개발, 학습자 중심의 접근, 강의 운영의 실제, 경영 전략을 통해 지속 가
능한 성장과 긍정적 영향을 미치는 방법을 제시했습니다. 이 책을 통해 많
은 영향력을 받기 바라며, 학습자에게 롤 모델이 되는 존재가 되기를 기원
합니다.

● 고유미

저는 '사람을 건강하게, 조직을 건강하게' 만드는 메디컬 코치입니다.
무한경쟁의 시대, 전력 질주하는 현대인에게 공기처럼 물처럼 자기 돌봄
이 필요합니다. 이것이 바로 이 시대를 살아가는 우리 모두가 갖춰야 할 생
존전략입니다. 자기돌봄코칭을 통해 내가 나를 돌보고 서로를 돌보는 건
강한 세상이 되길 바랍니다.

● 김홍구

강의와 컨설팅은 문제를 해결하고 새로운 시각을 열어주는 여정입니다. 저의 경영 컨설팅과 기업구조조정 현장에서 배운 지혜를 강의를 통해 공유하며, 학습자들이 실질적인 변화를 이루도록 돕고자 합니다. 이 책에 그 과정에서의 경험과 전략을 담아두었습니다.

● 박도희

설렘과 두려움으로 첫 강의를 끝내고 결과가 뿌듯하고 만족스러울 때 강사로의 행복을 느낍니다. 강사는 최선을 다해 준비하고 최상을 지향하는 직업입니다. 늘 최선을 다하고 진심인 우리는 배우고 나누고 성장하는 가운데 있어야 합니다. 성장하는 강사는 행복합니다. 강사가 행복해야 학습자도 모두 행복해집니다.

● 금채(金琗) 손예주

'실제로 생명를 살리는' 간호사에서 '건강한 삶을 나누는' 강사로, 저는 '사람을 살리는 무대'를 넓혀 왔습니다. 이 책에 강사로서의 경험을 통해 얻은 소중한 이야기를 고스란히 담았습니다. 저의 이야기가 여러분의 삶에 작은 울림을 주고, 건강한 변화를 이끄는 데 도움이 되기를 바랍니다.

● 신혜섭

강의한 지 20년이 되었습니다. 그리고 지금은 '강의하는 코치'로 살아가며 '성장과 변화, 나눔과 채움'이라는 삶의 가치를 풍요롭게 채워가고 있습니다. 앞으로도 교육과 코칭의 콜라보를 통해 모두의 꿈이 이루어지는 날까지 함께하는 이룸 코치가 되고자 합니다. 더불어 이 책을 통해 여러 분들이 동사형의 목표를 찾아 '쉽고, 재밌고, 알차게' 강의하는 강사가 될 수 있기를 응원합니다.

● 양혜숙

강사가 되는 여정은 나 자신을 발견하고 성장하며, 삶의 의미를 찾는 과정이었습니다. 경력 단절과 건강 문제를 극복하며, 아이들에게 당당한 엄마가 되고자 했던 간절함이 나를 일으켜 세웠습니다. 도전과 성장을 통해 학습자들에게 긍정적인 변화를 선사했던 경험을 담고 있습니다. 누군가에게 용기의 씨앗이 되어, 새로운 시작을 결심하게 하는 계기가 되길 바랍니다.

● 염선임

아이들의 마음은 그 어떤 것보다도 섬세하고 복잡합니다. 아동 심리 발달 치료사로 내담자를 변화하게 하는 가장 효과적인 방법은 그들이 스스로 생각하게 하는 것임을 알게 되었습니다. 이를 강의에서도 적용하여 학습자, 청중이 스스로 고민하고 답을 찾을 수 있도록 돕고 있습니다. 부모, 교사, 치료사 등 관계자들에게 도움이 되길 바랍니다.

● 이이슬

강사를 하면서 스스로 끊임없이 질문을 던지고 있습니다. "나는 어떤 강사가 되고 싶은가, 나는 왜 강사가 되고 싶었는가, 나는 지금 잘하고 있는가?"라고. 그 질문에 하나씩 답을 찾을 수 있는 의미 있는 시간이었습니다. 또 앞으로 제가 어떤 마음가짐으로 사람들 앞에 서야 하는지 깨닫는 시간이기도 했습니다. 이 책이 지금 막 강사를 시작하는 당신에게, 그리고 다시 한번 강사로서의 비전을 찾고자 하는 당신에게 답을 찾는 기회가 되길 바랍니다.

● 이채영

사내 강사, 프리랜서 그리고 1인 기업 강사의 경험을 이 책에 담았습니다. 책을 쓰는 동안 강사로서의 나를 객관적으로 돌아보고, 교육의 가치를 다시금 깨닫는 귀한 시간이었습니다. 저의 소중한 경험들이 강사를 시작하려는 여러분께 도움이 되길 바랍니다. 오늘보다 나은 내일을 위한 교육을 하는 강사로서 이 책을 읽는 여러분과 함께하길 기대합니다.

● 조문주

여러 강사와 공동 집필 작가로 참여한 일은 2025년의 시작이자 멋진 경험이었습니다. 강의하는 사람으로서 경험한 많은 일들을 다시 상기하고 정리하며, 그럼에도 불구하고 강사로 일하기 참 잘했다는 생각이 들었습니다. 이 책이 여러분들을 강사라는 멋진 길로 안내하는 가이드가 되기를 희망합니다.

● 최선미

성교육을 통해 공감과 존중의 가치를 전하며, 주체적인 삶을 추구하는 이들과 함께 성장하는 '위드썬코치'입니다. 제가 걸어온 강사의 길과 삶의 경험이 여러분께 작은 도움이 되길 바랍니다. 진정한 삶의 경영을 강사라는 직업을 통해 비로소 시작되었습니다. 강사로서의 비전을 찾는 여러분께 동기 부여가 되고, 새로운 문을 여는 계기가 되었으면 합니다.

● 최유미

배움은 바다의 파도처럼 끊임없이 흐르며, 사람과 세상을 연결합니다. 강사는 학습자의 성장을 돕는 촉진자입니다. 변화하는 시대 속에서 나만의 강의 콘텐츠를 설계하고, 새로운 배움을 창조하는 여정. 이 책을 통해 나의 강의 철학과 경험을 나누며, 더 많은 사람과 배움의 기쁨을 공유하고자 합니다.

● 하재춘

강의를 시작하고 법인을 설립하여 강사들이 강의에 입문할 수 있게 도움을 주면서 9년을 달려온 시간을 되돌아볼 수 있었습니다. 경력 공백을 다시 시작할 수 있게 동기 부여와 용기를 주는 일은 사명이 되었습니다. 준비되지 않았다고 시작을 두려워하는 사람이 있다면, 일단 시작해서 기회를 만드는 것이 중요합니다. 성공은 계획되지 않은 기회에서 비롯됩니다.